MARCEL SEBASTIAN

STREICHELN ODER SCHLACHTEN

MARCEL SEBASTIAN

STREICHELN ODER SCHLACHTEN

Warum unser Verhältnis zu Tieren so kompliziert ist – und was das über uns aussagt

Kösel

Sollte diese Publikation Links auf Webseiten Dritter enthalten, so übernehmen wir für deren Inhalte keine Haftung, da wir uns diese nicht zu eigen machen, sondern lediglich auf deren Stand zum Zeitpunkt der Erstveröffentlichung verweisen.

Penguin Random House Verlagsgruppe FSC® N001967

Neumarkter Str. 28, 81673 München
Redaktion: Dr. Peter Schäfer, Gütersloh
Umschlag: zero-media.net, München
Umschlagmotiv: Hartmut Kiewert
Illustrationen: Sarah Katharina Heuzeroth
Satz: Satzwerk Huber, Germering
Druck und Bindung: GGP Media GmbH, Pößneck
Printed in Germany
ISBN 978-3-466-34782-7
www.koesel.de

INHALT

BEZIEHUNGSSTATUS: ES IST KOMPLIZIERT

Der Beziehungsstatus zwischen Menschen und Tieren ist kompliziert. Während wir als Gesellschaft einige Tiere als Individuen wahrnehmen, die ein Recht auf ihr eigenes Leben haben, betrachten wir andere vor allem durch die Brille ökonomischer Verwertbarkeit.[1] Beziehungen zu Hunden und Katzen sind von Liebe und Zuneigung geprägt, und diese Liebe scheint bei einigen Menschen schier grenzenlos.

Begegnungen mit Wildtieren lösen oft tiefe Faszination und Ehrfurcht aus: Den Tränen nah beobachten manche von uns Wölfe, Wale und Adler in freier Natur. Die Existenz der einen Tierart ist uns unbekannt, für das Überleben der anderen sammeln wir Millionenbeträge an Spenden. Manche Tiere werden sogar als heilig verehrt. Die tiefe symbolische Bedeutung von Tieren kommt auch in Märchen, Mythen und Sprichwörtern zum Ausdruck. »Schlau wie ein Fuchs« oder »scheu wie ein Reh« sind wir manchmal. Aber auch »dumm wie ein Schwein«.

Andere Mensch-Tier-Beziehungen sind von Abneigung und Angst geprägt. Ratten oder Kaninchen werden in vielen Städten als

Schädlinge bekämpft und verdrängt. Spinnen sind in den meisten Wohnungen ungebetene Gäste und werden wahlweise zerdrückt oder von friedfertigeren Gemütern auf dem Balkon ausgesetzt. Wenig friedfertig gehen wir Menschen mit den Tieren um, die zu Schnitzel, Wurst und Nackensteak verarbeitet werden. Besonders die industrielle Haltung von Hühnern und Schweinen wird von vielen Menschen als Massentierhaltung kritisiert und abgelehnt. Trotzdem essen die meisten Menschen in westlichen Gesellschaften Fleisch.

AUCH WIR SIND TIERE

Unsere Beziehungen zu Tieren sind also uneindeutig. Das fängt schon bei den Bezeichnungen an, mit denen wir über diese Beziehung sprechen. Die geläufige Gegenüberstellung »Mensch und Tier« suggeriert, dass sich hier zwei Gruppen gegenüberstehen: Hier die Menschen, dort die Tiere. Das ist jedoch zu kurz gedacht. Der Begriff »Tier« ist ein Containerbegriff, in den wir die unterschiedlichsten Tierarten von der Wüstenspringmaus bis zum Orang-Utan einordnen. Wenn über »das Tier« im Allgemeinen gesprochen wird, geht es nicht um konkrete Tierarten, sondern um die Abgrenzung des Menschen gegenüber Tieren. Dabei ist es längst kein Geheimnis mehr, dass auch Menschen biologisch zu den Tieren gehören. Wir als Homo Sapiens sind die letzte überlebende Sapiens-Art und damit eine Tierart unter vielen.

Und doch ist unsere Spezies etwas sehr Besonderes. Wie kein anderes Tier sind wir in der Lage, unsere Umwelt zu verändern, Kultur zu entwickeln und über uns und die Welt zu sinnieren. Dass Sie dieses Buch lesen, ist ein Ausdruck Ihrer Einzigartigkeit. Herzlichen Glückwunsch, Sie sind ein ganz besonderes Tier! Wir Menschen sind in der Lage, über unser Geschick und das der uns umgebenden Welt erheblich mitzubestimmen. Aber wie wir mit dieser Macht umgehen, hat weitreichende Konsequenzen. Und je größer unsere Macht über die Welt, desto größer ist auch unsere Verantwortung. Wie wir beispielsweise als Gesellschaft die Herstellung von Nahrungsmitteln organisieren, hat unmittelbare Folgen für Tiere und Umwelt. Unsere Fähigkeiten der Weltgestaltung spannen vielfältige Möglichkeiten vor uns auf. Es liegt an uns, diese Möglichkeiten zu bewerten und unser gemeinsames Handeln an diesen Werten auszurichten. Behalten Sie die Frage der Verantwortung beim Lesen dieses Buchs im Hinterkopf, denn sie geht auch Sie persönlich etwas an!

WAS UNSEREN STREIT ÜBER TIERE BESONDERS MACHT

Soziologisch gesehen führt die Uneindeutigkeit im Mensch-Tier-Verhältnis immer öfter zu gesellschaftlichen Deutungskonflikten: In unserer Gesellschaft treffen verschiedene Ideen über die richtige oder sinnvolle Beziehung zu Tieren aufeinander. Sie konkurrieren um Gültigkeit und führen regelmäßig zu Streit und Diskussion.[2] Kulturelle Werte und Ideale sind in einer Gesellschaft selten eindeutig. Sonst würde eine vollkommene Übereinstimmung zwischen den Menschen herrschen. Wir können aber feststellen, dass bestimmte Werte weitgehender Konsens sind. Dass Kinder nicht geschlagen werden sollten, ist mittlerweile eine kollektive Überzeugung. Zwar gibt es Menschen, die ihre Kinder schlagen oder die körperliche Gewalt sogar als Erziehungsmaßnahme gutheißen. Aber als Gesellschaft streiten wir nicht kontrovers über Gewalt an Kindern, denn diese abzulehnen gehört zu unseren Grundüberzeugungen.

In einem Deutungskonflikt sieht das anders aus. Dort herrscht keine allgemeine, weitgehende Übereinkunft. Damit ein gesellschaftlicher Deutungskonflikt existiert, braucht es mindestens zwei Streitbeteiligte. Wer allein in der Arena des öffentlichen Diskurses steht, hat den Kampf bereits gewonnen. Damit der Streit öffentlich und nicht nur im Privaten ausgetragen wird, braucht es auch ein Publikum. In unserer Arena geht es hektisch zu, denn es kämpfen gleich mehrere Gruppen gleichzeitig. Eigentlich steht auch das gesamte Publikum mit in der Arena, denn wir sind alle mehr oder weniger in den Streit um Tiere involviert. So gleicht der Konflikt manchmal eher einer wilden Massenschlägerei, und die Grenze zwischen Publikum und Kämpfenden ist verschwommen. Einige werfen sich mitten ins Getümmel, andere stehen eher am Rand und beteiligen sich nur sporadisch oder feuern die anderen an. Und wieder andere stehen zwar mit in der Arena, behaupten aber steif und fest, mit alledem gar nichts zu tun zu haben.

Die Auseinandersetzungen über die unterschiedlichen Sichtweisen auf Tiere nehmen zu. Und sie werden nicht nur am privaten Esstisch, sondern öffentlich ausgetragen – auf der Straße, in den Medien, in Wirtschaft und Politik. Die Dynamik dieses Streits scheint in eine regelrechte Deutungskrise zu steuern, denn die unterschiedlichen Positionen stehen sich (scheinbar) unversöhnlich gegenüber. Kleinere Kursanpassungen befrieden den Konflikt kaum noch, und es geht langsam, aber sicher ums Ganze: um die grundsätzliche Frage, welche Formen der Behandlungen von Tieren wir als Gesellschaft gutheißen und inwiefern wir als Einzelne bereit sind, unsere Lebensweisen auf dieser Basis zu verändern. Warum das so ist, werden wir in diesem Buch ausführlich erörtern.

Doch bevor wir tiefer in die Mensch-Tier-Beziehung eintauchen, möchte ich Ihnen gleich zu Anfang drei ernüchternde Botschaften mit auf den Weg geben.

ERSTENS: UNSER VERHÄLTNIS ZU TIEREN IST KEINE PRIVATSACHE

Wäre es eine Privatangelegenheit, würde es absolut niemanden etwas angehen, was Sie mit Tieren anstellen. Sie mögen sich zwar selbst entscheiden, ob Sie Fleisch essen, vegetarisch oder vegan leben – der Staat zwingt Sie weder zum Verzehr von Fleisch noch von Tofu –, aber die Beziehung zwischen Menschen und Tieren ist gesellschaftlich vermittelt: Die Politik definiert die Grenzen der rechtlich erlaubten Behandlungsweisen von Tieren, und die Justiz kann Menschen, die gegen Tierschutzgesetze verstoßen, bestrafen. Allein aus diesen Gründen ist die Mensch-Tier-Beziehung keine reine Privatangelegenheit. Aber auch wenn jemand nicht gegen Tierschutzgesetze verstößt, bedarf das eigene Verhalten gegenüber Tieren der Legitimation, da wir als Gesellschaft Tieren eine moralische Relevanz zuerkennen. Heute fragen wir uns nicht (mehr), ob unser Verhalten gegenüber Tieren moralisch von Bedeutung ist, sondern vielmehr, wo die Grenzen des moralisch vertretbaren Verhaltens liegen. Fleisch zu essen ist beispielsweise keine Straftat, bedarf aber dennoch einer Begründung. Wenn Ihnen das wenig einsichtig erscheint, fragen Sie sich selbst, warum Sie keine Hunde essen, und schon stecken Sie mitten in der Diskussion, wo die Grenze zwischen gut und schlecht, zwischen ›essbaren‹ und ›befreundeten‹ Tieren verläuft. Lassen Sie uns der spannenden Frage nachgehen, inwiefern diese unterschiedlichen Begründungen auf gesellschaftliche Zustimmung oder Ablehnung stoßen und welche Folgen das für uns als Gesellschaft hat.

ZWEITENS: WIR MÜSSEN UNS VOR VEREINFACHUNGEN HÜTEN

Viele Menschen neigen dazu, sich schnell eine klare Meinung zu bilden. Wenn es um Tiere geht, scheint das besonders häufig der Fall zu sein. Oftmals verlieren wir dadurch aber den Blick für die Komplexität der Dinge. Die Konflikte über die Mensch-Tier-Beziehung sind eine große, oft unübersichtliche Gemengelage aus unterschiedlichen Menschen und Gruppen, die sehr unterschiedliche Sichtweisen und Interessen haben. Wenn wir verstehen wollen, wieso unsere Beziehungen zu Tieren so kompliziert und widersprüchlich sind, müssen wir die unterschiedlichen Perspektiven systematisch in den Blick nehmen. Wir müssen versuchen, auch Positionen, die uns wenig plausibel erscheinen, in ihrer inneren Logik zu verstehen. Das heißt nicht, dass wir sie auch übernehmen müssen. Die aufmerksame, systematische Betrachtung sollte stets vor einer Bewertung stehen. Erst wenn wir ein möglichst gutes Bild der Situation haben, können wir ein fundiertes Urteil entwickeln. Das ist nicht nur ein Wissenschaftsideal, ein fundiertes Urteilen ist gut für jede Streitkultur!

DRITTENS: KOMPLEXE PROBLEMLÖSUNGEN BRAUCHEN ZEIT

Es gibt wenig Grund zur Annahme, dass wir den gesellschaftlichen Streit über Tiere in absehbarer Zeit beilegen können. Die verschiedenen Konfliktparteien stehen sich zum Teil so unversöhnlich gegenüber, dass es wohl noch lange brodeln wird. Zugeständnisse für die eine Gruppe lösen oft Empörung und Protest bei einer anderen Gruppe aus. Dass wir alle direkt oder indirekt in den Streit über Tiere eingebunden sind, macht die Sache nicht einfacher. Es scheint, als sei die Gesellschaft in unterschiedliche Lager aufgeteilt.

Je mehr Einfluss ein Lager gewinnt, desto heftiger reagiert die Gegenseite. Diese Polarisierung können wir auch in Bezug auf viele weitere Themen wie Nachhaltigkeit, Integration oder Geschlechtergerechtigkeit feststellen. Wir stecken mitten in einer Phase der kollektiven kulturellen Selbstfindung – und bisher ist nicht klar, welche Sichtweise am Ende die Oberhand gewinnt.

Seit die Tierfrage auf die Agenda der deutschen Nachkriegsgesellschaft gehievt wurde, scheint die Suche nach dem richtigen Verhältnis zu Tieren immer stärker zu polarisieren. Tierrechtler*innen gelten längst nicht mehr als Verrückte und der Veganismus ist insbesondere bei jungen Menschen beliebter denn je. Gleichzeitig sind viele Deutsche nicht bereit, sich die Butter vom Brot nehmen zu lassen, und beschweren sich über moralische Bevormundung. Ich glaube, dass die Lösung aus dem Dilemma nur in einer aufgeklärten, öffentlichen Debatte bestehen kann. Die Tiere stehen auf der öffentlichen Agenda und werden von dort so schnell nicht wieder verschwinden. Ich lade Sie ein, sich in diese Debatte einzumischen. Viele Bücher zur Tierproblematik versuchen, Sie als Leserin oder Leser von einer bestimmten Position zu überzeugen. Dieses Buch versucht das nicht. Vielmehr gibt es Ihnen das Rüstzeug, die verschiedenen Konflikte zu verstehen, um produktiv an der Debatte teilnehmen zu können. Hier und da werden Sie auch meinen kritischen Unterton hören, denn selbstverständlich habe auch ich eine persönliche Meinung zum moralischen Stellenwert vieler Tiere in unserer Gesellschaft. Meine Meinung sollte für Sie aber nicht das Maß der Dinge sein und ich lade Sie ein, sich selbst ein Urteil zu bilden. Also dann, auf ins diskursive Getümmel!

1

WIE WIR ÜBER TIERE STREITEN

Ende Juli 2016 spielen sich dramatische Szenen in der Nähe des Herforder Weddingenufers ab. Gegen acht Uhr morgens läuft eine Entenmutter aufgeregt schnatternd auf der Straße umher. Ihre Jungen schnattern nicht weniger aufgeregt, denn sie sind in einen nahe gelegenen Gully gefallen und kämpfen dort um ihr Leben. Aus eigener Kraft schaffen es die Küken nicht, sich aus ihrem anderthalb Meter tiefen Gefängnis zu befreien. Zum Glück spaziert zu diesem Zeitpunkt Frau W. in Begleitung ihres Yorkshire-Mischlings Lui am Weddingenufer entlang und beobachtet die Szene. Sie alarmiert die Feuerwehr.

Der Lokalzeitung berichtet Frau W. später, die Küken seien um ihr Leben geschwommen und hätten sich kaum mehr über Wasser halten können. Das Kommando über den Rettungseinsatz übernahm der Leiter der örtlichen Feuerwehr, denn »Entenrettung ist eben Chefsache«, wie die Zeitung zu berichten weiß. Sein Kollege Peter L., »Geflügelexperte« der Herforder Feuerwehr, legt sich flach auf den Boden, um die kleinen Enten zu erreichen. Mit einer Schöpfkelle fischt er die entkräfteten Küken einzeln aus dem Gully. Ein weiterer Kollege übernimmt die Erstversorgung und legt die durchnässten Küken behutsam in einen Karton. Nach der geglückten Entenrettung vereinen die Männer der Feuerwehr Mutter und Kinder.

Die Entenfamilie wird zum nahe gelegenen Ufer gebracht und dort in die Freiheit entlassen. Doch Peter L. ist besorgt. Möglicherweise waren die Strapazen für eines der Küken zu anstrengend, es schien unterkühlt. Seine Sorgen teilt er mit der Lokalzeitung. »Hoffen wir mal, dass ein paar Sonnenstrahlen, etwas Nahrung und ganz viel Fürsorge dafür sorgen, dass es wieder zu Kräften kommt«[1], so der Retter.

ENTEN IN PARALLELEN UNIVERSEN

Zeitungsartikel wie dieser sind kein Einzelfall. Sie folgen einem klaren erzählerischen Muster: Die Enten sind handelnde Subjekte mit einem individuellen Charakter. Wir können uns mit ihrem Schicksal und ihren Sorgen identifizieren und fiebern mit der Entenmutter um das Überleben ihrer verunglückten Küken. Auf die Rettung der Tiere und die Wiedervereinigung der Entenfamilie reagieren wir mit Freude und Erleichterung. Für das gute Ende der Geschichte gibt es nur eine Option: Die Enten sollen überleben. Doch es lassen sich auch ganz andere Geschichten über Enten erzählen. Sie sind alle gleich und klingen etwa so:

Unsere Ente schlüpft in einem Brütereibetrieb in Sachsen-Anhalt. An ihrem Geburtstag werden in der Brüterei noch rund 25.000 weitere Peking-Enten vom Typ »Cherry Valley« zur Welt gebracht. Cherry-Valley-Enten können nicht fliegen, dafür aber in Rekordzeit fett werden. Das nennt man eine gute »Mastleistung«. Weil Cherry Valleys körperlich optimal an ihre landwirtschaftliche Verwertung angepasst sind, gehören sie zu den profitabelsten

Mastenten. Spezialfutter sorgt dafür, dass sie schnell ein »schlachtreifes« Körpergewicht erreichen, weil es auf die unterschiedlichen Phasen ihres Wachstums angepasst ist. Anfangs macht es sie robust: Darm und Skelett sollen für die körperlichen Belastungen der Mast vorbereitet werden. Das »Entenendmastfutter« hat dann das Ziel, möglichst effizient Muskel- und Fettgewebe aufzubauen. In der Entenmast verwandeln sich Küken innerhalb von vierzig Tagen in lebende Rohstofflager. In den Mastanlagen, so erklären die Betreiber*innen, werden die Tiere unter Einhaltung strenger gesetzlicher Vorgaben und mit viel Know-how versorgt und betreut, bis sie »Schlachtreife« erlangt haben.

Aktivist*innen der Tierrechtsbewegung zeichnen ein ganz anderes Bild und beschreiben die Zustände als Hölle auf Erden. Als eine Tierrechtsorganisation 2014 in der Vorweihnachtszeit heimlich gedrehte Videoaufnahmen aus einer Entenmast veröffentlichte, verging vielen Menschen zumindest für eine kurze Zeit der Appetit. Die Videos zeigten blutende, bewegungsunfähige Tiere. Auch wurde gefilmt, wie ein Mitarbeiter Enten mit der Mistgabel erschlug.[2] Während sich die Umstände der Mast unterscheiden können, endet die Reise aller Mastenten gleich: Rund zehn Millionen Enten wurden 2021 in deutschen Schlachthöfen getötet. Anders als das Schicksal der Herforder Entenfamilie bleiben die Geschichten der Mastenten meistens unerzählt. Sie sterben anonym und jenseits des öffentlichen Interesses. Ähnlich ergeht es Millionen anderer landwirtschaftlich genutzter Tiere, denen ein Leben als Ware bestimmt ist. Die absolute Mehrheit von ihnen wird in industriellem Maßstab »produziert« und nach einem kurzen, wachstumsintensiven Leben getötet. Die amtlichen Statistiken nennen rund 625 Millionen Hühner sowie 51,7 Millionen Schweine und 3,2 Millionen Rinder allein 2021 in Deutschland.[3]

Diese zwei Entengeschichten scheinen in Paralleluniversen des Mensch-Tier-Verhältnisses zu spielen. Es drängt sich die Frage auf, welche der Geschichten denn nun einen angemessenen Umgang mit Enten widerspiegelt. Fragen nach dem legitimen Umgang durchziehen unsere vielfältigen Beziehungen zu Tieren: Darf man Tiere essen? Darf man Tierversuche durchführen? Einige Streitpunkte im Verhältnis zwischen Menschen und Tieren scheinen offensichtlich. Ich bin sicher, dass Sie selbst mit diesen Fragen schon mal konfrontiert waren und dass Ihnen diese Fragen schlüssig erscheinen. Sie mögen eine starke Meinung haben oder unentschlossen sein. Vielleicht machen Sie sich auch keine Gedanken darüber. Aber Sie verstehen die Frage. Die Frage, ob man Blumenkohl essen darf, hätte sie hingegen vermutlich irritiert.

Damit ein Streit entsteht, müssen Konfliktparteien mit unterschiedlichen Positionen existieren, die den Grund des Streits als relevant anerkennen. Das heißt: Sie nehmen ihn ernst. Das ist nicht einfach eine individuelle Angelegenheit, denn Sie können sich ja entscheiden, einfach keine Gedanken an das Problem zu verschwenden. Es ist eine kulturelle Frage. Auch wenn wir uns selbst keiner Konfliktpartei zugehörig fühlen, existiert der Streit im öffentlichen Raum – als Diskurs in den Medien, in der Politik oder weil soziale Bewegungen für oder gegen eine Sache protestieren.

UNSER VERHÄLTNIS ZU TIEREN WIRFT FRAGEN AUF

Im Streit um Tiere stehen sich unterschiedliche Ideen, wie das Verhältnis zwischen Menschen und Tieren gestaltet sein soll, gegenüber. Sehr viele dieser Ideen beziehen sich auf tierethische Fragen. Die Frage, ob man Tiere essen darf, fällt beispielsweise in diesen Bereich. Aber der Streit kann sich auch um Anstand, Sitte oder Konvention drehen. Ob Hunde als Familienmitglieder gelten oder im Bett schlafen sollten, ist keine moralische Frage, kann aber trotzdem zu heftigen Reaktionen führen. Im Konflikt stehen oft auch Ideen, die nicht unmittelbar mit Tieren zu tun haben, aber aus der komplizierten Beziehung der Gesellschaft zu Tieren resultieren. Was mit den Unmengen an Exkrementen passieren soll, die in der industriellen Tierhaltung entstehen, ist keine tierethische Frage. Ob die Exkremente jedoch in der bisherigen Menge als Gülle auf landwirtschaftliche Felder ausgetragen werden dürfen, gehört ebenfalls zum Komplex der Mensch-Tier-Beziehung und ist ein heiß umkämpftes Thema.

Bekanntermaßen werfen Antworten meist viele neue Fragen auf. Wenn wir beispielsweise die Kernfrage, ob man Tiere essen darf, bejahen, folgen eine Reihe weiterer Fragen auf dem Fuß: Welche Tiere dürfen wir essen und welche nicht? Wie viele Tiere dürfen wir essen? Unter welchen Bedingungen sollen diese Tiere leben, und wie sollen sie sterben? Je genauer wir hinschauen, desto detaillierter werden dabei die Probleme: Welche Qualifikation muss das Schlachthofpersonal haben, das die Tiere betäubt und tötet, und wer definiert diese Mindestqualifikation? Wie häufig sollte die Einhaltung des Tierschutzes in den Betrieben kontrolliert werden? Wie viel Geld sollte der Staat in die Produktion von Fleisch, Milch und Ei in Form von Subventionen fließen lassen? Und wie viel in den Anbau pflanzlicher Lebensmittel? Sollte die Politik beim Tierschutz auf freiwillige Selbstverpflichtung der Agrarbranche oder lieber auf gesetzliche Vorgaben setzen? So könnte es noch lange weitergehen.

Ähnlich sieht es in anderen Bereichen aus, in denen Tiere genutzt werden. Dürfen wir Tierversuche durchführen? Nur für Medikamente oder auch für die Grundlagenforschung? Für Haushaltsmittel und Kosmetika? An welchen Tieren dürfen Tierversuche durchgeführt werden? Nur an Mäusen und Ratten, oder auch an Hunden oder Schimpansen? Wie sieht es bei der Jagd aus? Enthemmtes Geballer im Wald oder notwendiger Beitrag zum Naturschutz? Braucht es die Jagd, um die Ausbreitung von Krankheiten oder Schäden an Privatbesitz zu verhindern? Wie stehen Sie zu Tieren im Zoo? Und was denken Sie über den Zirkus? Und? Brummt Ihr Kopf schon?

Streitthemen haben ihre Konjunkturen. Bestimmte Themen werden zu bestimmten Zeitpunkten kontrovers debattiert und können dann wieder für lange Zeit in den Hintergrund geraten, während andere Themen in den Mittelpunkt rücken. Stand die Pelzproduktion in den 1980er-Jahren noch massiv in der Kritik, steht heute zunehmend die industrielle Produktion von Fleisch, Milch und Eiern auf der öffentlichen Agenda. Aktuell gesellt sich ein ökologischer Diskurs über Tiere zu den verschiedenen tierethischen Problemen: Klimawandel, Artensterben und Zoonosen wie Covid-19 hängen mit dem Mensch-Tier-Verhältnis zusammen, verweisen aber auch auf die Beziehung der Gesellschaft zur Natur im Allgemeinen. Die ökologische Debatte über Menschen und Tiere hat eine eigene Qualität, denn sie macht unsere wechselseitige Abhängigkeit deutlich. Während bei den tierethischen Problemen vor allem die Frage im Raum steht, wie viele seiner Privilegien und Vorteile der Mensch aus Rücksicht auf die Bedürfnisse der Tiere aufgibt, steht in der ökologischen Debatte das Überleben des Menschen selbst im Mittelpunkt.

EINE FRAGE, VIELE SICHTWEISEN

Die Streitthemen sind also vielfältig, oftmals ineinander verwoben und auf unterschiedlichen Ebenen angesiedelt. Das verdeutlicht auch die folgende Geschichte: Im August 2019 versammeln sich etwa 15 Menschen auf einem Feld in Ellringen nahe Lüneburg. Sie haben sich zu einem gemeinsamen Spaziergang getroffen. An

Waldrand und Feldern vorbei führt sie der Weg zu einem mit Bauzäunen abgesicherten Gelände. Der spätsommerlichen Sonne zum Trotz wirkt dieser Ort grau: Lange Hallen reihen sich aneinander, die Dächer sind mit Wellblech bedeckt. Die Mischung aus Beton, Plastik und Blech wirkt eintönig und trist. An einem Zaun hängt ein Schild mit der Aufschrift »Demonstrationsbetrieb Tierschutz«. Daneben: »Wertvoller Schweinebestand. Betreten verboten.« Die spazierende Gruppe ist keine Delegation eines Wandervereins mit Vorliebe für zweifelhafte Ausflugsziele. Es handelt sich um Aktivist*innen, die einen Protestspaziergang abhalten. Ziel ihres Unmuts ist der Besitzer des »wertvollen Schweinebestands«, den man sich nicht aus der Nähe ansehen darf: die BHZP GmbH.

BHZP steht für »Bundes Hybrid Zucht Programm« und ist trotz seines Namens keine öffentliche Einrichtung, sondern ein privates Unternehmen, das im beschaulichen Ellringen eine bereits bestehende Zuchtanlage für Mastschweine erheblich ausbauen will. Das »Programm« ist zwar weitgehend unbekannt, aber dennoch ein zentraler Player in der industriellen Schweinemast. Das Unternehmen sorgt dafür, dass in deutschen Mastanlagen nie ein Mangel an Schweinenachwuchs herrscht. Mit ihrem Besuch wollen die Mastgegner*innen Öffentlichkeit für ihre Kritik schaffen und eine Diskussion in Gang setzen. Die spazierenden Demonstrant*innen, die die örtliche Bürgerinitiative Dahlenburg mobilisiert hat, haben einen gemeinsamen Gegner, aber sind bewegt von unterschiedlichen Motiven. Unter ihnen befinden sich Anwohner*innen der geplanten Großanlage, die sich um Gestank und Lärm Sorgen machen. Auch Umweltschützer*innen sind alarmiert. Sie befürchten, dass Abwässer, Gülle und giftige Rückstände die umliegenden, geschützten Biotope verunreinigen. Der hohe Wasserverbrauch und die schlechte Vereinbarkeit von industrieller Schweineproduktion und Klimaschutz bereitet ihnen ebenfalls große Sorgen. Aus dem nahe gelegenen Hamburg sind auch einige Tierrechtsaktivist*innen gekommen, die den Ausbau der Anlage nutzen, um gleich die gesamte Fleischproduktion infrage zu stellen.

Die Gegner*innen der Zuchtanlage konnten einen ersten Teilerfolg erkämpfen, als der Ausbau 2018 vom Oberverwaltungsgericht in Lüneburg gestoppt wurde. Zu den Gründen gehörten diverse Formfehler im Bebauungsplan sowie das Vorhaben, eine Zufahrtsstraße durch das dortige Landschaftsschutzgebiet zu bauen. Zwei Jahre später folgte die große Enttäuschung. Der Dahlenburger Rat hatte einen neuen Bebauungsplan erstellen lassen und diesen Ende 2020 beschlossen. Die neue Anlage soll nun nicht mehr rund tausend, sondern bis zu 6.500 Tiere fassen können. Während Abgeordnete der Grünen und zwei Mitglieder der SPD gegen den Ausbau stimmen, sprechen sich Vertreter*innen der CDU und die Mehrheit der SPD-Abgeordneten für den Ausbau aus. Erneut demonstrieren die Mastgegner*innen und bringen ihr Anliegen auf mitgebrachten Transparenten und Schildern zum Ausdruck: »Keine Schweinefabrik in Ellringen« und »Menschen gegen Massentierhaltung«. Doch dieses Mal sind sie nicht allein. Gekommen sind neben der Presse auch zahlreiche Landwirt*innen, die sich zu einem Gegenprotest versammeln. Landwirt*innen organisieren sich immer öfter, um ihre Perspektiven auf die Landwirtschaft sichtbar zu machen. Zankäpfel sind auch bei ihnen meist die landwirtschaftliche Tierhaltung und damit zusammenhängende Aspekte wie die Fleischproduktion oder die Nutzung von Gülle.[4] Aktuell ruht der Ausbau allerdings wieder, da die Bürgerinitiative auch gegen den neuen Bebauungsplan klagt. Möglicherweise zieht sich die Angelegenheit noch über Jahre hin und ob die Anlage jemals ausgebaut werden wird, steht in den Sternen.

Dieser Streit zeigt, wie Konflikte über Tierhaltung eine ganze Reihe unterschiedlicher Gruppen auf den Plan rufen können. Politik,

Justiz und Medien, Mitglieder von Tierschutz-, Tierrechts- und Umweltschutzgruppen, Landwirt*innen, Anwohner*innen und das Unternehmen BHZP brachten sich auf ihre jeweils eigene Weise in den Konflikt über das Für und Wider der Erweiterung der Sauenzuchtanlage ein. Eine Gemengelage, in der eine einvernehmliche Einigung zwischen den Konfliktbeteiligten kaum realistisch erscheint.

Die Aktivist*innen, aber auch die bäuerlichen Gegendemonstrant*innen stehen stellvertretend für die große Zahl an Menschen, die sich bewusst und aktiv in den Streit über Tiere einmischen. Sie sind Menschen, die eine starke Meinung zu Tieren oder zumindest zu einem Teilbereich der Mensch-Tier-Beziehung haben. Der Deutsche Tierschutzbund hat beispielsweise über 800.000 Mitglieder – Menschen, die sich einen stärkeren Schutz von Tieren wünschen. Unter den fast 400.000 Deutschen, die einen Jagdschein haben, sind wohl nur wenige, die die Jagd auf Tiere nicht grundsätzlich für legitim halten. Unter den mehr als eine Millionen vegan lebenden Deutschen hingegen ist die Anzahl der Jäger*innen wohl eher gering. Auch die rund eine Million Deutsche, die häufig angeln geht, hat eine klare Meinung zu der Frage, ob man Fische töten darf. Eine weitere Million Europäer*innen hat im Jahr 2013 eine EU-Petition zum vollständigen Verbot von Tierversuchen unterzeichnet.[5] Natürlich sind nicht alle diese Menschen persönlich oder über lange Zeit an öffentlichen Auseinandersetzungen über Tiere beteiligt. Aber sie haben sich entschieden, in Bezug auf eine bestimmte Beziehung zu Tieren eine klare Haltung einzunehmen.

Einige dieser Menschen mit starken Meinungen zu Tieren gehören zu einer besonderen Gruppe: den professionellen Interessensvertreter*innen. Diese Gruppe macht so besonders, dass sie kollektiv und strategisch handelt. Organisationen aus sozialen Bewegungen oder wirtschaftliche Lobbyverbände sind beispielsweise daran interessiert, möglichst dauerhaft öffentlich wahrgenommen zu werden und Einfluss auf die Gesellschaft und die Politik zu nehmen. Sie haben klare Zielsetzungen und verfügen oft über beträchtliche finanzielle Mittel. Sie betreiben Büros, organisieren Kampagnen und bezahlen Menschen für diese Arbeit. Diese Interessensverbände sind einflussreiche Player im Kampf um die Deutungshoheit. Eine ganze Heerschar an Lobbyorganisationen versucht, Politik und Öffentlichkeit von der jeweils eigenen Position zu überzeugen. Sie schwirren ständig um die Politiker*innen in Berlin und Brüssel herum. Die Fleisch- und Agrarlobby etwa ist eine der mächtigsten Lobbygruppen in Deutschland und hat die Landwirtschaftspolitik in Deutschland maßgeblich mitgestaltet. Aber auch Tierschutz- und Tierrechtsorganisationen sind längst professionalisiert, und ihre Demonstrationen sind zu Großevents geworden. Auch sie betreiben Lobbyarbeit, wenn auch mit weniger umfangreichen Mitteln. Die Eurogroup for Animals betreibt beispielsweise Büros in Brüssel und unterhält Kontakte zu Mitgliedern des EU-Parlaments, aber auch zu Wirtschaftsunternehmen.

DAS THEMA GEHT UNS ALLE AN

Aber man muss nicht wie die Ellringer Aktivist*innen oder der Deutsche Bauernverband öffentlich eine bestimmte Position vertreten und gegen andere verteidigen, um Teil eines Konflikts zu sein. Die meisten Menschen sind indirekt und unbewusst in die Aushandlung über die angemessene Beziehung zu Tieren eingebunden. Wir alle, so der Soziologe Gotthard M. Teutsch, haben Beziehungen zu Tieren. Aber wir sind uns dessen oft gar nicht bewusst, »weil es keine Beziehungen zu einzelnen oder individuell erkennbaren Tieren sind, sondern Beziehungen existenzieller [...] oder Beziehungen kollektiver Art.«[6] Teutsch sagt damit, dass Menschen auch dann in das gesellschaftliche Verhältnis zu Tieren eingebunden sind, wenn sie nicht mit einem Haustier leben oder gerade einen Vogel beobachten. Wir machen uns unsere kollektiven Beziehungen zu Tieren die meiste Zeit nur einfach nicht bewusst. Sie sind derart selbstverständlich in unseren Alltag eingebaut, dass wir uns die Werte, die unseren Beziehungen zu Tieren zugrunde liegen, nicht vor Augen führen. Aber durch unser Handeln bestätigen oder verneinen wir bestimmte gesellschaftliche Werte, auch wenn wir darüber nie nachgedacht haben.

Betrachten wir da zum Beispiel unsere eigenen Konsumentscheidungen: Durch diese beziehen wir Stellung zur Mensch-Tier-Beziehung. Unabhängig davon, wie zwiegespalten viele Konsument*innen sein können und wie sehr die eigenen Essgewohnheiten auch Schwankungen unterliegen können: Wer Fleisch isst, stimmt stillschweigend der Aussage zu, dass das Essen von Fleisch legitim ist. Auch Handlungen, die fast automatisch ausgeübt werden, können auf verinnerlichten Werten und Einstellungen basieren. Dass wir uns diese gleichsam hinter unserem Handeln versteckten Werte nicht bewusst machen (müssen), ist ein Zeichen dafür, dass die Mehrheit der Gesellschaft sie teilt – sie sind normalisiert. Unter diesem Mantel des stillschweigenden, kollektiven Einvernehmens versteckt sich aber auch die Einsicht, dass unsere Wertvorstellungen nur eine Alternative unter vielen darstellen.

Tierschutzreformen mit unterschiedlichen Startchancen

Die Schweiz ist ein besonderes Land – auch wegen seines Tierschutzgesetzes. Als erstes Land der Welt schützt es seit 1992 Tiere nicht nur vor bestimmten Formen der körperlichen Schädigung.

Artikel 1 des Tierschutzgesetzes hat den Zweck, auch »die Würde und das Wohlergehen des Tieres zu schützen«.[7] Das philosophisch anspruchsvolle Konzept der Würde soll den inneren Wert der Tiere betonen. Sie sind um ihrer selbst willen umfassend zu schützen und nicht nur so weit, wie es die Profitabilität ihrer ökonomischen Nutzung gefährdet. So weit die Theorie. In der Praxis bedeutet der rechtliche Schutz tierlicher Würde keineswegs, dass in der Schweiz etwa Schlachthöfe oder Tierversuche verboten wären. Aber dennoch ist diese gesetzliche Regelung bemerkenswert.

Sie durchzusetzen war ein zentrales Anliegen der Schweizer Tierschutzbewegung, und das Referendum über den rechtlichen Schutz der Tierwürde fiel erfolgreich aus. Für den Erfolg war besonders wichtig, dass die Forderung, die Tierwürde zu schützen, auf einem soliden kulturellen Fundament stand: Die Idee war populär. Sie bot einerseits die Gelegenheit, den symbolischen Status der Tiere zu erhöhen, was den in westlichen Gesellschaften grundlegend hohen Zustimmungswerten zum Tierschutz entsprach. Andererseits war der Begriff der Würde so allgemein und unkonkret, dass von ihm keine Gefahr eines Verbots des Fleischverzehrs oder des Angelns ausging.

Eine 1998 durchgeführte Volksabstimmung zum Verbot von Tierversuchen zur Erforschung gentechnisch veränderter Organismen scheiterte hingegen. Die gesellschaftlichen Rahmenbedingungen dieser Forderung waren völlig anders, und diese Forderung spaltete die Gesellschaft deutlicher. In der öffentlichen Diskussion standen sich unversöhnliche Lager gegenüber: Für die eine Seite waren Tierversuche grausam, wissenschaftlich unsinnig und ethisch unvertretbar. Für die andere Seite waren sie ein notwendiges Übel, damit wissenschaftlicher Fortschritt zur Heilung von Krankheiten führen könne. Beide Seiten setzten nicht nur auf vernünftige Argumente, sondern auch auf Emotionen. Auf der einen

Seite standen Bilder leidender Hunde und Affen, die qualvoll an den Versuchen zugrunde gehen. Auf der anderen Seite waren kranke Kinder und verzweifelte Eltern, die auf die rettende Medizin hofften. Die Schweizer*innen durften sich entscheiden, ob sie wahlweise Tiere quälen oder Kinder an Krebs sterben lassen wollten. Am Ende gewannen die Befürworter*innen der Tierversuche. Einen wesentlichen Anteil an ihrem Erfolg wird der Biotech-Branche zugesprochen, die in der Schweiz besonders mächtig ist. Das Referendum war für sie eine existenzielle Bedrohung, und sie versuchte massiv, den öffentlichen Diskurs zu ihren Gunsten zu beeinflussen. Die Tierschutzbewegung, die selbstredend das Gleiche versuchte, hatte einfach keine Chance gegen einen so mächtigen Gegner.

Die beiden Beispiele verdeutlichen, dass sich je nach Konfliktthema unterschiedliche Positionen durchsetzen können. Um die Dynamiken gesellschaftlicher Konflikte besser zu verstehen, ist es daher hilfreich, zwischen »kulturellen Ideen«, »Interessen« und »Macht« zu unterscheiden.

KULTURELLE IDEEN: WIE WIR UNS DIE IDEALE WELT VORSTELLEN

Kulturelle Ideen sind die unterschiedlichen Werte, Ideale und Weltbilder, mit denen wir unser Handeln legitimieren. Sie definieren, was uns richtig, wichtig und angemessen erscheint. Darf ein Hund im Bett schlafen? Gehören Wölfe in einen gesunden Wald? Ihre kulturellen Ideen über diese Tiere geben Ihnen die Antwort. Ideen sind keine feststehenden, objektiven Tatsachen, sondern wandelbar. Das heißt, dass die Vorherrschaft bestimmter Ideen in der Gesellschaft oder innerhalb einer sozialen Gruppe infrage gestellt werden kann. Was in einer Gesellschaft als angemessen und richtig erscheint, hat historisch betrachtet oft nur eine gewisse Zeit lang Bestand.

INTERESSEN: WAS UNS VORTEILE BRINGT

Neben Ideen ist das Handeln von Menschen durch Interessen geprägt. Der Wunsch nach materiellem Vorteil, Statusgewinn, Sicherheit oder persönlicher Entfaltung treibt uns an und spielt auch im Streit über das angemessene Verhältnis zwischen Menschen und Tieren eine zentrale Rolle. Menschen, die ihr Leben mit Haustieren teilen, haben zum Beispiel meist ein großes Interesse an der speziesübergreifenden, persönlichen Beziehung zu ihren nichtmenschlichen Freunden. Der Umgang mit dem Haustier bereitet ihnen Freude, spendet Trost oder hilft im Umgang mit Einsamkeit.

Gleichzeitig haben beispielsweise Menschen, die Tierprodukte konsumieren, für gewöhnlich ein großes Interesse daran, dass Tiere durch Menschen genutzt werden. Sie mögen den Geschmack von Tierprodukten und möchten nicht auf ihn verzichten. In beiden Fällen haben Menschen persönliche Vorteile, wenn sie ihren Interessen folgen.

Der Unterschied zwischen Ideen und Interessen lässt sich an einem Phänomen darstellen, das typisch für unseren Umgang mit Tieren ist. Bekanntermaßen ist der Fleischkonsum die vorherrschende Ernährungsweise in Deutschland. Die meisten Menschen sind jedoch unzufrieden mit der Art und Weise, wie Fleisch produziert wird. Laut dem Eurobarometer, einer renommierten europaweiten Meinungsumfrage, erachten 94 Prozent der Europäer*innen den Tierschutz in der Landwirtschaft für wichtig, und 82 Prozent wünschen sich eine Verbesserung des landwirtschaftlichen Tierschutzes in ihrem Land.[8] Gleichzeitig gaben 2019 rund 86 Prozent der Männer und 83 Prozent der Frauen in Deutschland an, regelmäßig oder selten Fleisch zu essen.[9] In einer Umfrage des Bundeslandwirtschaftsministeriums gaben zudem fünfzig Prozent der Befragten an, regelmäßig oder ausschließlich Fleisch aus Bioproduktion zu kaufen.[10] Der Konsum von Fleisch aus der industriellen Tierhaltung ist in Deutschland aber weiterhin die Norm. 2021 lag der Anteil von Biofleisch am gesamten Fleischverkauf laut der Organisation Foodwatch bei nur 2,6 Prozent bei Geflügelfleisch und 3,6 Prozent bei anderen Fleischarten.[11] Die Deutschen wollen also gleichzeitig einen Wandel in der Fleischproduktion, ändern ihr Konsumverhalten aber kaum. Hier liegen Wunsch und Wirklichkeit weit auseinander.

Kulturelle Ideen und Interessen beeinflussen unser Handeln. Was in einer Situation überwiegt, hängt auch von unserer eigenen Persönlichkeit ab. Einige von uns orientieren sich im Alltag stärker an ihren Idealen, anderen ist wichtiger, dass sie angenehm und möglichst stressarm leben. Oft stehen unsere Werte und unser persönlicher Vorteil auch im Konflikt zueinander. Das Aushalten solcher Widersprüche – etwa zwischen den kulturellen Idealen (von Tierschutz) und den persönlichen Interessen (von Tiernutzung) – ist typisch für die westliche Gesellschaft.

MACHT: WIE WIR UNS GEGEN ANDERE DURCHSETZEN

Um zu verstehen, wie Menschen die Deutungskonflikte über Tiere beeinflussen, muss noch eine dritte Zutat bedacht werden: Macht. Macht hat viele Gesichter und ebenso viele Definitionen. Ich meine mit Macht, dass jemand sich gegen den Willen anderer durchsetzen kann.[12] Wer über viel Macht verfügt, hat größere Chancen, Einfluss zu nehmen – etwa auf ein Gesetz, auf einen Diskurs oder auf das Verhalten anderer Menschen. Um Macht anzuhäufen, benötigen Menschen Zugang zu Ressourcen. Hierunter fallen neben dem schnöden Mammon auch soziale Beziehungen, Wissen und Bildung oder eine charismatische Ausstrahlung. Erfolgreiche Lobbyorganisationen oder NGOs sind machtvolle Gruppierungen. Im Idealfall verfügen sie durch Spenden oder andere Zuwendungen über finanzielle Mittel, sind gut vernetzt und kennen die richtigen Leute in wichtigen Positionen. Dort arbeiten Menschen, weil sie aufgrund ihrer Ausbildung, ihres Studiums oder ihrer Erfahrungen die Sachverhalte verstehen und Strategien entwickeln können, um möglichst großen Einfluss zu nehmen. Ihre Pressesprecher*innen sind sympathisch und wirken überzeugend. Sie können sich vorstellen, wie die Einflusschancen sinken, wenn sie in einem der genannten Faktoren unterdurchschnittlich abschneiden.

Nur die wenigsten Einzelmenschen verfügen über geballte Machtressourcen, um einen öffentlichen Konflikt aktiv zu beeinflussen. Zu diesen mächtigen Einzelmenschen gehören zum Beispiel Politiker*innen, Intellektuelle oder bekannte Aktivist*innen. Umso wichtiger ist, das Handeln solcher Machtakteure im Auge zu behalten. Das heißt jedoch nicht, dass der einzelne Mensch nicht relevant ist. Die Gesellschaft setzt sich aus den vielen einzelnen Handlungen ihrer Mitglieder zusammen, und wir tragen alle zu ihrer Gestaltung bei. Und auch besonders einflussreiche Menschen sind in ihre Rollen hineingewachsen. Greta Thunberg zeigt, dass auch Einzelne große Wirkung entfalten können. Am Anfang war der Star der Klimabewegung nur ein junger Mensch, der allein vor dem schwedischen Parlament gestreikt hat. Heute ist sie das Gesicht einer Jugendbewegung, die die globale Wirtschaft und Politik umgestaltet.

Und manchmal scheitern auch große Lobbyverbände. Als im Zuge der Coronakrise 2020 die Arbeitsbedingungen in den Schlachthöfen neu geregelt wurden, warnte Bundesarbeitsminister Hubertus Heil, »dass eine Riesenmasse von Lobbyisten hier in Berlin versuchen wird, dieses scharfe Gesetz aufzuweichen«. Und das tat sie auch. Aber auch die »Vertreter organisierter Konzerninteressen mit sehr, sehr viel Geld in einer milliardenschweren Branche«[13] konnten nicht verhindern, dass der Einsatz von Werkverträgen im Stammgeschäft der Schlachthöfe verboten wurde.

Das Zusammenspiel von Ideen, Interessen und Macht hilft uns, das komplexe Verhältnis unserer Gesellschaft zu Tieren besser zu verstehen. Behalten Sie diese Unterscheidung beim Lesen im Hinterkopf. In diesem Buch erzähle ich immer wieder Geschichten und Episoden über das Mensch-Tier-Verhältnis. In jeder dieser Geschichten kommen die unterschiedlichen Konzepte, die wir bisher behandelt haben, in je eigener Weise zusammen.

Wie wir Ordnung ins Tierreich bringen wollen

Die Welt um uns herum ist komplex. Würden wir sie in all ihren Einzelheiten wahrnehmen, wären wir sehr schnell völlig überfordert. Um sie zu verarbeiten, müssen wir diese Komplexität reduzieren und unserer Umgebung eine Ordnung geben. Diese grundlegende kognitive Fähigkeit hilft uns, in der Flut an Informationen, die sekündlich auf uns einbricht, nicht unterzugehen. Wir ordnen die einzelnen Elemente unserer Umwelt beispielsweise in Kategorien ein. Eine Sitzgelegenheit mit vier Beinen wird der Kategorie Stuhl zugeordnet. Das hilft uns enorm, wenn wir gemeinsam über dieses Ding sprechen wollen. Stellen Sie sich vor, was passieren würde, wenn alle sich eigene Wörter für diese Sitzgelegenheiten ausdenken würden. Unterhaltungen wären ziemlich mühsam.

Wir haben auch die Tiere geordnet. Die Biologie trennt beispielsweise in Arten, Unterarten, Familien und dergleichen. Carl von Linné, Charles Darwin und viele andere haben Ordnung in das (vermeintliche) Chaos im Reich der Tiere gebracht. Biologische Kategorien haben allerdings wenig mit der Lebensrealität der meisten Menschen zu tun. Selten hört man eine Mutter zu ihrem Kind sagen: »Schau mal, da ist ein wiederkäuender, horntragender Paarhufer! Weißt du, um welche Unterfamilie es sich handelt?« Sie wären erstaunt, wenn das Kind dann stolz, »Na, klar, Bovinae!« ausrufen würde.

Unser Alltagsverständnis von Tieren ist nicht durch biologische, sondern durch kulturelle Kategorien geordnet. Den meisten Menschen ist weniger wichtig, wie ein bestimmtes Tier im Klassifikationssystem der Arten eingeordnet wird, sondern welche gesellschaftliche Funktion es erfüllt. Läuft jemand mit einem Hund an einer Leine, erkennen wir den Hund als Haustier. Eine Ratte, die in einer mit Streu ausgelegten Plastikbox in einem medizinischen Labor sitzt, erkennen wir als Versuchstier. Der wiederkäuende, horntragende Paarhufer, der trotz seiner biologischen Klassifikation kein Horn mehr trägt, ist offensichtlich ein Nutztier.

Diese Einordnungen fallen Menschen leicht und erscheinen intuitiv. Sie sind so gängig, dass sie im alltäglichen Gespräch keiner weiteren Erklärung bedürfen. Wenn ein genervter Vater dem anderen berichtet, der kleine Noah wolle unbedingt ein Haustier zum Geburtstag, dann fragt sich sein Leidensgenosse, ob der kleine Noah einen Hund, eine Katze oder doch vielleicht erst mal nur ein Meerschweinchen haben möchte. Er käme nicht auf die Idee, dass Noah sich ein Mastschwein oder eine Legehenne als neuen besten Freund wünscht.

TIERKATEGORIEN: ORIENTIERUNGSHILFEN FÜR DEN ALLTAG

Die verschiedenen Tierkategorien dienen vor allem dazu, den Menschen eine Orientierung bei der Behandlung von Tieren zu geben. Denn die unterschiedlichen Kategorien, in die wir die Tiere einordnen, geben uns Auskunft darüber, welche Beziehungsformen und Behandlungsweisen von der Mehrheit der Menschen als legitim und angemessen angesehen werden. Während Haustiere vor allem als Freunde oder Familienmitglieder gesehen werden, zu denen Menschen enge emotionale Beziehungen eingehen, gelten Nutztiere vor allem als Mittel zum Zweck der Produktion von Lebensmitteln. Tierkategorien dienen der Ausrichtung unseres gesellschaftlichen, moralischen Kompasses.

Unser Blick richtet sich hier also nicht auf individuelle Sichtweisen, sondern auf die dominanten kulturellen Wertvorstellungen über Tiere in unserer Gesellschaft. Hunde und Katzen zu schlagen, gilt in Deutschland als unmoralisch. Wenn ein Landwirt seine Rinder mit der Eisenstange verprügelt, löst das ebenso Empörung aus, weil die Gewalt als unnötig und grausam eingeordnet wird. Wenn Rindern aber im Schlachthof mittels Bolzenschusses in den Kopf das Bewusstsein genommen wird und sie danach per Kehlenschnitt ausbluten, mag das zwar manchen Menschen den Appetit verderben, aber der gesellschaftlichen Mehrheit erscheint diese Behandlung als legitim. Würde man Selbiges mit einem Hund anstellen, wäre es nur eine Frage der Zeit, bis der Schlachthof für immer schließen müsste. Tierart, Tierkategorie, Ort und Zeitpunkt einer Handlung – all diese Faktoren bestimmen mit darüber, ob eine Interaktion zwischen Menschen und Tieren Empörung, Gleichgültigkeit oder Freude auslöst.

Es gibt noch eine weitere Möglichkeit, Tiere sozial zu kategorisieren. So lassen sich die domestizierten Tiere von Kulturfolgern und Wildtieren unterscheiden. Domestizierte Tiere wurden durch Zucht und Haltung genetisch so verändert, dass sie in einem engen Verbund mit Menschen leben und von Menschen (mehr oder weniger) abhängig gemacht wurden. Sie sind über Generationen durch Zucht und Auslese von ihren wilden Verwandten getrennt und in neue Arten verwandelt worden. Die gängigen Haus- und Nutztiere wie Schweine, Hunde, Katzen und Kühe fallen hierunter. Als Kulturfolger gelten Tiere, die zwar an sich unabhängig vom Menschen leben, aber die Nähe zu menschlichen Ansiedlungen suchen, weil sie dort bessere (Über-)Lebensbedingungen haben. Denken Sie an die vielen Singvögel, aber auch an die Mäuse und Ratten, die sich in Städten aufhalten. Als Wildtiere wiederum gelten all jene wild lebenden Tiere, die die Nähe zu Menschen scheuen und in den verbleibenden Resten der Natur leben, in denen wir Menschen noch keine dauerhafte Präsenz zeigen. Die Grenzen sind auch hier fließend. Die Wildschweine, die immer häufiger Berliner Vorgärten durchwühlen, sind zu Kulturfolgern gewordene, ehemalige Wildtiere.

Diese Art der Kategorisierung von Tieren ist nicht funktional (wie die Unterscheidung in Haustiere, Versuchstiere oder Zootiere), sondern relational. Das entscheidende Merkmal ist hier die Beziehung, die die Tiere zu uns Menschen haben – beziehungsweise wir zu ihnen. In dieser Sichtweise rücken zwei Tiergruppen eng aneinander, die in unserer kulturellen Wahrnehmung eigentlich weit voneinander entfernt sind: die Haustiere und die Nutztiere. Beide sind Gruppen domestizierter Tiere, die über Jahrtausende gemeinsamer Kulturgeschichte mit Menschen an uns gewöhnt sind und in unserer Obhut leben. Natürlich unterscheiden sich die Lebensrealitäten der Tiere in diesen Kategorien immens, wie wir in Kapitel 3 und 4 noch näher betrachten werden. Aber es wird deutlich, dass sowohl Haustiere als auch Nutztiere in einer ganz besonderen Weise in die menschliche Gesellschaft integriert sind und dass wir ihnen gegenüber auch eine besondere Verantwortung haben.

GRENZGÄNGER: HAUS- ODER NUTZTIER?

Auf den ersten Blick erscheint das System der Tierkategorien recht stabil. Bei genauerem Hinsehen können wir aber feststellen, dass es immer wieder Tierarten gibt, die sich einer eindeutigen Zuordnung widersetzen. Diese Tiere lösen Irritation aus – etwa wenn (vermeintliche) Nutztiere als Haustiere gehalten werden. In Kanada lebt ein Paar, das ein Minipig aufgenommen hat. Diese Haustierversion des Schweins gehört zu den exotischeren Haustieren, ist aber bei vielen Menschen beliebt, die es gern extravagant und ungewöhnlich haben. Sie tauften das kleine, possierliche Ferkel auf den Namen Esther. Esther wurde schnell größer – viel größer. Bis sie sich als ausgewachsenes Hausschwein entpuppte, das über dreihundert Kilo auf die Waage brachte.

*Haus*schweine (lateinisch: *Sus scrofa domesticus*) tragen übrigens einen ebenso irreführenden Namen, weil es sich hier um das landwirtschaftlich genutzte Tier und eben nicht um ein *Haus*tier handelt. Der Name stammt noch aus einer Zeit, in der die wenigen Nutztiere noch deutlich näher am Menschen lebten, und grenzt die Schweine von ihren wilden Verwandten aus dem Wald ab.

Derek und Steven, die beiden unfreiwilligen Hausschweinhalter, entschieden sich, dass sie auch ein Schwein gern haben konnten, das den Rahmen ihrer Erwartungen deutlich sprengte. In ihrer Wohnung konnte Esther natürlich nicht dauerhaft leben. Daher sammelten sie mit einer Crowdfunding-Kampagne Spenden, um einen Lebenshof für Esther zu eröffnen – mit großem Erfolg! Ende Juli 2014 hatten sie über 400.000 kanadische Dollar gesammelt. Die

Geschichte von Esther ging viral, und sie wurde im Internet als *Esther, the Wonderpig* berühmt. Heute ist das Wunderschwein Esther eine Influencerin. Fast anderthalb Millionen Menschen folgen ihr auf Facebook, eine weitere halbe Million auf Instagram. Sie ist eine Botschafterin der Mastschweine geworden, denn ihre Sympathiewerte übertragen sich auf ihre Artgenossen in den Ställen. Für Derek und Steve war der Kontakt zu Esther der Auslöser, fortan vegan zu leben.

Esthers Geschichte ist gerade deswegen so beliebt, weil sie die symbolische Ordnung der Tierkategorien durchbricht. Sie ist ein Nutztier, lebt aber als Haustier. Ein Tier, das normalerweise ein Leben als kleines Zahnrad im großen Getriebe der Fleischproduktion fristet, wurde als einzigartiges Lebewesen wahrgenommen. Dass sie ausgesprochen sympathisch ist, hat natürlich auch geholfen. Selbst eingefleischte Schnitzelfans können sich ein Schmunzeln kaum verkneifen, wenn sie die freudestrahlende Esther auf dem nach ihr benannten Lebenshof sehen.

Esther irritiert uns, weil sie »falsch« gehalten wird. Hier führt die Irritation zu unerwarteter Sympathie für ein Tier, dem Menschen sonst meist gleichgültig gegenüberstehen. In anderen Fällen führt es zu Empörung. Medien berichten beispielsweise immer wieder über die Legalität des Schlachtens und Essens von Hunden und Katzen in der Schweiz. Zwar werden nur wenige verspeist, aber ihr Verzehr ist ein kulturelles Tabu und erzeugt regelmäßig öffentliche Entrüstung. Derartige Tabus können sogar fiktive Tiere, wie etwa Comicfiguren, betreffen. Stellen Sie sich vor, in einer Neuauflage der Bugs-Bunny-Comics würde Bugs eines Tages vom Metzger gefangen, per Bolzenschuss betäubt, geschlachtet und zu Hasenbraten verarbeitet. Derart traumatisierende Bilder würden den Erfolg der Serie wohl nachhaltig beeinträchtigen.

Es existieren aber auch zahlreiche Tierarten, die sich einer eindeutigen Zuordnung gänzlich entziehen. Bereits das Eingangsbeispiel dieses Kapitels zeigt, dass Enten in ganz unterschiedlichen Kategorien eingeordnet werden können. Ein weiterer Grenzgänger unter den Tieren sind Kaninchen. Sie können gleichzeitig Nutztiere, Schlachttiere, Zootiere, Haustiere, Wildtiere, Versuchstiere oder Schädlinge sein. Auch Pferde sind Bewohner unterschiedlicher Welten und werden geschlachtet, als Sportgerät genutzt oder als Freund umsorgt und verwöhnt. Pferdefleisch wird beispielsweise gerade deswegen immer unbeliebter, weil die Beziehung zwischen Menschen und Pferden sich wandelt und immer mehr Menschen diese Tiere als Gefährten betrachten, zu denen sie enge Bindungen eingehen.

Wie wir unser Verhältnis zu Tieren sozial konstruieren

Unsere kollektiven Vorstellungen über Tiere befinden sich im ständigen Wandel, weil sie in der Gesellschaft immer wieder neu ausgehandelt werden. Sie sind also keineswegs unveränderbar. Soziolog*innen sprechen hier von sozialen Konstruktionen: Als Gesellschaft stellen wir den Sinn der Beziehungen zwischen Menschen und Tieren gemeinsam her – wir konstruieren ihn. Oder wir streiten darüber, wenn wir uns nicht einig sind.

Wenn sich eine Gesellschaft etwa darauf einigt, dass Hunde nicht gegessen werden dürfen, hat das nichts mit dem Nährwert von Hunden oder mit Naturgesetzen zu tun. Diese kollektive Überzeugung ist Ausdruck einer bestimmten Kultur. Menschen, die den kulturellen Wandel im Mensch-Tier-Verhältnis ablehnen, argumentieren häufig, dass die traditionellen Sichtweisen auf Tiere natürlich seien. Fleisch zu essen liege beispielsweise in der Natur des Menschen und sei daher keine Verhandlungssache. Tatsache ist aber, dass unsere Beziehungen zu Tieren und unsere Vorstellungen über die Natur schon immer im Wandel begriffen waren. Soziale Beziehungen und kulturelle Vorstellungen lassen sich nicht aus Naturgesetzen oder ähnlichen objektiven Systemen ableiten.

Sehr viele Aspekte unseres alltäglichen Lebens basieren auf sozial konstruierten Ideen darüber, was richtig, angemessen und vernünftig ist. Die Idee, dass beispielsweise ein Mann keine Kleider tragen soll, ist völlig willkürlich. Es ist ausschließlich der gesellschaftliche Diskurs über Geschlechterrollen, der Normalität und Abweichung definiert. Unsere Ideen mögen sozial konstruiert sein, aber ihre Konsequenzen sind höchst real. Kennen Sie das Fliegende Spaghettimonster? Der Autor Bobby Henderson hat sich diese Gottheit ausgedacht, um die logischen Grundlagen etablierter Religionen zu kritisieren. Wenn ich Sie überzeuge, dass wir von eben diesem Spaghettimonster geschaffen wurden, sagt das nichts darüber aus, ob es das Fliegende Spaghettimonster wirklich gibt. Wenn aber jemand aufgrund eines fanatischen Glaubens andere Menschen mit Spaghetti bewirft, hat der Glaube reale Konsequenzen.

Seien Sie also ruhig skeptisch, wenn jemand behauptet, eine bestimmte Überzeugung sei eine unumstößliche, objektive Wahrheit. Um die Welt um uns herum besser zu verstehen, ist es sehr hilfreich, diesen Prozess der Entstehung unserer Überzeugungen zu durchschauen. Dadurch konfrontieren wir uns mit der Frage: Ist das plausibel? Sehe ich das auch so? Indem wir uns erlauben, die Dinge auch aus anderen Blickwinkeln zu sehen, erschaffen wir Räume, in denen wir die Gesellschaft mitgestalten können.

Die Tierkategorien, mit denen Menschen Ordnung in die Beziehungen zu Tieren bringen wollen, sind also keine feststehenden Konzepte. Eigentlich könnte und sollte ich Begriffe wie Nutztier oder Haustier stets in Anführungszeichen setzen, um zu signalisieren, dass es sich eben nicht um objektive Kategorien, sondern Bedeutungszuschreibungen handelt. Denken Sie sich die Anführungszeichen gern beim Lesen mit – ich verzichte lediglich dem Lesefluss zuliebe auf diese Genauigkeit.

Wenn wir einsehen, dass unser Verhältnis zu Tieren das Ergebnis sozialer Konstruktionen ist, können wir auch die Deutungskonflikte über Tiere besser ergründen. Wenn eine Person gern Pferdefleisch isst und eine andere sie dafür kritisiert, beanspruchen beide für sich, im Recht zu sein. Letztendlich ist aber niemand von beiden *objektiv* im Recht. Die Frage ist vielmehr, wer sich mit seiner Position durchsetzen kann und wer vielleicht sogar so viel Einfluss und Macht anhäufen kann, um die eigene Sichtweise auch in Form von Gesetzen abzusichern. Oder wer schafft es, so viel kulturelle Dominanz zu erzeugen, dass die Unterlegenen sich schämen, wenn sie ihre abweichende Meinung öffentlich kundtun? Denken Sie zum Beispiel daran, wie sich das Tragen von Pelzmänteln im öffentlichen Raum verändert hat. Seit den 1980er-Jahren hat das einstige Statussymbol an Prestige verloren und gilt vielen heute als Zeichen von Eitelkeit und Gleichgültigkeit gegenüber Nerz, Fuchs oder Chinchilla.

DAS RINGEN UM DEUTUNGSHOHEIT

Aus dieser Perspektive sind die vielen Debatten über die unterschiedlichen kleinen und großen Legitimationskrisen im Verhältnis der Menschen zu Tieren allesamt Teil eines großen Ringens um Deutungshoheit. Das heißt keineswegs, dass unsere moralischen Überzeugungen willkürlich sind, sondern vielmehr, dass sich historisch verändern kann, welche Überzeugungen und Sichtweisen uns sinnvoll erscheinen und welche in einer bestimmten Gesellschaft vorherrschend sind.

In der menschlichen Kulturgeschichte haben sich gesellschaftliche Tierbilder oft verändert. Das Mittelalter war beispielsweise durch ein klerikales Weltbild und eine ständisch-hierarchische Gesellschaftsordnung geprägt und brachte ein völlig anderes Bild von Tieren und deren Stellung in der Welt hervor als das naturwissenschaftlich geprägte Weltverständnis der Aufklärung. Die antiken Griechen dachten, ganz allgemein gesprochen, anders über Tiere als Menschen in der ausdifferenzierten Industriegesellschaft. Tierbilder verändern sich, und auch aktuell befinden wir uns in einer Phase des Wandels.

Neben der Zeitdimension variieren die gesellschaftlichen Tierbilder auch in der Raumdimension. Zu jedem historischen Zeitpunkt haben weltweit unterschiedliche Gesellschaften gelebt, die unterschiedliche Vorstellungen über sich, die Welt, die Natur und die Tiere hatten. Dies ist ein weiteres Indiz dafür, dass unser Verhältnis zu Tieren das Resultat sozialer Konstruktionen ist. Während heute Schweine im Islam als unrein gelten, gehört ihr Fleisch in China zu den beliebtesten Nahrungsmitteln. Und während in Deutschland Hunde unbestritten treue Wegbegleiter sind, entfalten sich derzeit innerhalb der Bevölkerungen einiger asiatischer Länder kulturelle Konflikte über die Frage, ob Hunde geschlachtet werden dürfen.

SPEISEKARTEN-DILEMMA IN SÜDKOREA

Deutungskonflikte können nicht nur innerhalb einer relativ eng gefassten Gesellschaft wie der deutschen oder – etwas breiter gesprochen – der europäischen existieren. Auch weltgesellschaftlich betrachtet konkurrieren unterschiedliche kollektive Deutungen über Tiere. Dies kann mitunter zu internationalen Konflikten über Wertvorstellungen führen. Als beispielsweise die Olympischen Spiele 1988 oder die Fußball-Weltmeisterschaft 2002 im südkoreanischen Seoul abgehalten wurden, übten westliche Tierschutzorganisationen Druck auf den südostasiatischen Staat aus, weil der Konsum von Hundefleisch dort eine gängige Praxis war. Die südkoreanischen Behörden mussten ein Dilemma lösen: Auf der einen Seite wollten sie die vielen internationalen Gäste nicht verprellen, indem auf den Speisekarten der südkoreanischen Restaurants neben Schweinen und Hühnern auch Hunde angeboten wurden. Das internationale Image des Landes war bedroht. Auf der anderen Seite wollte man auch die kulturellen Traditionen der eigenen Bevölkerung nicht einfach zugunsten westlicher Tierschutzverbände negieren.[14] Insbesondere 1988 empfanden viele Südkoreaner*innen die kulturelle Einflussnahme des Westens als Kulturimperialismus.[15] Aktuell befindet sich die südkoreanische Kultur hinsichtlich des Konsums von Hundefleisch im Umbruch. Einer Umfrage der Tierschutzorganisation Humane Society International zufolge verliert die traditionelle Sicht von Hunden als Nutztiere rapide an Zustimmung. Die Tiere werden nun vor allem als Haustiere betrachtet. Auch in Südkorea bröckelt also das etablierte gesellschaftliche Mensch-Tier-Verhältnis.[16]

Fassen wir also zusammen: Es ist kompliziert. Als Gesellschaft haben wir kein klares Konzept, wie wir uns gegenüber Tieren verhalten sollten. Die moralischen Maßstäbe, die wir gegenüber den unterschiedlichen Tieren anlegen, sind widersprüchlich und es herrscht soziale Ungleichheit zwischen den verschiedenen Tieren. Die einen sind vergleichsweise privilegiert und genießen einen hohen sozialen Status. Die anderen fristen ein Dasein als Rohstoffe und Waren. Diese soziale Ungleichheit der Tiere passt immer weniger zu unserem Selbstbild als Gesellschaft. Das Interesse an der Nutzung von Tieren und am ständigen Zugang zu günstigem Fleisch steht der kulturellen Orientierung an mehr Tierschutz und einem friedfertigen Umgang mit Tieren immer deutlicher gegenüber. Wir freuen uns über schnelle Impfstoffe gegen Covid-19, aber verdrängen nur allzu gern, dass medizinische Produkte weiterhin an Tieren getestet werden. Als Gesellschaft sitzen wir zwischen den Stühlen, und dort ist es mittlerweile ganz schön ungemütlich geworden.

ZWISCHEN DEN STÜHLEN IST ES UNGEMÜTLICH

Diesen Ort zwischen den Stühlen können wir als Ambivalenz beschreiben. In meinen Lehrveranstaltungen oute ich mich beim Thema »Ambivalenz« als Mensch, der die *Twilight*-Filme gesehen hat. Als Fan würde ich mich zwar nicht gerade bezeichnen, aber ich weiß, dass die Hauptfigur Bella ein ausgezeichnetes Beispiel für einen Menschen darstellt, der sich mit einem ambivalenten Zustand quält. Sie ist gleichzeitig verliebt in die beiden in hohem Maß anziehenden, aber völlig gegensätzlichen Edward und Jacob. Der eine ist ein Vampir, der andere ein Werwolf – und die arme Bella kann sich einfach nicht zwischen Feuer und Wasser entscheiden. Ambivalenzen, das sind nach Kurt Lüscher »Erfahrungen eines zeitweiligen oder dauernden Oszillierens zwischen polaren Gegensätzen«.[17] Wenn ich mich partout nicht zwischen Pfefferminztee und Kamillentee entscheiden kann, ist das jedoch noch keine Ambivalenz. Erst wenn diese Spannung Einfluss auf meine Identität hat, wenn die Entscheidung mich in meinem Wesen betrifft und mich wesentlich verändert, sprechen wir von einer Ambivalenz.

Nicht nur einzelne Menschen, sondern auch ganze Gesellschaften können von Ambivalenzen geprägt sein – von einer Unentschiedenheit, einem Tauziehen zwischen den Möglichkeiten. Das Verhältnis zu Tieren kann in vielerlei Hinsicht als ambivalent beschrieben werden. Tiernutzung und Tierschutz – essen oder streicheln: Sowohl unser Verhältnis zu Tieren im Allgemeinen als auch viele Beziehungen zu unterschiedlichen Tierarten oder Tierkategorien lassen sich als ein gesellschaftliches Pendeln zwischen polaren Gegensätzen darstellen. Wir können Tiere als Subjekte wahrnehmen oder als Objekte, als jemand oder etwas.

Natürlich gelten diese Aussagen nicht für alle individuellen Beziehungen zwischen Tieren. Die Soziologie arbeitet häufig mit Idealtypen, also Zuspitzungen, die den Kern eines Phänomens zum Ausdruck bringen sollen. Abweichungen davon sind nicht ungewöhnlich. So werden in unterschiedlichen Formen der Landwirtschaft die Tiere unterschiedlich stark als Objekte wahrgenommen und behandelt. Sie sind in jedem Fall Waren, die verkauft werden, aber die konkrete Beziehung zwischen Landwirt*innen und Tieren sieht auf einem kleinbäuerlichen Ökobetrieb anders aus als in einem industriellen Megastall.

Und natürlich kann nicht von jeder Beziehung zwischen Menschen und Haustieren behauptet werden, das Tier würde als jemand und nicht etwa als lebendes Spielzeug wahrgenommen werden. Aber wichtig ist, dass diese Varianzen gewöhnlich nur innerhalb eines bestimmten Rahmens vorkommen und dass diese die grundsätzliche Stellung einer bestimmten Tierkategorie in der Gesellschaft nicht verändern. In der Summe unterscheiden sich die gesellschaftlichen Beziehungen zu Hunden und Schweinen fundamental. Klare Grenzüberschreitungen würden unseren Erwartungen und Vorstellungen von Normalität widersprechen. Denken Sie an Esther, das Wunderschwein, das mit ihrem gewichtigen Schweinekörper die Grenzen zwischen Haustier und Nutztier niederreißt.

2

ES GEHT UM DIE WURST: DÜRFEN WIR TIERE ESSEN?

2013 ging eine Welle der Empörung durch Europa. In zahlreichen Fertiglasagnen wurden Bestandteile gefunden, die dort nicht hingehörten. Sie enthielten Fleisch. Der Skandal bestand allerdings nicht darin, dass die Produkte fälschlich als vegetarisch vermarktet wurden, sondern darin, dass sie die falsche Sorte Fleisch enthielten. Systematisch hatten Lebensmittelhersteller als Rind deklariertes Pferdefleisch verarbeitet.

Lebensmittelskandale sind bei Tierprodukten keine Seltenheit. Gammelfleisch im Döner, Dioxin in Eiern und Rückstände von Antibiotika rufen regelmäßig Verbraucherschutz und Politik auf den Plan. Die Lasagnen mit Pferdefleisch blieben den europäischen Konsument*innen jedoch nicht aufgrund möglicher gesundheitlicher Gefahren im Halse stecken, sondern wegen der Tatsache, dass hier die falsche Tierart zu Fleisch verarbeitet wurde. Die Menschen wollten Rinder in ihrem Essen, keine Pferde.

Pferdefleisch ist eine ambivalente Fleischsorte, denn es lässt sich kulturell nicht eindeutig zuordnen. Einerseits ist der Verzehr von

Pferden in Deutschland nicht mit einem eindeutigen Nahrungstabu belegt. Andererseits gehört Pferdefleisch zu den selten konsumierten Fleischsorten, und viele Menschen meiden es. Im Supermarkt oder im Fastfood-Restaurant können Sie lange nach Pferdefleisch suchen. Die Verzehrmenge ist in Deutschland verschwindend gering und wird vereinzelt noch von kleinen Metzgereien oder im Internet angeboten.[1]

In meiner Kindheit fuhr ich regelmäßig an einer Pferdemetzgerei vorbei, die am Ortsausgang lag – weit entfernt von den Supermärkten und Geschäften im Dorfzentrum. Obwohl weder meine Eltern noch meine Großeltern dort einkauften, gehörte die Rossschlachterei für mich zur dörflichen Infrastruktur. Erst Jahre später begriff ich, dass es sich hierbei nicht um eine Alltäglichkeit handelte. Mittlerweile steht der Laden leer, das Geschäft hat sich nicht mehr gelohnt. Der Grund liegt in der veränderten Rolle des Pferdes in der Gesellschaft. Als landwirtschaftliches Nutztier wird es längst nicht mehr gebraucht. Die meisten Halter*innen betrachten Pferde heute als Partner. Nach und nach haben sich die Einstellungen über Pferde verändert, und die Akzeptanz ihrer Schlachtung ist deutlich gesunken. Früher wurden Pferde geschlachtet und verwertet, wenn sie ihre Funktion in der Landwirtschaft nicht mehr erfüllen konnten. Heute geben Menschen oft riesige Summen aus, um ihrem Pferd eine Hüft-OP zu bezahlen oder einen Tumor zu entfernen.

Der Lebensmittelskandal von 2013 lässt uns unmittelbar nachvollziehen, wie fragil die Grenzen des ›guten Geschmacks‹ sind. Zwar wurde das Pferdefleisch in Lasagnen in Deutschland vor allem als Skandal des Verbraucherschutzes wahrgenommen, aber auch hierzulande war für viele Menschen der Gedanke, ungewollt Pferdefleisch verspeist zu haben, unbehaglich. Der Skandal zeigt auch, dass Fleisch ein Politikum ist: Nach der Entdeckung der teilweise komplett aus Pferdefleisch zubereiteten, aber als Rinderfleisch deklarierten Produkte trafen sich EU-Parlamentarier*innen zu Sondersitzungen, und die deutsche Verbraucherschutzministerin Ilse Aigner kündigte einen nationalen Aktionsplan an. Es kam zu massenhaften DNA-Analysen verdächtiger Fleischprodukte. Im Zuge der Ermittlungen wurden mehrere Männer festgenommen, die als Drahtzieher der Fälschungen ausgemacht wurden.

Du bist, was du isst

Für jede einzelne Person ist es ausgesprochen wichtig, was sie tagtäglich isst, trotzdem ist Ernährung keine individuelle Angelegenheit. Die Grenzziehung zwischen essbaren und nichtessbaren Tieren ist gesellschaftlich vermittelt und konstruiert. Diese Grenzen können sich verschieben, wenn sich die Beziehungen zwischen Menschen und Tieren verändern. Langsam, aber sicher kann sich der Status einzelner Tiere so weit verändern, dass ihr Verzehr mit einem Tabu belegt wird. Auf der ganzen Welt bestimmen soziale Regeln über unsere Ernährung. Welche Nahrungsmittel wir bevorzugen und welche Nahrungstabus wir befolgen, hängt nur in einem geringen Maß von biologischen Faktoren wie dem Nährwert eines Lebensmittels ab. Das darwinsche Prinzip der natürlichen Selektion sorgt zwar dafür, dass giftige oder ungenießbare Lebensmittel nicht (oder nur einmal) auf unserer Speisekarte stehen. Jenseits dieser offensichtlichen Abneigungen aber hängen unsere Speiseregeln und -verbote vor allem vom symbolischen Gehalt der jeweiligen Lebensmittel ab: Welche Werte und Bedeutungen verbinden wir mit dem jeweiligen Produkt? Die in Japan als luxuriöse Geschenke oder sogar Bestechungen genutzten und ausgesprochen kostspieligen Matsutakepilze sind ein interessantes Beispiel dafür, wie sehr manche Lebensmittel symbolisch aufgeladen werden können. Gute Matsutakepilze können schon mal zweitausend Euro pro Kilo kosten. Auch wenn der Pilz als Delikatesse gilt, ist er als Geschenk vor allem Ausdruck enger sozialer Bindungen – etwa unter Geschäftsleuten.

Für die Ernährungssoziologie ist klar, dass Essen mehr als nur Nährstoffaufnahme zum Erhalt der biologischen Vitalfunktionen ist. Auch sind die Merkmale »gesund und lecker« längst nicht die einzig relevanten Maßstäbe. Essen ist Kultur. Durch Essen drücken wir aus, wer wir sind, wie andere uns sehen sollen und welche Werte uns wichtig sind. Dem Soziologen Andreas Reckwitz zufolge ist unsere gegenwärtige, spätmoderne Gesellschaft dadurch charakterisiert, dass sie immer mehr Verhaltensweisen und Sichtweisen auf die Welt kulturell auflädt.[2] Dinge erhalten einen symbolischen Wert, den sie vorher nicht hatten. Das betrifft auch die Ernährung, über die wir zunehmend unsere Identität und unsere Sicht auf die (Um-)Welt ausdrücken: Prädikate wie nachhaltig, regional, klimaneutral, saisonal, biologisch, vegan oder vegetarisch sind mehr als reine Geschmacksfragen.

Manche Menschen tragen ihre Ernährungsgewohnheiten offensiv nach außen. Sie werden nicht müde, anderen davon zu erzählen, welche Superfoods sie neuerdings zu sich nehmen. Vielleicht kennen Sie selbst solche Menschen, die ihre Identität durch ihre Ernährung aktiv verändern und gestalten. Andere verschwenden wenige Gedanken an ihre Ernährung und essen, was sie und ihre Eltern (und deren Eltern) immer schon gegessen haben. Solange alles seinen normalen Gang geht, sind sie zufrieden mit ihren Essgewohnheiten und brauchen keine ständigen Neuerungen. Wie wichtig auch für diese Menschen die kulturelle Dimension des Essens ist, wird etwa am Pferdefleischskandal deutlich: Wenn jemand gegen die tief verinnerlichten Vorstellungen vom guten und richtigen

Essen verstößt, werden auch sie protestieren. Vermutlich waren es vor allem Menschen aus dieser Gruppe, die der Skandal besonders empört hat. Nicht, weil sie grundsätzlich etwas gegen den Fleischkonsum haben, sondern weil für sie die Grenze zwischen essbar und nichtessbar überschritten wurde.

FLEISCHKONSUM UND GESCHLECHTERROLLEN

Durch ihre Ernährung bringen viele Menschen auch ihre geschlechtliche Identität zum Ausdruck. So wird Fleischkonsum traditionell mit Männlichkeit assoziiert, Fleischverzicht mit Weiblichkeit. Die feministische Theorie der Tierrechte argumentiert, dass die Dominanz der Menschen über Tiere mit der Dominanz der Männer über Frauen zusammenhängt. Nick Fiddes nennt Fleisch beispielsweise ein »Symbol der Macht«[3] und die feministische Theoretikerin Carol J. Adams betont, dass die Körper der Tiere und der Frauen in einer patriarchalen und fleischessenden Kultur für ihre Ausbeutung verfügbar gemacht würden.[4]

Werbung für Fleischprodukte spielt häufig mit Geschlechterklischees. Ein beliebtes Motiv ist die Gleichsetzung von Frauen und Fleisch. 2019 provozierten Werbetafeln eines Onlineshops für Steaks einen Shitstorm. Das Plakat zeigte einen jungen Mann, der ein großes Stück Fleisch auf der Schulter trägt – daneben der Spruch: »So schön wie eine Frau. Schmeckt nur anders.«[5] Die Inszenierung von männlicher Dominanz und Fleischkonsum wird in der Zeitschrift BEEF! besonders ambitioniert betrieben. Das Magazin erklärt seiner fast ausschließlich männlichen Leserschaft alle zwei Monate, wie man(n) ein Huhn auf einer Bierdose brät, oder beschreibt die Zerlegung eines Tieres wie einen erotischen Striptease. BEEF! lässt kaum eine Gelegenheit aus, Fleischkonsum mit Geschlechterklischees zu verknüpfen.

Dass echte Männer Fleisch essen (sollen), war auch der Inhalt einer 2010 erschienenen Werbung für Burger King. Der Spot handelte von einer fiktiven »Mancademy«, in der Männer lernen, wieder echte Kerle zu sein – inklusive Krokodilwrestling und Grillen auf dem offenen Feuer.[6] Typisch für Werbung, die verloren geglaubte, authentische Männlichkeit wiederherstellen will, ist der ironische Unterton, der den Zuschauer*innen mitteilt: »Nehmt es nicht so ernst, es ist doch nur Spaß.«

Die soziologische Geschlechterforschung interpretiert derart offensiv und zuweilen überspitzt zur Schau gestellte Verbindungen von Fleischkonsum und Männlichkeit vor allem als Reaktion auf den kulturellen Wandel im Geschlechterverhältnis. Männliche Vorherrschaft wird immer stärker kritisiert und die soziale Ungleichheit zwischen den Geschlechtern deutlicher abgelehnt. Öffentlich vorgetragene sexistische Witze und Machoattitüden bleiben heute selten unkommentiert. Die Soziologin Julia Gutjahr sagt, dass die symbolische Betonung von Männlichkeit durch Fleischkonsum gerade in Zeiten der zunehmenden Infragestellung von traditionellen Geschlechterrollen eine besondere Bedeutung erhält. Den offensiv und medial zur Schau gestellten und demonstrativ überbetonten Fleischverzehr interpretiert sie als Versuch einer »fragilen Männlichkeit«, die eigene kulturelle Unsicherheit zu überdecken: Je stärker die öffentliche Kritik an der ›Macho-Männlichkeit‹ und je mehr sich Männer für ungerechte Geschlechterverhältnisse rechtfertigen müssen, desto plakativer inszenierten einige von ihnen das, was sie für ›authentische Männlichkeit‹ halten. BEEF! und Co. bieten ihnen hierfür die Vorbilder.[7]

Wenn Werbung so wie hier mit überholten Geschlechterklischees spielt und diese überspitzt, verdeutlicht sie damit den Zusammenhang zwischen Geschlechtsidentität und Ernährungsverhalten. Die Zielgruppe für XXL-Steaks sind weiterhin Männer, für Putenschnitzel weiterhin Frauen. Männer und Frauen unterscheiden sich zwar kaum in der Frage, ob sie grundsätzlich Fleisch essen – 2019 aßen 86 Prozent der Männer und 83 Prozent der Frauen Fleisch –, aber Männer essen deutlich häufiger und mehr Fleisch. Doch auch die Zahl der Männer, die täglich Fleisch essen, sank von 47 Prozent im Jahr 2016 auf 33 Prozent im Jahr 2021.[8]

ERNÄHRUNG ALS FRAGE DER MORAL

Ob, und wenn ja, welche Tiere wir essen, ist in westlichen Gesellschaften heute aber vor allem eine moralische Frage. Damit kommen wir an den Kern der Problematik, denn wenn Ernährung moralisch ist, bestimmt sie auch darüber, inwiefern wir uns selbst als gute Menschen empfinden können. Dass der Konsum von Tieren grundsätzlich eine moralische Problematik ist, bestreitet heute eigentlich niemand mehr. Kaum jemand würde behaupten, dass es beispielsweise völlig unerheblich ist, wie schmerzhaft oder sogar grausam die Tötung eines Tieres abläuft. Wir streiten vielmehr darüber, wo die Grenze des legitimen Umgangs mit Tieren verläuft. Während einige Menschen sagen, dass wir Tiere überhaupt nicht essen dürfen, ist anderen wichtig, dass den Tieren Leid bei der Haltung und Tötung erspart wird. Für wieder andere spielt dieses Thema kaum eine Rolle, und für sie ist vor allem ein günstiger Lebensmittelpreis entscheidend.

Moral ist grundsätzlich nichts, was wir mit uns allein ausmachen, weil sie immer auf andere bezogen ist. Eine moralische Überzeugung ist keine private Meinung, sondern hat einen Anspruch auf universelle Gültigkeit. Moralische Konflikte polarisieren, weil sie unser Selbstbild als ›gute Menschen‹ infrage stellen. Die Polarisierung hat aber auch eine soziale Dimension: Wer anklagend mit dem Finger auf andere zeigt, fühlt sich im Recht. Und wer sich zu Unrecht angeklagt fühlt, empfindet dies als Ungerechtigkeit.

Hierzu ein kleiner Witz: Wie erkennt man, ob ein Mensch vegan ist? Er sagt es Ihnen! Dieser – zugegeben eher mittelmäßige – Witz greift das Klischee missionarischer Veganer*innen auf, und tatsächlich haben viele vegan lebende Menschen das Bedürfnis, andere mit ihrer moralischen Kritik am Konsum von Tieren zu konfrontieren. Wenn jemand eine moralische Überzeugung vertritt, gegen die seine Umwelt systematisch verstößt, ist das aber auch naheliegend.

Aber so einseitig ist die Situation nicht. Eine Studie konnte zeigen, dass die passive Anwesenheit vegan oder vegetarisch lebender Menschen in einer Situation bereits oft ausreicht, um anwesende Fleischesser*innen dazu zu bringen, sich und ihr Ernährungsverhalten zu verteidigen.[9] Allein das Wissen, dass jemand anderes – ohne es auszusprechen – das eigene Handeln moralisch infrage stellt, kann als Angriff aufgefasst werden. Daher ist es kein Wunder, dass die Moral der Ernährung schnell zum Thema wird, sobald Veganer*innen und Fleischesser*innen an einem Tisch sitzen. Vielleicht haben Sie Ähnliches auch schon in Ihrem eigenen Umfeld erlebt. Ein ähnliches Phänomen kenne ich übrigens selbst: Wenn ich Kolleg*innen von meinen Forschungsschwerpunkten erzähle – etwa der Schlachthofarbeit –, dauert es meist nicht lange, bis mir die geneigten Kolleg*innen von ihrem eigenen Ernährungsverhalten erzählen.

Dieser sozialpsychologische Effekt lässt sich damit begründen, dass auch für viele nicht vegan lebende Menschen der Konsum von Tierprodukten einen moralischen Konflikt darstellt: Sie möchten einerseits nicht auf den Genuss von Fleisch oder Milch verzichten, fühlen sich andererseits aber unwohl mit dem Wissen, wie diese Lebensmittel hergestellt wurden. Dieses Problem wird »Fleischparadox« genannt. Es entspricht auf der individuellen, psychologischen Ebene genau jener Ambivalenz zwischen Nutzung und Schutz von Tieren, die wir auch als Gesellschaft kennen. Dass immer mehr Menschen mit dem Fleischparadox ringen, ist Ausdruck eines kulturellen Wandels in unserem Mensch-Tier-Verhältnis. Die zunehmende Relevanz des Tierschutzes steht dabei der Unvereinbarkeit von Tierschutz und Industrialisierung der Tierhaltung gegenüber. Vor allem die Bilder aus Mastanlagen und Schlachthöfen, die zeigen, wie es um die Nutztiere in unserer Gesellschaft bestellt ist, lösen bei vielen Menschen ein nachhaltiges Unbehagen aus. Solche Stippvisiten in die industrielle Tierhaltung provozieren uns zum Nachdenken.

Vermutlich haben auch Sie schon einmal heimlich gedrehte Aufnahmen aus Schlachthöfen oder Mastanlagen gesehen: Sauen in Kastenständen, zehntausend Hühner in einem einzigen Stall, Rinder, die nach fehlgeschlagener Betäubung noch bei Bewusstsein entblutet werden. Wahrscheinlich sind diese Bilder auch an Ihnen nicht spurlos vorbeigezogen. Häufig zeigen Medien vor allem besonders grausame Szenen, die zudem meist gegen das Tierschutzgesetz verstoßen: offene Wunden, verendende Tiere, gebrochene Gliedmaßen.

Auch die meisten Befürworter*innen der Fleischproduktion lehnen diese Praktiken ab und fordern eine Verbesserung der Bedingungen. Die Haltung von Nutztieren müsse respektvoll sein, und Grausamkeiten seien zu vermeiden. Hier findet der nächste Deutungskonflikt statt, denn natürlich interpretieren verschiedene Menschen diese Begriffe ganz unterschiedlich. Während viele Menschen bereits damit zufrieden wären, wenn zumindest die schlimmsten Missstände in der Tierhaltung abgeschafft würden, wächst die Zahl derer, denen es nicht mehr um ›Detailfragen‹ geht, sondern die die Nutzung von Tieren als Ressource grundsätzlich ablehnen. Beide Gruppen würden von sich behaupten, dass der Respekt vor den Tieren ihr Handeln motiviert.

Der kulturelle Wandel findet selbst im Schlachthof statt. Weil immer neue Umgangsweisen mit Tieren als unmoralisch empfunden werden und mit unserem kollektiven Selbstbild nicht mehr vereinbar scheinen, hat sich auch das Innenleben des Schlachthofs historisch immer wieder verändert. Seit dem 19. Jahrhundert ist beispielsweise die Reform der Betäubung der Tiere ein kontroverses Thema. Noch bis ins 20. Jahrhundert war es üblich, Tiere durch einen Schlag mit der stumpfen Seite eines Axtkopfes das Bewusstsein zu nehmen. Das galt damals als humanere Alternative zu anderen Betäubungsarten, wie dem ebenso praktizierten Durchtrennen des Rückenmarks mit einem Dolch. Heute erscheinen beide Betäubungsarten als barbarisch. Stattdessen diskutieren wir gegenwärtig, ob die Gasbetäubung mittels Kohlendioxids noch als ethisch vertretbar gelten kann.

Als Gesellschaft definieren wir immer wieder neu, welche Umgangsweisen mit Tieren wir akzeptieren oder einfordern, und gestalten damit auch unsere kollektive Identität in Bezug auf unser Verhältnis zu Tieren. Für die Fleischindustrie besteht die Kunst darin, den Umgang mit Tieren an die kulturellen Orientierungen der Kundschaft anzupassen, ohne dass die hocheffiziente, industrielle Tötung und Verarbeitung von Tieren ihre ökonomische Lukrativität verliert.

Vom Sonntagsbraten zum Alltagsbraten

Die Mehrheit der Deutschen isst Fleisch – die meisten sogar täglich oder mehrmals die Woche. Das war nicht immer so. Historisch betrachtet ist die Praxis des regelmäßigen Fleischkonsums in größeren Mengen noch jung. Weil die Herstellung landwirtschaftlicher Tierprodukte ein komplexes Unterfangen ist, war ihr täglicher Verzehr bis zum Übergang in die moderne Industriegesellschaft ein Privileg der gesellschaftlichen Eliten und Ausdruck des sozialen Status.

Geändert hat sich das durch die Agrarrevolution. Unter diesen Begriff fallen eigentlich zwei unterschiedliche historische Vorgänge. Die erste Agrarrevolution begann vor rund zwölftausend Jahren, als die Menschen der Jungsteinzeit sesshaft wurden und mit der Domestikation von Pflanzen und Tieren begannen.[10] Die zweite Agrarrevolution vollzog sich seit dem 18. Jahrhundert. Durch den Einsatz neuer Werkzeuge, wissenschaftliche Zuchtverfahren und effektivere Formen der Bewirtschaftung stiegen die landwirtschaftlichen Erträge, und die Bevölkerung wuchs stetig.[11]

Diese zweite Revolution mündete in der Industrialisierung der Landwirtschaft. Die Industrialisierung hat nicht nur die Herstellung von Autos und Kleidung oder die Energieerzeugung in eine zuvor ungeahnte Produktivität versetzt. Auch Tierställe und Schlachthöfe wurden in Fabriken verwandelt. Mitte des 19. Jahrhunderts entstanden erste riesige, industrielle Schlachthöfe in Städten wie Chicago oder Cincinnati.[12] Etwa einhundert Jahre später wurde auch die Haltung der Tiere industrialisiert, als sich weltweit die Massentierhaltung durchsetzte.[13] Das Ergebnis war eine enorme Produktivitätssteigerung und ein Preisverfall von Fleischprodukten.

WIRTSCHAFTSWUNDER UND FLEISCH-BOOM

Die deutsche Landwirtschaft hatte durch den Zweiten Weltkrieg wie in vielen anderen Teilen Europas stark gelitten. Im Zuge des »Wirtschaftswunders« der 50er- und 60er-Jahre erholte sie sich, und Fleisch kam immer häufiger auf den Tisch. Es galt neben dem eigenen Auto als ein Symbol für den neuen Wohlstand. In Deutschland kann das Fleisch auf dem Teller auch als Antwort auf die Suche nach einer neuen Normalität verstanden werden. Den Blick nach vorn gerichtet entstand eine neue, biedere und statusorientierte Mittelschicht, die die angenehmen Seiten des Lebens betonte.

Die Industrialisierung der Landwirtschaft wurde in Deutschland ambitioniert umgesetzt. Förderprogramme für den Aufbau der tierhaltenden Landwirtschaft, Forschungen zur Lösung spezifischer Probleme in der Tierhaltung und die Entwicklung effektiverer Futtermittel und Medikamente sorgten dafür, dass die industrielle Tierhaltung die Kinderstube verlassen und sich in einen der wichtigsten Industriezweige verwandeln konnte. Auch der Konsum von Fleisch und anderen Tierprodukten wurde durch politische Unterstützung in Form von Subventionen und anderen Maßnahmen kräftig gefördert.[14] Im Nachkriegsdeutschland wurde der Sonntagsbraten zum Alltagsbraten.

Nach dem Zweiten Weltkrieg setzte sich weltweit eine auf industrieller Fließbandproduktion und Massenkonsum ausgelegte Wirtschaftsweise durch. Die Fabriken spuckten unermüdlich Waren aus, und die Menschen konsumierten immer mehr. Die Industriegesellschaft ist auf den Massenkonsum uniformer Waren ausgerichtet. Der Supermarkt, der nach und nach die kleinen Lebensmittelgeschäfte verdrängte, ermöglichte ein neues Verhältnis zu Lebensmitteln: Immer verfügbar, zu günstigen Preisen und gleichbleibender Qualität konnten die Menschen den neuen Wohlstand genießen. Angekurbelt wurde das Konsumfieber durch die Werbung, die insbesondere durch das neue Massenmedium Fernsehen immer einflussreicher wurde. Auf dieser Basis entwickelte sich eine regelrechte Fleischkultur, die bis zum Ende des letzten Jahrtausends nahezu unangefochten ihre Dominanz behauptete.

Durch das Prinzip des standardisierten, günstigen und jederzeit verfügbaren Fleisches wurden aus Fastfood-Ketten milliardenschwere Konzerne. Das Geschäftsmodell ist bis heute lukrativ. Wenn Sie zu den Menschen gehören, die gerne fremde Länder bereisen, wird Ihnen vielleicht aufgefallen sein, dass Sie fast in jeder Großstadt dieser Welt eine McDonalds-Filiale finden. Ein Big Mac schmeckt überall gleich. Unterschiedlich sind nur die Preise. Während Sie in der Schweiz stolze 6,50 Euro für einen Big Mac auf den Tresen legen müssen, kosten die in Weißbrot verpackten Buletten in der Türkei weniger als zwei Euro.[15] Der Big Mac ist ein Sinnbild für die Globalisierung geworden, denn Fleisch ist heute ein weitgehend standardisiertes Massenprodukt, das weltweit vertrieben wird.

Der Fleischkonsum ist die »dominante kulinarische Kultur der Moderne«[16], wie der Soziologe Klaus Eder bereits 1988 resümierte. Abweichungen, wie etwa der Vegetarismus oder der Veganismus, wirken auch heute noch auf viele Menschen als ideologisch. Aus soziologischer Perspektive ist dieser Vorwurf wenig schlüssig, weil hinter jeder Lebensweise Werte und Ideale stehen, die das eigene Handeln begründen und legitimieren sollen. Der Unterschied besteht darin, dass sich etwas, das in einer Gesellschaft als normal akzeptiert wird, nur selten öffentlich legitimieren muss. Der Wandel im Mensch-Tier-Verhältnis zeigt sich auch dadurch, dass heute auch der Fleischkonsum immer mehr hinterfragt wird.

KARNISMUS: AUCH TIERNUTZUNG IST IDEOLOGISCH

Die Sozialpsychologin Melanie Joy argumentiert, dass hinter dem Fleischkonsum eine Ideologie steht, der zufolge Tiere für Menschen nutzbar sind. Diese Ideologie nennt sie »Karnismus«, was sich von der karnivoren, also fleischhaltigen Ernährung ableitet. Die Herrschaft der Menschen über Tiere werde ideologisch durch die »drei N« gestützt: Das Essen von Tieren gelte als normal, notwendig und natürlich.

Wie viele andere Forscher*innen aus den Human-Animal Studies ist es Joy ein Anliegen, die ideologisch produzierte Normalität des Fleischkonsums zu hinterfragen. Sie argumentiert, dass das Fleischessen nicht allein durch den Verweis auf dessen vorgebliche Normalität, Notwendigkeit und Natürlichkeit legitimiert werden kann.[17] Meiner Einschätzung nach ist die Normalität des Fleischkonsums am einflussreichsten für unser Handeln. Fleischkonsum ist noch immer die Norm, von der der Fleischverzicht abweicht. Auch visuell sind Schnitzel und Würstchen Teil unserer Alltagswelt – im Supermarkt oder am Dönerstand sind sie allgegenwärtig. Für viele Menschen gilt das, was als ›normal‹ erscheint, automatisch auch als richtig. Die Normalität zu hinterfragen, bedarf hingegen bewusster Anstrengung. Und wenn wir persönliche Vorteile vom Status quo haben, fällt es vielen Menschen umso leichter, nicht intensiv über ihn nachzudenken.

Die anderen zwei ›N‹ sind zwar ebenfalls wirkmächtig, haben aber deutlicher den Charakter eines Arguments, das belegt oder widerlegt werden kann. So wird die Annahme, dass wir ohne den Konsum tierlicher Produkte nicht alle nötigen Nährstoffe zu uns nehmen und er deshalb notwendig sei, immer häufiger kritisiert. Langzeit-Veganer*innen sind lebende Beweise, dass es auch gut ohne geht. Dennoch hält sich auch dieses Argument hartnäckig.

Ähnlich verhält es sich bei der vermeintlichen Natürlichkeit des Fleischkonsums, also der Idee, dass der Fleischverzehr zwingend zur menschlichen Biologie gehöre. Aber die Natur ist keine Blaupause für moralisches Verhalten. Unter Tieren ist Sex selten konsensual. Deshalb würden wir nicht auf die Idee kommen, Sex ohne Konsens als natürlich und deshalb richtig zu bewerten. Und andersherum ist unser Leben voller ›unnatürlicher‹ Dinge, an denen wir keinen Anstoß nehmen: Unsere Vorfahren trugen weder Schuhe, Brillen noch Herzschrittmacher und dennoch lehnen wir diese Dinge nicht als unnatürlich ab.

Heute befinden sich die westlichen Gesellschaften an einem historischen Scheideweg: Über zweihundert Jahre lang wurde der Konsum von Fleisch immer stärker normalisiert und die Produktion von Fleisch intensiviert. Aber seit den 1980er-Jahren wird Fleisch auch mit Tierqual, Umweltzerstörung, Klimawandel und schlechten Arbeitsbedingungen assoziiert. Klar ist, dass sich das Verhältnis zwischen Menschen und Tieren auch im Hinblick auf die Ernährung wandelt. Doch bevor wir schauen, wohin diese Reise gehen kann, sollten wir noch einen Blick über den westlichen Tellerrand werfen.

DER GLOBALE HUNGER NACH FLEISCH

Der globale Fleischhunger ist in den letzten sechzig Jahren kontinuierlich gestiegen. Der durchschnittliche Fleischkonsum pro Person hat sich weltweit seit den 1960er-Jahren auf heute rund 43 Kilogramm fast verdoppelt.[18] Steigender Fleischkonsum ist eng mit steigendem Wohlstand verbunden: Je reicher ein Land wird, desto mehr Fleisch wird gegessen. Das hat auch damit zu tun, dass vor allem westliche Staaten und Unternehmen ihr Modell der industriellen Fleischproduktion und der kulturellen Sicht auf Fleischkonsum als Ausdruck erstrebenswerten Wohlstands erfolgreich global exportiert haben. Besonders deutlich wird das am Beispiel der asiatischen Boomstaaten, die sich binnen fünfzig Jahren an die Spitze der globalen Wirtschaftsleistungen katapultiert haben.

In China ist der Fleischkonsum von 3,3 Kilogramm pro Kopf im Jahr 1961 auf 60,6 Kilogramm 2017 um das 18-Fache gestiegen. In Südkorea stieg der Konsum um mehr als das 15-Fache. Auch in Europa gibt es Länder mit einem starken Anstieg des Fleischverzehrs.

In Spanien hat sich der Konsum seit den 1960er-Jahren fast verfünffacht. Die weltweiten Spitzenreiter im Fleischverzehr hießen 2017 Hong Kong (137 Kilogramm), USA (124 Kilogramm) und Australien (121 Kilogramm).[19]

Der Zusammenhang zwischen steigendem Wohlstand und steigendem Fleischkonsum ist jedoch nicht zwingend. Indien verdeutlicht, dass auch kulturelle Faktoren eine wichtige Rolle spielen können. Aufgrund der kulturellen Dominanz des Vegetarismus hat sich dort in den letzten fünfzig Jahren der Verzehr von Fleisch nahezu nicht verändert. Deutschland gehört hingegen zu den wenigen Industrienationen, in denen der Fleischkonsum sinkt – von 63,9 Kilogramm im Jahr 1991 auf 55 Kilogramm 2020.[20]

Um ein genaueres Bild davon zu bekommen, wie sich der Fleischkonsum weltweit verändert hat, müssen wir zwischen den verschiedenen Tierarten unterscheiden, die gewöhnlich auf den Tellern der globalen Gemeinschaft landen. Es ist naheliegend, dass die Zahl der jährlichen Schlachtungen weltweit gestiegen ist. In den letzten sechzig Jahren hat sich die Anzahl der jährlich geschlachteten Schweine auf rund 1,5 Milliarden vervierfacht und die der Rinder auf 302 Millionen fast verdoppelt. Anderthalb Milliarden Schweine mag Ihnen viel vorkommen, aber den Wachstumsrekord hat die Geflügelindustrie aufgestellt. Die Zahl der geschlachteten Hühner ist von rund 6,5 Milliarden Tiere im Jahr 1961 auf schwindelerregende 68,8 Milliarden einzelner Tiere 2018 gestiegen.[21]

Prognosen der OECD und der Welternährungsorganisation FAO zufolge hält der starke globale Aufwärtstrend beim Fleischkonsum jedoch nicht länger an. Der tendenziell sinkende Fleischkonsum in den reicheren Ländern führt, auch trotz des gleichzeitig steigenden Konsums in vielen wirtschaftlich aufstrebenden Regionen, der Prognose nach zu einem mittlerweile nur noch moderaten Anstieg.[22] Allerdings sind derartige Prognosen mit Vorsicht zu genießen, denn natürlich ist kein Mensch in der Lage, die Zukunft vorherzusehen. Was denken Sie? Wie schwerwiegend werden die Folgen des Klimawandels sein? Wird in den nächsten zehn Jahren eine weitere, vielleicht noch tödlichere Pandemie ausbrechen? Kommt es bald zur nächsten globalen Wirtschaftskrise oder zu anderen Katastrophen? Derartige Faktoren lassen sich natürlich nicht sicher prognostizieren, können aber einen großen Einfluss auf den weltweiten Verzehr von Tierprodukten haben. Auch die Dynamiken des Wandels im Ernährungsverhalten oder der technologischen Entwicklung von Fleischalternativen entziehen sich einer eindeutigen Vorhersage. Klar ist nur, dass sich unser Verhältnis zum Essen von Tieren verändert und diese Entwicklung noch lange nicht abgeschlossen ist.

Der lange Weg zum salonfähigen Fleischverzicht

Nicht nur der Fleischkonsum hat einen Imagewandel erfahren. Auch die öffentliche Wahrnehmung des Fleischverzichts hat sich radikal verändert. Das Klischee der mangelernährten Vegetarier*in, die sich ausschließlich von Salat und Müsli ernährt, ist längst überholt und ruft bei den meisten Menschen heute eher ein müdes Lächeln hervor. Menschen, die schon in den 70er-Jahren vegetarisch lebten, berichten oft von verständnislosen Gesichtern, wenn sie im Restaurant ein vegetarisches Gericht bestellen wollten. Heute werden in den angesagten Lokalen europäischer Großstädte selbstverständlich vegane Optionen angeboten. Allein in Berlin, das als vegane Hauptstadt Europas gilt, gibt es 55 rein vegane Restaurants.[23] Aber der Weg zum »Veggie Mainstreaming« war lang.

Kulturgeschichtlich wird der Vegetarismus vor allem mit östlichen Religionen wie dem Buddhismus, Jainismus und Hinduismus assoziiert. In der Geschichte des Westens ist er zwar im Vergleich nur eine Randerscheinung, hat aber ebenfalls eine lange Tradition. Schon in der Antike verzichteten Menschen auf Fleisch und andere Tierprodukte. So zählen etwa viele der Anhänger*innen der Lehren des Pythagoras zu den frühen Vegetarier*innen.[24] Im christlichen Mittelalter gab es ebenfalls unterschiedliche Gruppierungen, die zumindest den Konsum bestimmter Tierarten mieden. So erlaubt die Lehre des heiligen Benedikt den Mönchen den Verzehr von Fisch und Geflügel, nicht aber von vierbeinigen Tieren.[25]

Der heutige Vegetarismus unterscheidet sich deutlich von seinen Vorgängern. Wenn Vegetarier*innen nach ihren Motiven gefragt werden, spielen spirituelle oder religiöse Motive wie die Reinheit der Speisen oder göttliche Vorschriften kaum eine Rolle. Der heutige Vegetarismus ist ein Kind seiner Zeit. In ihm kommen typisch moderne Probleme und Sorgen zum Ausdruck: tierethische Vorstellungen von Leidvermeidung und Gerechtigkeit gegenüber Tieren kombinieren sich mit dem Wunsch nach einer gesunden Lebensweise, nachhaltigem Konsum, dem Schutz der Umwelt und der Verantwortung gegenüber zukünftigen Generationen.

Modern ist die heutige Fleischkritik auch deshalb, weil sie sich erst im Rahmen der Ideen und Vorstellungen entwickeln konnte, die in der historischen Epoche der Moderne entstanden. Die Idee, dass jeder Mensch ein Individuum ist, das frei über sein Leben entscheiden und sich entfalten kann, hat sich erst mit der Aufklärung und dem Liberalismus durchgesetzt. Ohne diese Ideen wäre wohl niemand auf die Idee gekommen, dass auch Tiere individuelle Subjekte sein könnten, die ein Recht auf ihr Leben oder zumindest auf eine faire Behandlung vor dem Tod haben.

VEGANISMUS – WIRD IMMER BELIEBTER

Während die Geschichte des Vegetarismus sich bis in die frühen östlichen Religionen zurückverfolgen lässt, ist die Geschichte des Veganismus schneller erzählt. Erfunden wurde der Begriff 1944 von Donald Watson, der in England die Vegan Society gründete. Der Begriff setzt sich aus den Anfangs- und Endbuchstaben des Worts »Vegetarian« (»Veg-An«) zusammen und bezeichnet einen konsequenten Lebensstil, der nicht nur auf Fleisch verzichtet, sondern auch auf jede Form der Tierprodukte wie Milch, Eier, Honig und Wolle.[26] Der Veganpionier Watson starb 2005 im stolzen Alter von 95 Jahren.

In Deutschland spielte der Veganismus noch bis Anfang der 2000er-Jahre keine bedeutende Rolle. Veganer*innen gab es nur wenige, und der Markt beschränkte sich auf einige Nischenangebote, die gleich auch den Bedarf der Reformköstler*innen, Laktoseintoleranten und Allergiker*innen bedienten. Doch innerhalb der letzten zehn bis 15 Jahre ist der Veganismus von einem als weltfremd und asketisch belächelten Lebensstil zu einem Trend geworden, der von Promis und Sportler*innen beworben wird und besonders bei jungen Menschen immer beliebter wird.

Die Zahl der vegan lebenden Menschen ist von geschätzten 80.000 im Jahr 2008[27] auf 1,13 Millionen im Jahr 2020[28] rasant gestiegen. Forsa-Schätzungen zufolge lebten 2021 rund zwei Prozent der Deutschen vegan. Das entspricht ca. 1,66 Millionen Menschen. Allerdings ist die Datenlage nicht eindeutig und die genaue Zahl vegan lebender Menschen in Deutschland weiterhin unklar.[29] Die bisherigen Daten verdeutlichen jedoch, dass der Veganismus stark an Popularität gewinnt.

Auffallend viele vegan lebende Menschen sind zwischen 20 und 40 Jahren alt, weiblich und verfügen über eine hohe Bildung.[30] Durch ihre überdurchschnittlich hohe Bildung sind viele Veganer*innen besser in der Lage, Einfluss auf öffentliche Debatten zu nehmen. Sie gehören meist zur Generation, die mit digitalen Medien, in denen mittlerweile große Teile der gesellschaftlichen Debatten geführt werden, aufgewachsen ist. Und sie sind motiviert, sich in die Debatten einzumischen, um ihre Werte und ihre Lebensweise zu vertreten. So kommt es, dass Veganer*innen zwar eine Minderheit darstellen, aber kulturell überdurchschnittlich sichtbar sind.

Dass vegane Ernährung vor allem bei jungen Menschen im Trend liegt, zeigen auch Daten des vom Bundeslandwirtschaftsministerium finanzierten Ernährungsreports 2021.[31] Demnach essen 17 Prozent der 14- bis 29-Jährigen mehrmals täglich vegane oder vegetarische Alternativen zu tierischen Produkten. Diese Zahl sinkt entlang der Altersgruppen auf lediglich vier Prozent bei der Generation 60 plus. Veganismus ist auch eine Antwort auf die ökologischen Zukunftsängste der jungen Generation. Wichtige Antreiber des Veggiebooms gerade im klimabewegten Teil der Gesellschaft sind die miserable CO_2-Bilanz der industriellen Tierhaltung sowie deren wichtiger Beitrag zum Artensterben und zur Abholzung des Regenwalds – dazu mehr in Kapitel 5.

WEIT MEHR ALS EIN »LIFESTYLE«

Der Veganismus steht auch sinnbildlich für die gestiegene Bedeutung individueller Verantwortung. Immer mehr Menschen wollen wissen, welche Konsequenzen ihr Konsum für das Klima, die Umwelt, Tiere oder die Menschen in den Produktionsländern hat. Für die junge Generation werden vormals alternative Lebensstile zum normalen Alltagsverhalten. Veganer Milch- und Fleischersatz sind heute genauso wie Biogemüse, Fairtrade-Kaffee oder plastikfreie Produkte in jedem Supermarkt zu finden. Ein Konflikt zwischen den Generationen über die angemessene Lebensführung ist entbrannt. Wenn Sie aus der Generation der Babyboomer stammen, können Sie sich sicher sein, dass die Fridays-for-Future-Generation auch Ihnen Ihre bisherige Lebensweise und Ihre Entscheidungen vorwirft.

Dass es sich bei der Abwendung von Tierprodukten um mehr als einen Lifestyle handelt, zeigt auch das Engagement der Tierrechtsbewegung. Diese noch junge soziale Bewegung ist in Deutschland erst seit Anfang der 2000er-Jahre wirklich sichtbar, wächst jedoch beständig und macht mittlerweile durch regelmäßige aufsehenerregende Aktionen und Großdemonstrationen auf sich aufmerksam. Ganz oben auf der Liste der Forderungen steht die vegane Ernährungswende. Diese Bewegung will im Unterschied zur traditionellen Tierschutzbewegung keine Reform der Tiernutzung, sondern eine Revolution des Mensch-Tier-Verhältnisses.[32] Ein wichtiges Werkzeug in dieser Auseinandersetzung sind heimlich erstellte Aufnahmen aus Mastanlagen und Schlachthöfen. Regelmäßig lösen derartige Bilder Empörung und Kontroversen über die industrielle Tierhaltung aus.

Für die Tierrechtsbewegung ist die Haltung zum Tier keine Privatsache, sondern ein politisches Konfliktfeld. Zu ihren Kontrahenten gehören Unternehmen der Fleischbranche. Wie heftig dieser Konflikt geführt wird, zeigt ein Fall aus dem Juli 2021, als Aktivist*innen des Bündnisses »Gemeinsam gegen die Tierindustrie« die Zentrale des PHW-Konzerns, der vor allem für seine Marke Wiesenhof bekannt ist, für zehn Stunden blockierten. Der Geflügelkonzern hatte in Erwartung der Proteste kurzerhand einen Teil der Zufahrtsstraße gekauft, die Zufahrt durch ein riesiges Holztor in eine Festung verwandelt und eine Schar privater Sicherheitsleute engagiert. Die Angst vor dem Protest war offenbar groß.[33] Der Tierrechtsbewegung gelingt es durch solche Aktionen zunehmend, den veganen Lebensstil als Antwort auf die Probleme der industriellen Tierhaltung im öffentlichen Diskurs zu platzieren.

Die Ernährung der Zukunft

Die Moral des Essens spaltet die Gesellschaft. Wie groß die Macht der Fleischliebhaber*innen trotz des kulturellen Wandels im Mensch-Tier-Verhältnis ist, bekamen die Grünen bei der Bundestagswahl 2013 zu spüren. Kurz vor der Wahl brachten sie unter dem Motto »Veggieday« den Vorschlag eines vegetarischen Tags in öffentlichen Kantinen in den Wahlkampf ein. Das unerwartet schlechte Abschneiden der Grünen bei den Wahlen wird von vielen auch durch diese damals unpopuläre Forderung erklärt. Wer den Deutschen die Wurst vom Teller nehmen will, muss sich warm anziehen.

Dabei fordern nicht nur Grüne und Tierschützer*innen eine Reduktion des Fleischkonsums. Die Front gegen den Alltagsbraten wird immer breiter. Das Bundesumweltamt hat beispielsweise 2021 erklärt, eine Halbierung des Konsums sei dringend notwendig, um weitere Umweltschäden durch die Massentierhaltung abzuwenden.[34] Der Weltklimarat kam 2019 zu dem Schluss, dass eine Ernährungswende hin zu einem deutlich höheren Pflanzenanteil ein wichtiges Werkzeug im Kampf gegen den Klimawandel sei.[35] Die WHO weist zudem auf Gesundheitsgefahren des Fleischkonsums hin und stuft verarbeitete Fleischprodukte wie Hotdogs, Schinken oder fleischhaltige Fertigprodukte als krebserregend ein.[36]

Tierprodukte haben ein Imageproblem. Das zeigt auch eine Studie, die Negativmeldungen über die Lebensmittelbranche durch Medien, NGOs und Behörden ausgewertet hat. Klares Problemkind der Branche ist die Fleischindustrie mit über der Hälfte aller ausgewerteten Meldungen. Mit über einem Viertel aller negativen Berichte folgt die Milchbranche auf Platz zwei.[37]

Den Glanz des Wohlstandssymbols haben Tierprodukte weitgehend verloren. Langsam setzt sich das gesellschaftliche Bewusstsein durch, dass wir den Konsum tierlicher Produkte drastisch senken müssen. Auch die Skandale der Fleischindustrie im Coronajahr 2020 waren für das Branchenimage wenig förderlich. Die massiven Corona-Ausbrüche in großen Schlachtbetrieben haben nicht nur die Gesundheitsgefahren für Arbeitnehmende in den Fokus gerückt, sondern auch die miserablen Arbeitsbedingungen der osteuropäischen Werkvertragsnehmer*innen.

»Die Wurst ist die Zigarette der Zukunft«, mit diesen Worten fasst Christian Rauffus, der Geschäftsführer der Rügenwalder Mühle, des bekanntesten deutschen Wurstherstellers, den Imageschaden der Branche und den Vertrauensverlust seitens der Verbraucher*innen zusammen.[38] So wie der Marlboro-Mann einst als Sinnbild für Unabhängigkeit und Freiheit durch die Prärie ritt und heute zum Posterboy der Lungenkrebsprävention mutiert ist, wird auch der Wurst eine imagetechnische 180-Grad-Wende prognostiziert.

FLEXITARISMUS UND DER VEGGIEBOOM IN DER FLEISCHBRANCHE

Rügenwalder hat Konsequenzen aus der antizipierten PR-Katastrophe der Wurstindustrie gezogen und sein Produktportfolio maßgeblich durch vegetarische und vegane Alternativen ausgebaut. Damit ist das Unternehmen nicht allein. Fast alle großen Fleischkonzerne haben mittlerweile fleischfreie Produkte im Programm. Auf den ersten Blick erscheint das widersprüchlich. Man könnte annehmen, dass Fleischkonzerne keine Produkte auf den Markt bringen, die als Antithese ihres Kerngeschäfts gelten können. Tatsächlich sind die meisten Unternehmen jedoch pragmatisch und flexibel, wenn es um die symbolische Seite ihres Portfolios geht. Was zählt, ist letztlich eine gute Bilanz, und da erscheint der Vertrieb von Veggieprodukten weniger als ideeller Verrat, denn als kluge ökonomische Strategie.

Mit ihrem Vorstoß in den Veggiemarkt bringen die Fleischkonzerne die Pioniere des Fleischersatzes in Bedrängnis. Diese Firmen stammen aus der Bio- oder Reformkostbranche und haben schon Tofu, Seitan und Co. hergestellt, als Witze über »müsliessende Latschenträger« noch humoristisch innovativ waren. Es ist ein Kampf von David gegen Goliath: Große Fleisch- und Lebensmittelkonzerne wie Tönnies, Nestlé oder Unilever haben die finanziellen Mittel, um Forschungsabteilungen zu unterhalten, und die Kontakte, um Liefer- und Vertriebsketten schnell und effektiv zu entwickeln. Die rein veganen Unternehmen haben dafür ihre Authentizität, die jedoch für die Mehrheit der Kund*innen kein relevanter Kaufanreiz zu sein scheint. Dabei weisen sie auf einen durchaus relevanten Punkt hin: Wieso kaufen Menschen aus Prinzip kein Fleisch, geben ihr Geld jedoch Unternehmen, die im Kerngeschäft Fleisch produzieren?

Eine Antwort darauf könnte die Zusammensetzung der Kundschaft sein. Denn Menschen, die aus Prinzip kein Fleisch essen, sind gar nicht mehr die wichtigste Zielgruppe für Fleischalternativen. Auch wenn die Zahl der Veganer*innen und Vegetarier*innen in den letzten Jahren stark gestiegen ist, hat sich eine dritte, noch größere Gruppe herausgebildet: die Flexitarier*innen. Damit sind Menschen gemeint, die zwar weiterhin grundsätzlich Fleisch konsumieren, aber ihren Konsum stark reduzieren möchten und quasi flexibel zwischen omnivorer und vegetarisch-veganer Ernährung wechseln. Sie legen sich neben dem Bioputenaufschnitt auch gerne noch Haferdrink und Räuchertofu auf das Kassenband.

Laut dem Ernährungsreport 2020 des Bundesagrarministeriums bezeichneten sich 55 Prozent der Befragten als flexitarisch.[39] Eine Ende 2020 vom PHW-Konzern in Auftrag gegebene Studie kam ebenfalls zu dem Ergebnis, dass über die Hälfte der Deutschen hin und wieder bewusst auf Fleisch verzichtet.[40] Das mag auch daran liegen, dass Fleischverzicht mittlerweile ein fortschrittliches und modernes Image hat und viele Menschen auch bei geringerer Reduktion ihres Fleischkonsums gern bereit sind, sich als flexitarisch zu bezeichnen. Tatsächlich ist der Begriff nicht genau definiert und umfasst ein weites Spektrum verschiedener Ernährungsweisen. Damit lässt sich auch erklären, dass zwar die Anzahl an Flexitarier*innen stark steigt, aber der Fleischkonsum insgesamt bisher nur leicht sinkt.

Dass Fleischkonzerne, die zunehmend auch Ersatzprodukte herstellen, Forschung über die Entwicklung des Flexitarismus finanzieren, ist kein Wunder. Alternativprodukte zu Fleisch, Milch und Eiern sind ein ausgesprochen lukrativer Markt. Innerhalb von zwei Jahren konnte sich der Umsatz mit Fleischersatzprodukten in Deutschland von 736 Millionen auf 1,2 Milliarden Euro im Jahr 2019 verbessern.[41] Zahlreiche bekannte Lebensmittelhersteller haben in den letzten Jahren vegane Varianten ihrer Produkte auf den Markt gebracht – von Eis und Joghurt über Donuts und Gummibärchen bis zur Tiefkühlpizza. Die Beratungsfirma Kearney prognostiziert, dass der weltweite Umsatz mit Fleischersatzprodukten von 120 Milliarden US-Dollar im Jahr 2025 auf 450 Milliarden Dollar im Jahr 2040 steigen wird – während der Umsatz von Fleisch im gleichen Zeitraum um 480 auf 720 Milliarden sinken soll.[42]

Der Flexitarismus ist auch ein Symbol für unser gespaltenes Verhältnis zu Tieren. Flexitarier*innen empfinden häufig ein Unbehagen in unserem Verhältnis zu Tieren, wollen aber nicht gänzlich auf Fleisch verzichten. Sie verkörpern das »Fleischparadox«:

Das schlechte Gewissen und das Bedürfnis, Tieren nicht zu schaden, kämpfen gegen die Gewohnheiten und den Wunsch nach dem Verzehr von Nahrungsmitteln, die sie gewohnt sind und die ihnen gut schmecken.

Es gibt zwei Möglichkeiten, wie sich der Flexitarismus entwickeln kann: Die erste Möglichkeit ist, dass der Fleischkonsum insgesamt stärker sinkt und der fleischreduzierende Flexitarismus zum »new normal« wird. Die zweite Möglichkeit ist, dass die meisten Flexitarier*innen mittelfristig vegetarisch oder vegan werden. Dann wäre die jetzige Phase ein Übergang zu einer noch stärkeren Polarisierung zwischen fleischessenden und Fleisch ablehnenden Menschen.

GEGENWIND FÜR ALTERNATIVEN ZU TIERPRODUKTEN

Menschen, die ihren Konsum von Tierprodukten senken möchten, suchen häufig nach Produkten, die in Aussehen und Geschmack den Lebensmitteln ähneln, die sie gewohnt sind und mögen. Doch die Vermarktung solcher Alternativen hat sich als weiteres umkämpftes Konfliktfeld herausgestellt. Haben Sie schon mal »Geschmacksscheiben vom Typ Cheddar« gegessen? Dass Firmen veganen Käse nicht mehr Käse nennen dürfen, ist ein weiteres Beispiel dafür, dass Fleisch und andere Tierprodukte ein Politikum sind.

Seit 2013 ist die EU-Verordnung 1308/2013 in Kraft. Dieses typisch europäische Bürokratiemonstrum regelt die Vermarktung landwirtschaftlicher Produkte und definiert unter anderem, dass nur Milch, die von Tieren stammt, auch Milch genannt werden darf. Entsprechend verbietet die Verordnung die Benutzung von Begriffen wie Milch, Käse oder Joghurt für rein pflanzliche Produkte. Unternehmen der Milchindustrie hatten schließlich durch mehrere Instanzen geklagt und argumentiert, veganer Käse und vegane Milch seien Formen der Verbraucher*innentäuschung. Seither finden Sie im Supermarkt nur noch Haferdrinks statt Hafermilch.

Diese Diskussionen erzeugten aus zwei Gründen öffentliches Aufsehen. Erstens kam zum Ausdruck, dass auch die Konzerne der Milchindustrie den kulturellen Wandel im Mensch-Tier-Verhältnis ernst nahmen. Aus Angst vor Umsatzverlusten versuchten sie, die Marktchancen der milchfreien Konkurrenz zu schwächen. Ob es ihnen gelungen ist, kann bezweifelt werden. Oatly, ein schwedischer Hersteller für Hafer*milch*, gilt als Superstar unter den Pflanzendrinks, ist mittlerweile börsennotiert und konnte 2020 seinen Umsatz mehr als verdoppeln.[43]

Der zweite Grund lag in der unfreiwilligen Ironie des Vorhabens. Denn natürlich existieren unzählige Produkte mit ähnlich uneindeutigen Namen, die wir Verbraucher*innen gewöhnlich nicht als Täuschung auffassen. Haben Sie gedacht, Kinderwurst würde aus Kindern (und hier sind natürlich keine Tierkinder gemeint) bestehen? Oder dachten Sie bisher, Kokosmilch würde aus den Eutern des Kokostiers stammen? Das Argument der Gerichte war, dass diese Produkte gewohnheitsmäßig so genannt werden und die Verbraucher*innen natürlich wüssten, dass die Produktbezeichnungen nicht wörtlich zu verstehen sind. Das ist ein ausgesprochen schwaches Argument. Wie lange hätte Sojamilch als Milch bezeichnet werden müssen, bis das Gewohnheitsrecht greift?

LABORFLEISCH: HOFFNUNGSTRÄGER ODER FRANKENSTEINS SCHNITZEL?

Fleischalternativen bestehen in der Regel aus proteinreichen Getreidearten oder Hülsenfrüchten wie Soja, Hafer oder Weizen. Ein gänzlich anderes Alternativprodukt für ›herkömmliches Fleisch‹ wurde 2013 in London vorgestellt. Rund zweihundert Journalist*innen und Wissenschaftler*innen waren gekommen, um einer Weltpremiere beizuwohnen. Der Burger, der dort vor laufenden Kameras zubereitet und zwei Nahrungskritiker*innen kredenzt wurde, war mit seinen rund 250.000 Euro nicht nur ein sehr teures Vergnügen, sondern auch eine technologische Innovation. Es handelte sich um das erste Fleischpatty, das außerhalb eines Tieres gewachsen war.

Als »Clean Meat« wird Fleisch bezeichnet, das im Reagenzglas gezüchtet wird und daher auch unter dem Namen »In-vitro-Fleisch« bekannt ist. Es wird gewonnen, indem lebenden Tieren Stammzellen entnommen werden, die dann außerhalb des Tieres weitergezüchtet werden. Physikalisch handelt es sich um denselben Wachstumsprozess, den Muskelgewebe auch im Tierkörper durchläuft.

Der Prototyp war zwar sündhaft teuer, aber wenn man den Prognosen der Herstellerfirmen glauben darf, sollen seine Nachfolger bald zu erschwinglicheren Preisen die Supermarktregale füllen. In Singapur werden heute bereits erste Clean-Meat-Gerichte in Nobelrestaurants angeboten.[44] Kritische Stimmen schätzen hingegen, dass bis zur Marktreife noch Jahrzehnte vergehen könnten. Bis Clean Meat als Massenprodukt herkömmlichem Fleisch ernsthaft Konkurrenz macht, könnte mehr Zeit vergehen, als es den Herstellerfirmen lieb wäre.

Auch die Marktchancen für In-vitro-Fleisch lassen sich nur schwer voraussagen. Einerseits könnte der technologische Charakter des Produkts Verbraucher*innen abschrecken, andererseits könnte es auch als Zukunftstechnologie angenommen werden, die als Lösung tierethischer Probleme und der Klimakrise wahrgenommen wird. Das Beratungsunternehmen Kearney prognostiziert Clean Meat große Wachstumsraten und schätzt den globalen Umsatz im Jahr 2040 auf 630 Milliarden Dollar sowie einen Anteil von rund 35 Prozent am gesamten Fleischkonsum. Den

Rest des Kuchens teilen sich der Prognose zufolge konventionelle Fleischprodukte mit 40 Prozent und vegane Fleischalternativen mit 25 Prozent Marktanteil.

Auch wenn der Kampf um die Zukunft der Fleischproduktion noch nicht entschieden ist, werden bisher fast unbekannte Unternehmen wie Mosa Meat oder Memphis Meat vielleicht schon in naher Zukunft mit ihren Clean-Meat-Produkten den Lebensmittelmarkt umkrempeln. Die Marktzulassung lässt in Deutschland noch auf sich warten, aber Sie können sich jetzt schon überlegen, ob Clean Meat für Sie infrage kommt.

WÜRDEN SIE INSEKTEN ESSEN?

Mögliche Akzeptanzprobleme haben auch andere Produkte, die die traditionelle Fleischkultur ablösen wollen. Insekten gelten als mögliche Alternative zu herkömmlichem Fleisch. Mittlerweile werden Riegel, Nudeln oder Müslis mit Bestandteilen von Heuschrecken, Mehlwürmern oder Fliegenlarven vertrieben. Die meisten Konsument*innen in westlichen Kulturen ekeln sich allerdings vor dem Verzehr von Insekten. Als ich Kind war, galt das Lecken an Lutschern, in denen Grillen oder Würmer eingelegt waren, als Mutprobe. Firmen, die Insekten als marktfähige Alternative in westlichen Ländern etablieren wollen, müssen zunächst einen Imagewandel des Insektenverzehrs erreichen – eine Herkulesaufgabe.

Aus Sicht der Mensch-Tier-Soziologie verweisen Insektenprodukte auch auf die kulturellen Legitimationsproblematiken im Umgang mit Tieren. Den Soziologen Arnold Arluke und Clifton Sanders zufolge lassen sich die gesellschaftlichen Mensch-Tier-Beziehungen in einer Hierarchie darstellen. Ihre »soziozoologische Skala« besagt, dass ganz oben auf der tierlichen Statusleiter Haustiere wie Hunde und Katzen stehen. Rinder und Schweine stehen weit tiefer in der Hierarchie. Noch darunter kommen die Insekten.[45]

Vermarktet werden Insektenprodukte vor allem als klimafreundlichere und proteinreiche Alternative zu Rindern und Schweinen. Tatsächlich wird für ihre Herstellung weit weniger Wasser und Land benötigt und auch die Klimabilanz ist deutlich besser. Für viele Menschen wird jedoch die Lösung des moralischen Dilemmas ein noch stärkerer Kaufanreiz sein. Für die meisten Menschen ist der Konsum von Insekten viel weniger kontrovers als der Konsum von Säugetieren und Vögeln. Damit wird die moralische Grenze der Essbarkeit von Tieren gleichsam nach unten verschoben und das Problem (vorerst) umgangen. Aber wer weiß, vielleicht diskutieren wir in Zukunft, ob der Verzehr von Grillen und Würmern moralisch noch vertretbar ist?

»WIE ERNÄHRST DU DICH« ALS GRETCHENFRAGE

Die alten Traditionen des Essens wurden von einem neuen Ernährungsbewusstsein abgelöst. Was wir essen, ist keine Privatsache, sondern ein Politikum, über das gestritten wird. Fleisch, Milch und Co. haben ihr Image als ›Stück Lebenskraft‹ und ›Muntermacher‹ verloren. Die Wurst läuft jedoch nicht Gefahr, zur Zigarette der Zukunft zu *werden* – sie ist längst mit diesem Stigma belegt. Wie das Rauchen wird auch das Fleischessen für immer mehr Menschen zu einer Praxis, die ein schlechtes Gewissen auslöst.

Durch den Fleischwolf gepresst, wird die Entstehungsgeschichte der Wurst unsichtbar. Als Gesellschaft wollten wir lange nicht sehen, was in ihr versteckt ist. Das hat sich geändert. Wir führen engagiertere Debatten über das Essen von Tieren als noch vor zwanzig Jahren. Gesundheit, Arbeitsrechte, Klima-, Umwelt- und Tierschutz – in all diesen Gebieten haftet der Fleischproduktion heute ein Makel an. Das hat mit der Entwicklung der Fleischindustrie und der Verwandlung von Nutztieren in industriell produzierte Waren zu tun – aber auch mit unserem Verhältnis zu Haustieren, das wir uns nun einmal genauer ansehen werden.

3

HAUSTIERE: DIE BESTEN FREUNDE DES MENSCHEN?

Mein Freund Markus fuhr den ganzen Tag mit dem Auto durch eine Kleinstadt mitten in der bayrischen Provinz. Er hielt Ausschau nach Lissy, seiner besten Freundin. Lissy war spurlos verschwunden, schlimmer noch, sie wurde gestohlen. In einem Berliner Park war sie plötzlich weggelaufen und einfach nicht mehr zurückgekommen. Seitdem lag seine Welt in Trümmern. Sie ahnen es vermutlich: Lissy ist eine Hündin.

Er startete eine Suchaktion und verteilte Poster mit Lissys Bild in der Stadt, er mobilisierte seine Freund*innen und erstellte eine Facebook-Seite. Sein Hilferuf verbreitete sich schnell in Hundeportalen und auf Tierschutzseiten. Lissys plötzliches und spurloses Verschwinden berührte viele Menschen, obwohl sie Lissy gar nicht kannten, denn sie konnten nachfühlen, wie Markus zumute war. Lissy war für ihn unersetzlich. Hier ging es nicht um ein kleines Ärgernis, sondern um einen schwerwiegenden Verlust.

Markus verbrachte jeden Abend am Rechner und durchforstete das Internet, bis er schließlich fündig wurde. Lissy wurde über ein

Portal für Kleinanzeigen in einer bayrischen Kleinstadt zum Verkauf angeboten. Da die Verkäufer nicht reagierten und die Polizei sich nicht zuständig fühlte, fuhr Markus kurzerhand quer durch Deutschland und suchte Lissy auf eigene Faust. Nun saß er niedergeschlagen im Auto und fuhr die ausgestorbenen Straßen des Städtchens ab in der Hoffnung, Lissys Entführer irgendwann bei einer Gassirunde zu erwischen. Wie er dann reagieren würde, konnte er selbst noch nicht sagen. Doch aller Mühe zum Trotz war Lissy einfach nicht aufzufinden. Frustriert trat Markus die lange Heimfahrt nach Berlin an.

Er begann, sich mit dem endgültigen Verlust von Lissy abzufinden, als er ein Jahr später aus heiterem Himmel einen Anruf erhielt. Lissy wurde gefunden und war in einer Tierarztpraxis abgegeben worden. Ich war zufällig bei ihm, als der Anruf ihn erreichte. Erst begriff ich nicht, was geschehen war, und konnte nicht sagen, ob er am Boden zerstört oder maßlos glücklich war. Ich verstand die Intensität seiner Gefühle erst, als er sagte: »Lissy ist wieder da.«

Zugegeben, Markus hat ein ziemlich großes Herz für Tiere jeder Art und Größe. Aber was er für seine Hundefreundin getan hat, ist für die meisten Menschen in westlichen Gesellschaften keine übertriebene Tierliebe, sondern eine nachvollziehbare und angemessene Reaktion auf den plötzlichen Verlust seiner ›besten Freundin‹. Beziehungen wie die zwischen Markus und Lissy zeigen eine Möglichkeit auf, wie sich Menschen und Tiere begegnen können. Wie Lissy für Markus, sind Haustiere für die meisten Menschen keine austauschbaren Dinge – sie sind Individuen, zu denen wir eine starke emotionale Bindung pflegen.

In guter Gesellschaft – Haustiere als unsere Begleiter

Die Deutschen lieben Tiere. Zumindest ihre Haustiere. In rund jedem zweiten deutschen Haushalt lebt eines, darunter waren 2020 etwa 16,7 Millionen Katzen und 10,3 Millionen Hunde. Diese Zahl hat sich seit 2008 nahezu verdoppelt – Hunde und Katzen liegen im Trend.[1] Die Zahl der Ziervögel sank hingegen leicht auf zuletzt rund 3,1 Millionen, und die Zahl der Kleintiere auf 4,6 Millionen. Hunde und Katzen haben offenbar etwas Besonderes an sich, dass Menschen ihre Nähe suchen. Die Liebe zu ihren Haustieren lassen sich die Deutschen einiges kosten. Die Heimtierbranche machte 2020 stolze 4,5 Milliarden Euro Umsatz.[2]

Die Motive, aus denen heraus Menschen mit Haustieren zusammenleben, sind vielfältig. Haustiere können beispielsweise den eigenen gesellschaftlichen Status oder die kulturelle Zugehörigkeit zum Ausdruck bringen. Zwar ist diese Funktion der Haustierhaltung nicht mehr so wichtig wie früher, aber auch heute noch gilt für einige Menschen das Prädikat »reinrassig« als wertvoll. Wer bereit ist, für eine Sphynx-Katze vierstellige Summen auf den Tisch zu legen, möchte möglicherweise auch seinen Wohlstand präsentieren.

Dass Haustiere eine symbolische Bedeutung haben können, zeigt auch das Phänomen sogenannter Kampfhunde. Meistens sind es junge Männer, die durch das Halten von American Pitbulls oder Staffordshire Bullterriern Eindruck schinden wollen. Ein weiteres Motiv der Haustierhaltung ist die Erziehungsfunktion, die Tiere in jungen Familien übernehmen können: Am Umgang mit Tieren sollen Kinder Verantwortung und Fürsorge für andere lernen.

Unter den richtigen Umständen kann Haustierhaltung sogar gesundheitsfördernd sein. Studien konnten beispielsweise zeigen, dass das Zusammenleben mit Hunden den menschlichen Blutdruck[3] oder das Risiko an Herz-Kreislauf-Erkrankungen[4] senken kann. Auch konnte festgestellt werden, dass sich das Halten von Haustieren oft positiv auf das Selbstbewusstsein und die Stimmung der Menschen auswirken.[5] Die Datenlage ist jedoch kompliziert und ein eindeutiger Zusammenhang zwischen Haustierhaltung und besserer Gesundheit konnte nicht bewiesen werden.

TIERE ALS SOZIALE INTERAKTIONSPARTNER

Eine typisch soziologische Erklärung für die Haustierhaltung besagt, dass Menschen heute immer isolierter voneinander leben und daher vereinsamen. Das so entstehende soziale Vakuum füllen sie mit Tieren. Allerdings kann dieses Motiv überhaupt nur auf einen kleinen Teil der Haustierhalter*innen zutreffen, denn tatsächlich gibt nur jeder zehnte Mensch in Deutschland an, sich einsam zu fühlen.[6] Zu der Idee, dass wir mangelnden Kontakt zu Menschen durch Haustiere kompensieren, passt auch die These vom Haustier als Kindersatz. Allerdings ist diese These nur schwer zu überprüfen. Es bedarf eines hohen Maßes an Reflexion, um sich einzugestehen und fremden Forscher*innen zu offenbaren, dass jemand ein Haustier hält, um besser mit Einsamkeit oder Kinderlosigkeit klarzukommen. Ich glaube, dass dies nur auf wenige Halter*innen zutrifft, aber dieser Gedanke führt uns zu dem vielleicht wichtigsten Motiv der Haustierhaltung: Menschen schätzen und suchen die soziale und emotionale Nähe zu Tieren.

Während die Coronapandemie Deutschland immer wieder in den Lockdown zwang, entschieden viele Menschen, sich einen Hund oder eine Katze anzuschaffen. In den Medien war von einem Haustierboom die Rede, der ein »Corona-Effekt« sei: Die erzwungene Einschränkung sozialer Kontakte habe Menschen auf die Idee gebracht, dass sich mangelnde soziale und emotionale Nähe gut durch Hund und Katze ersetzen ließen. Durch Homeoffice oder Kurzarbeit seien zudem auch ausgedehnte Spaziergänge oder zeitintensive Tierbetreuung möglich geworden. Tierheime fürchteten daraufhin, dass sie nach der Krise eine regelrechte »Tierflut« heimsuchen würde, wenn sich die Lebens- und Arbeitsverhältnisse wieder normalisierten und keine Zeit mehr für die Tiere bliebe. Da die Zahl der Hunde und Katzen in Deutschland allerdings ohnehin seit Jahren steigt, liegt die Vermutung nahe, dass der vermeintliche Corona-Effekt womöglich geringer ist als gedacht.

Auf der sozialen Statusleiter sind Haustiere immer weiter nach oben geklettert. Das lässt sich an vielen Alltagsritualen zwischen Menschen und Tieren nachweisen. Menschen nutzen Rituale unter anderem, um ihre sozialen Bindungen auszudrücken. Wenn Sie jemanden zur Begrüßung umarmen, drücken Sie damit eine engere Beziehung aus als durch ein förmliches Händeschütteln. Haustiere werden heute in viele Rituale einbezogen, die früher Menschen vorbehalten waren. So wird manch vierbeiniger Freund mit Geburtstags- und Weihnachtsgeschenken verwöhnt, denn er gehört ja zur Familie. Überhaupt werden immer mehr Haustiere als Familienmitglieder wahrgenommen und gehören entsprechend auch auf ein Familienfoto. Das ist keineswegs banal, denn ein Familienmitglied ist Teil einer sozialen Solidargemeinschaft, in der die Mitglieder füreinander aufkommen und enge soziale Bindungen knüpfen. Die Aufnahme in eine Familie ohne Blutsverwandtschaft und zudem über die Speziesgrenze hinweg ist ein bemerkenswerter Ausdruck sozialer Nähe.

Wie eng die Bindung zwischen Menschen und ihren Haustieren ist, zeigen auch die vielen Rituale, mit denen der Tod geliebter Haustiere betrauert wird. Auf Tierfriedhöfen finden sich oft individuell gestaltete Gräber, die sich kaum von menschlichen Grabstätten unterscheiden. In den Grabstein gemeißelte Botschaften wie »Geliebt und unvergessen« oder »Für immer verbunden« könnten ebenso für Menschen gelten. Durch digitale Kondolenzbücher kann auch online getrauert werden.[7] Für die hinterbliebenen Menschen ist der Verlust eines geliebten Tieres oft ein langer und schmerzhafter Prozess. Studien zeigen, dass sich die Trauer um ein verstorbenes Tier nicht wesentlich von der Trauer um einen verstorbenen Menschen unterscheidet.[8] Weil diese Trauer so intensiv erlebt werden kann, gibt es in den USA mittlerweile zahlreiche Angebote zur Trauerbegleitung menschlicher Angehöriger verstorbener Haustiere. In Kolumbien wollen einige Politiker*innen sogar ein Recht auf bezahlten Urlaub für Menschen durchsetzen, die um ein verstorbenes Haustier trauern.

Menschen und Haustiere können sogenannte *emotionale Resonanzbeziehungen* aufbauen. Das bedeutet, dass sie sich wechselseitig emotional erreichen und bewegen. Vorausgesetzt, die Beziehung ist gesund und liebevoll, geben Tiere aktiv Emotionen zurück und schätzen ihrerseits die Nähe zu Menschen. In Resonanzbeziehungen bilden sich speziesübergreifende Lebensgemeinschaften. Hunde und Katzen haben eine stark ausgeprägte Fähigkeit, partnerschaftliche Interaktionsbeziehungen mit Menschen einzugehen. Das erklärt auch, warum sie deutlich beliebter als Goldfische, Wellensittiche und Hamster sind. Insbesondere Hunde schenken Menschen häufig eine emotionale Bindung ganz eigener Art. Ihre Treue ist sprichwörtlich, und unter den richtigen Umständen ist ihre Liebe nahezu bedingungslos. Die Bedingungslosigkeit dieser Zuneigung wird nicht selten von Menschen ausgenutzt. So werden Beagles besonders häufig in Tierversuchen eingesetzt, weil sie als ausgesprochen zutraulich und loyal gelten.

Das Besondere an Hunden: Sie bewerten weder unser Aussehen noch unseren beruflichen Erfolg. Diese Form der Akzeptanz ist unter Menschen alles andere als selbstverständlich – vielleicht sogar unmöglich.

SOLIDARITÄT MIT CHICO?

Die emotionale Dimension unserer Beziehungen zu Haustieren kann sich nicht nur in Liebe und Zuneigung ausdrücken. Bemerkenswert emotional wurde beispielsweise auch die Debatte um Chico geführt, einen Staffordshire-Mischling, der seine Halterin und deren Sohn totgebissen hatte. Es war bei Weitem nicht das erste Mal, dass ein Hund einen Menschen getötet hatte, aber die öffentliche Anteilnahme war in diesem Fall enorm. Sie richtete sich jedoch weniger auf die Familie der Verstorbenen als auf den Hund, der nach seiner tödlichen Attacke eingeschläfert werden sollte. In den sozialen Medien wurde heiß debattiert, es kam zu Demonstrationen gegen das Veterinäramt, das Chico einschläfern lassen wollte, und sogar zu einem (erfolglosen) Einbruch in ein Tierheim, bei dem der Hund von Unbekannten offenbar befreit werden sollte. Rund 300.000 Menschen unterzeichneten eine Petition mit der Forderung, Chico am Leben zu lassen.

Der Fall verdeutlicht den enorm hohen Status von Hunden. Für viele Menschen war Chico ein unschuldiges Opfer, das durch schlechte Haltung und falsche Erziehung zum Äußersten getrieben wurde. Tatsächlich war die gehbehinderte Halterin offenbar kaum in der Lage, den Ansprüchen ihres Hundes gerecht zu werden, und Chico verbrachte den Großteil seiner Zeit weggesperrt auf dem Balkon. Die Tötung des Hundes empfanden viele Menschen entsprechend als Ungerechtigkeit. Anderen wiederum ging die Solidarität mit dem »Killerhund« zu weit. Der Einsatz für Chico löste bei vielen Menschen verständnisloses Kopfschütteln aus. Die Debatte polarisierte und ebbte erst ab, als die Behörden Tatsachen schufen und den Hund töten ließen. Sie zeigt auch, dass sich Tiere als Projektionsflächen für menschliche Bedürfnisse und Emotionen eignen.

Eine kurze Geschichte der Haustierhaltung

Hunde und Katzen begleiten uns seit Jahrtausenden, aber die Haustierhaltung, wie sie gerade beschrieben wurde, ist ein noch sehr junges Phänomen. Der hohe Status der Haustiere heute ist das Resultat weitreichender kultureller Umbrüche und Veränderungen. Um diese zu verstehen, müssen wir einen Blick auf die lange gemeinsame Geschichte der Menschen und ihrer Haustiere werfen.

Unsere ältesten ›besten Freunde‹ sind Hunde. Dass Menschen ihren Lebensraum und ihren Alltag überhaupt mit anderen Tieren teilen, ist das Ergebnis der Domestikation. Normalerweise stellen wir uns die Domestikation von Tieren als einen Vorgang vor, bei dem Menschen die Tiere einfangen und gezielt vermehren, bis sie zahm sind. So werden, ganz einfach gesprochen, Wildtiere domestiziert. Beim Übergang vom Wolf zum Hund scheint es aber vielmehr, als hätten sich Menschen und Wölfe in einem langen Prozess gegenseitig so lange beschnuppert, bis sie ihre Nähe dauerhaft tolerierten. Der Schlüssel liegt im gegenseitigen Vorteil für beide Arten: Die Wölfe konnten sich an den Essensresten der Menschen gütlich tun, die Menschen wiederum waren besser vor gefährlichen Tieren geschützt.

Mit der Zeit begannen Menschen vermutlich, verwaiste Wolfskinder aufzuziehen und dadurch zu zähmen. Da diejenigen Wölfe, die Menschen nicht nur duldeten, sondern sie als Kooperationspartner akzeptierten, evolutionäre Vorteile hatten, entstand eine Wolfslinie, die zutraulicher und zahmer als ihre menschenscheuen Verwandten war. Vermutlich beschleunigten die Menschen diesen Prozess auch, indem sie sich aggressiver Tiere entledigten und diejenigen Jungtiere behielten, die ein besonders freundliches Wesen zeigten. Als Menschen und Wölfe begannen, gemeinsam zu jagen, wurde der evolutionäre Vorteil für beide offenkundig.

NACH DER EISZEIT: DER WOLF WIRD ZUM HUND

Wann genau der Wolf zum Hund wurde, ist umstritten. Klar ist aber, dass Hunde und Menschen mindestens seit 15.000 Jahren, also seit dem Ende der letzten Eiszeit, zusammenleben.[9] In letzter Zeit häufen sich archäologische Funde, die auf einen weit früheren Beginn der Domestikation von Hunden hindeuten. Einige Schätzungen gehen von etwa 27.000 Jahren aus, andere sogar von ungefähr 36.000 Jahren. Die Haltung von Hunden war schon sehr früh ein globales Phänomen, denn archäologische Funde lassen auf eine frühe und offenbar unabhängig ablaufende Domestikation von Hunden in Nordamerika und Eurasien schließen.[10] Weil nicht nur Menschen die Hunde in ihrem Wesen veränderten, sondern auch die Hunde das menschliche Verhalten nachhaltig beeinflusst haben, wird der gegenseitige Anpassungsprozess auch als Ko-Domestikation bezeichnet.

Seither haben Menschen mit Tieren in engen Gemeinschaften zusammengelebt und sie auf unterschiedliche Weise genutzt. Die moderne Mensch-Tier-Beziehung, die durch ihre scharfe kulturelle Trennung zwischen Freund und Essen, zwischen Haustieren und Nutztieren geprägt ist, stellt in dieser langen Geschichte eine Besonderheit dar. Seit dem Ausgang aus dem Spätmittelalter und insbesondere seit dem Beginn der Moderne hat sich unser Mensch-Tier-Verhältnis drastisch verändert.

Zwei Dinge waren im Unterschied zu heute bestimmend für das Alltagsleben der Menschen im Mittelalter: Die Religion und die Landwirtschaft. Die Religion war unbestrittene Grundlage des Weltverständnisses. Sie legte die politische Ordnung, den Stand des oder der Einzelnen und die moralischen Regeln fest.[11] Durch Gottes Plan hatte alles seinen festgelegten Platz in der Welt. Das betraf nicht nur das Verhältnis zwischen Adel, Klerus und den ›einfachen Leuten‹, sondern auch das Verhältnis der Menschen zu Tieren. Tiere waren den Menschen einerseits durch den in der Genesis erteilten Herrschaftsauftrag untergeordnet – sie durften genutzt und getötet werden. Andererseits waren die Menschen aufgefordert, die göttliche Schöpfung verantwortungs- und respektvoll zu behandeln. Dieses System von Schutz und Nutzung blieb unhinterfragt, denn Gottes Wort war Gesetz.

Die Landwirtschaft spielte eine ebenso wichtige Rolle im Alltag der Menschen im Mittelalter. Noch Anfang des 16. Jahrhunderts, als das Spätmittelalter durch die frühe Neuzeit abgelöst wurde, arbeiteten in den meisten Teilen Europas über neunzig Prozent der Menschen als Bäuerinnen und Bauern.[12] Das bedeutet auch, dass sie täglich Kontakt mit Tieren hatten: Rinder, Pferde, Bienen, Hunde, Ziegen, Katzen, Gänse, Hühner, Schafe und Schweine gehörten zu den Tieren, die man auf spätmittelalterlichen Höfen antreffen konnte. Ihre Haltung und Nutzung dienten dem Überleben. Fleisch, Milch, Federn, Honig sowie Eier, Wolle, Fett, Knochen, aber auch Horn, Haut und Kot wurden genutzt und verarbeitet. Zudem wurden Rinder und Pferde als Zugtiere eingesetzt. Auch Hunde hatten zahlreiche Funktionen für die Nahrungsversorgung und die Sicherheit der Hofgemeinschaft. Sie wurden etwa als Jagd-, Hirten-,

Zug- oder Wachhunde eingesetzt, während Katzen vor allem unerwünschte Nagetiere wie Ratten und Mäuse jagten.

MITTELALTER: WIE LANDWIRTSCHAFT DAS LEBEN BESTIMMTE

Die heute gängige, strikte Trennung in Haus- und Nutztiere gab es im Mittelalter nicht. Hunde und Katzen wurden von der bäuerlichen Bevölkerung nicht primär gehalten, weil man sich am Kontakt mit ihnen erfreute oder weil sie damit ihrem sozialen Stand Ausdruck verleihen wollten, sondern weil sie nützlich waren. Sie wurden sogar gegessen, auch wenn ihr Verzehr wohl weniger gängig war als der anderer Tiere. Viele domestizierte Tiere waren früher »Haustiere« im engeren, wörtlichen Sinne, denn wenn es kalt wurde, lebten sie oftmals mit Menschen unter einem Dach. Im Winter war es nicht unüblich, dass das ›Vieh‹ mit im Haus lebte – zum beiderseitigen Nutzen. Sie würden sich sicherlich auch freuen, wenn Sie sich an langen Winterabenden in einer Holzhütte ohne Isolierung durch ein wenig Kuhkuscheln aufwärmen könnten. Vom Überleben der Tiere hing nicht selten das Überleben der menschlichen Familie ab. Das heißt, dass die Tiere einerseits eine ökonomische Funktion hatten, andererseits aber vermutlich auch oft enge emotionale Bande zwischen Menschen und ihren Tieren bestanden.

Das Ende des Mittelalters wurde unter anderem durch die zweite Landwirtschaftsrevolution ausgelöst, die unser Verhältnis zu Tieren maßgeblich verändert hat. Nach und nach stiegen Erträge, und es wurde immer weniger menschliche Muskelkraft gebraucht, um die Bevölkerung zu ernähren. Dieser Prozess vollzog sich an unterschiedlichen Orten in Europa unterschiedlich schnell, aber überall sank die Anzahl der Arbeitskräfte in der Landwirtschaft im Laufe der letzten Jahrhunderte rapide. Rund 500 Jahre seit dem Ende des Mittelalters mögen Ihnen lang vorkommen, aber bedenken Sie, dass wir Menschen in den etwa 11.000 Jahren, also seit dem Beginn der Landwirtschaft, zuvor fast allesamt Bäuer*innen waren.

Die freigesetzten Arbeitskräfte zogen allmählich in die Städte, was wiederum den Erfolg der Industrialisierung beförderte, die neue Arbeitsplätze in den Fabriken schuf. Deutschland zählt zu den spät industrialisierten Regionen Europas, aber auch hier sank der Anteil der Menschen, die auf dem Land Felder bewirtschafteten und Tiere hielten, auf heute nur noch 1,3 Prozent der Gesamtbeschäftigung.[13] Damit wurde der unmittelbare Kontakt zu Schweinen, Rindern und Hühnern zur Alltagserfahrung einer kleinen Minderheit.

DIE GEBURT DER MODERNEN HAUSTIERHALTUNG

Gleichzeitig wuchsen die Städte und wurden zum hauptsächlichen Lebensraum der meisten Menschen in Europa. Mit dem steigenden Wohlstand (einiger Menschen) und dem sich entfaltenden Kapitalismus veränderten sich auch die sozialen Machtverhältnisse. Die Moderne ist auch die Geburtsstunde des städtischen Bürgertums, jener wohlhabenden Schicht, die sich aus den Gewinnern des Industriekapitalismus rekrutierte. Spätestens im beginnenden 18. Jahrhundert entstand in dieser neuen bürgerlichen Lebenswelt eine Praxis der Haltung von Tieren, aus der sich unsere heutige Haustierhaltung entwickelt hat.[14] Zunächst als Schoß- und Luxushunde feiner Damen oder als treue Jagdhunde der neuen Oberschicht gehalten, hielten Hunde und Katzen Einzug in die vier Wände der Städter*innen. Zwar war die Hundehaltung auch unter Arbeiter*innen gängig, aber wie die Sozialhistorikerin Aline Steinbrecher argumentiert, stand hier noch länger die »Schutz- und Arbeitsfunktion des Hundes im Vordergrund«.[15]

Bürgerliche Hundehaltung war durch eine Gleichzeitigkeit von emotionaler Nähe und öffentlicher Selbstdarstellung geprägt, die den hohen Stellenwert des sozialen Status in dieser Zeit widerspiegelt. Ein regelrechter Volkssport der neuen Oberschicht war die Hundezucht, die in der deutschen Kaiserzeit ihre Blüte erlebte. Die Zucht reinrassiger und edler Tiere war nicht nur ein Zeitvertreib, sondern ganz im Sinne des Zeitgeists auch eine Angelegenheit von nationalem Interesse, denn der Zuchthund repräsentiert auch die nationale Kultur: Der Deutsche Schäferhund beispielsweise ist ein Hund, der nach klaren Zuchtzielen erschaffen wurde. Er sollte als deutsch erachtete Werte wie Stärke, Disziplin und Gehorsam symbolisieren. Wer etwas auf sich hielt, hielt auch einen (reinrassigen) Hund.[16] Einige berühmte Beispiele sind etwa die Doggen des Reichskanzlers Otto von Bismarck oder Erdmann, der geliebte Dackel Kaiser Wilhelms. Mit der Zeit wurde die Haustierhaltung jedoch zu einem schichtenübergreifenden Phänomen und ist heute quer durch die Gesellschaft verbreitet.

Ebenso sank die Deutungshoheit der Kirche. Religiöse Weltbezüge wurden nach und nach durch die Aufklärung entmachtet. Ordnungsmuster, wie sie im Mittelalter gegolten hatten, wurden durch Wissenschaft und öffentliche Diskussionen infrage gestellt. Auch wenn die Religion noch lange Zeit die Politik und das öffentliche Leben maßgeblich beeinflussen konnte und auch heute noch in vielen Teilen der Welt eine große Rolle spielt, orientieren sich die meisten Menschen in ihrem alltäglichen Handeln heute kaum noch an den heiligen Schriften oder den Worten der Predigenden. Die politische Macht der Religion hat stark gelitten, und auch der ewig gültige Herrschaftsauftrag des Menschen über die Tiere wurde durch die gesellschaftliche Aushandlung des Mensch-Tier-Verhältnisses in der Öffentlichkeit ersetzt.

Innerhalb eines relativ kurzen Zeitraums hat sich unser gesellschaftliches Verhältnis zu Tieren radikal verändert. Würden Sie im Mittelalter leben, wären Sie tagtäglich mit dem Leben und Sterben von Tieren konfrontiert, die heute ein unsichtbares Leben als Nutztiere führen. Heute nehmen die meisten Menschen nicht mehr an Schlachtungen teil, helfen nicht bei der Geburt von Tieren und sind nicht für ihre Versorgung zuständig. Der Bauernhof ist als Lebensraum fast gänzlich verschwunden und wurde durch Industrieanlagen zur Aufzucht und Tötung von Tieren ersetzt. Gleichzeitig kam die soziale Ordnung der Tiere in Bewegung, als kirchliche Gebote an Strahlkraft verloren und die Menschen begannen, ihr Verhältnis zur Welt eigensinniger zu gestalten. Während einige Tiere aus der öffentlichen Wahrnehmung verdrängt und auf dem Land zurückgelassen wurden, haben wir anderen Tieren unsere Wohnungstüren geöffnet und ihnen einen Platz auf dem Sofa geschenkt.

Manche Menschen sehen in dem Verlust des kleinbäuerlichen Lebens und der neuen Rolle von Haustieren etwas Negatives. Sie wünschen sich ein Tierbild zurück, wie es in vormodernen Gesellschaften verbreitet war – und in dem weder einige Tiere einen übermäßig hohen noch andere einen durch und durch niedrigen Status hatten. Ich glaube, dass es sich dabei jedoch um eine Idealisierung des harten und entbehrungsreichen bäuerlichen Lebens handelt – und auch des häufig wenig friedfertigen Umgangs mit Tieren. Zudem ist es müßig, weil sich das Rad der Zeit nicht zurückdrehen lässt. Die Geschichte unserer Beziehungen zu Haustieren zeigt vielmehr, dass wir als Gesellschaft Beziehungen zu Tieren eingehen können, die weitgehend frei von Ausnutzung und Gewalt sind. Kulturgeschichtlich ist es etwas ganz Besonderes, dass es heute in unserer Gesellschaft domestizierte Tiere gibt, die keinem Zweck dienen müssen, außer sie selbst zu sein.

Jemand zu Hause? Tiere als »Du«

In ihren Beziehungen zu Hunden, Katzen und anderen Haustieren erlauben sich viele Menschen, im Tier ein individuelles Gegenüber zu erkennen. Wir teilen Lebensgeschichten mit diesen Tieren, die uns verbinden. Wenn Sie mit einem Haustier zusammenleben, werden Sie sich bestimmt erinnern, auf welchem Weg dieses Tier in Ihr Leben getreten ist. Dass Haustieren eine eigene Geschichte zugestanden wird, hebt sie von anderen Tieren ab, denn sie werden auf diese Weise einzigartig.

Wie sehr wir Haustiere als Persönlichkeiten wahrnehmen, zeigt auch die Tatsache, dass wir ihnen individuelle Namen geben. Durch einen Eigennamen identifizieren wir ein Tier als nicht austauschbar und erkennen auch gleichzeitig seine emotionale und soziale Relevanz für uns an.[17] Ausnahmen stellen hier wohl manche Fische und Reptilien dar, aber der absolute Großteil unserer Haustiere trägt Eigennamen. Diese besondere Beziehung zeigt sich auch in der Angst, die viele Menschen vor dem Verlust ihres Haustieres haben. Wenn Sie selbst ein Haustier haben, kennen Sie vielleicht das Gefühl der Angst vor dem Verlust des Begleiters – etwa bei einer lebensrettenden Operation oder wenn ein Tier wegläuft. Wenn Sie erleben mussten, wie ein geliebtes Tier stirbt, werden Sie vielleicht auch die intensive Trauer erlebt haben, die viele Haustierhalter*innen überwältigt.

Dass Menschen in Tieren jemanden und nicht etwas sehen können, bezeichnete der Soziologe Theodor Geiger schon 1931 als »Du-

Evidenz«[18]: Wir erkennen im tierlichen Gegenüber ein einzigartiges »Du«. Die Anthropologin Barbara Smuts hat die Anwesenheit eines Du im Tier auf schöne Weise zum Ausdruck gebracht: »In der Gegenseitigkeit spüren wir, dass in diesem anderen Körper ›jemand zu Hause‹ ist, jemand, der uns in seinem Wesen so ähnlich ist, dass wir als Gleiche eine gemeinsame Realität schaffen können.«[19] Erst wenn mein Gegenüber ein Du ist, kann eine Beziehung bedeutsam werden. Es braucht ein Hin und Her, ein gegenseitiges, emotionales Berühren, damit wir gemeinsam unseren Blick auf die geteilte Welt verändern.

Hier wird deutlich, dass das Erkennen von Tieren als Subjekte ein interaktiver Vorgang ist. Auf der einen Seite muss der Mensch gewillt sein, überhaupt in einem Tier ein Individuum erkennen zu wollen. Hierfür braucht es eine gewisse Offenheit, um Erfahrungen von Resonanz mit einem Tier zu machen. Auf der anderen Seite steigt die Chance, dass ein Tier als ein Du behandelt wird, aber auch mit seiner eigenen Fähigkeit zur Interaktion.[20] Mücken oder Schnecken haben da schlechtere Karten als Hunde und Katzen, die Paradebeispiele interaktionsfähiger Tiere. Wenn Ihr Hund schwanzwedelnd vor der Tür wartet, während Sie die Leine aus dem Schrank holen, ist klar, dass Sie beide sich gegenseitig verstehen.

EINE SCHNECKE ALS DU?

Die Bereitschaft zum Erkennen von »Du-Evidenz« in Tieren ist in unserer Gesellschaft gestiegen. Ob wir ein Tier als Du erkennen, hängt jedoch nicht zwingend von der Tierart ab, sodass einige Menschen auch bereit sind, zu Tieren mit geringeren Interaktionskompetenzen individuelle Beziehungen einzugehen. Das konnte ich einmal in einer für mich überraschenden Facebook-Diskussion beobachten. In einer Gruppe für Nachbarschaftshilfe wurde ein Hilferuf gepostet, weil eine Nutzerin eine Schnecke im Salat gefunden hatte, die sie aber wegen tiefwinterlicher Temperaturen nicht nach draußen setzen konnte. Die anderen Nutzer*innen nahmen sie jedoch nicht auf den Arm – wie man hätte vermuten können, da Schnecken hierarchisch für gewöhnlich noch weit unter den Nutztieren angesiedelt sind –, sondern überschlugen sich geradezu mit gut gemeinten Hinweisen, wie ein schneckengerechtes Winterquartier ausgestattet sein müsse.

Nachdem festgestellt wurde, dass der Schnecke mittelfristig ein Leben als Haustier bestimmt war, wurde eine zweite Frage heiß diskutiert: Wie heißt die Schnecke? Dutzende Nutzer*innen machten Vorschläge. Viele davon beinhalteten menschliche Konzepte von Geschlechtsidentität und stellten sie infrage. Das passt insofern zur Namensfindung für eine Schnecke, als Schnecken kein eindeutiges Geschlecht besitzen. Klaus-Bärbel war am Ende der beliebteste Name. Natürlich ist diese Geschichte auch Ausdruck einer Faszination für das Exotische – zumal Klaus-Bärbels Schicksal mitten im Corona-Lockdown diskutiert wurde. Wenn die Schnecke ihr Winterquartier nicht überlebt haben sollte, würde das die meisten vermutlich nicht nachhaltig verstimmen. Aber diese Episode zeigt auch, wie schnell wir unter den richtigen Umständen gewillt sind, selbst in einer Schnecke ein Du zu erkennen, der wir einen Eigennamen geben und um deren Wohlergehen wir uns sorgen – selbst wenn diese Interaktion eher einseitig sein dürfte. Aber der Unterschied zur Wahrnehmung einer beliebigen Gartenschnecke im Sommer ist offensichtlich.

Klare Anführer der sozialen Beliebtheitsskala sind trotzdem Hunde und Katzen. Ihr gesellschaftlicher Aufstieg wird auch an der Tatsache deutlich, dass wir sie heute nicht mehr schlachten und essen. Durch ihre Nähe zum Menschen waren Schlachtungen dieser Tiere zwar sehr selten, aber erst 1986 wurden sie auch in Deutschland verboten. Damit wurden diese Tiere, ganz offiziell und rechtlich abgesichert, in einen sozialen Sonderstatus erhoben. Weil Schlachtungen von Hunden und Katzen in den 1980er-Jahren extrem selten waren, hatte das Gesetz eigentlich keinen praktischen Nutzen, sondern diente einem symbolischen Zweck: Die Menschen wollten nicht länger akzeptieren, dass ihre besten Freunde rechtlich immer noch auf einer Stufe mit Schlachttieren wie Rindern und Schweinen standen. Bereits seit den frühen 50ern herrschte ein breiter sozialer Konsens gegen das Schlachten von Hunden und Katzen. Für viele Menschen war es entsprechend längst überfällig, endlich die Gesetze den kulturellen Ideen in der Gesellschaft anzupassen.[21]

VERMENSCHLICHEN WIR DIE TIERE?

Wenn Tiere als individuelle Persönlichkeiten wahrgenommen werden, folgt der Vorwurf der Vermenschlichung häufig auf dem Fuß. Dieser besagt, dass wir fälschlicherweise rein menschliche Eigenschaften auf Tiere projizieren. Die Kritik an vermeintlicher Vermenschlichung dient oft der klaren Grenzziehung zwischen Menschen und anderen Tieren. Denn wenn wir herausfinden, dass viele Tiere uns ähnlicher sind, als wir gedacht haben, hat das Sprengkraft: Weil wir der Empfindsamkeit einen hohen Stellenwert einräumen, ist es für die moralische Ordnung der Mensch-Tier-Beziehung gefährlich, wenn wir beispielsweise lernen, dass Tiere auch psychisch unter den Bedingungen ihrer Haltung leiden können. Ähnlich verhält es sich mit der Intelligenz: Ein ›dummes Schwein‹ lässt sich leichter zur Schlachtbank führen als ein Lebewesen, das in komplexen Gruppen lebt und großes Geschick im Lösen von Problemen zeigt.

Für den Begriff der Vermenschlichung – wissenschaftlich auch als *Anthropomorphisierung* bezeichnet – gibt es keine objektiven Definitionskriterien. Wo in einer Gesellschaft die Grenze zwischen korrekter Beschreibung von Tieren und ihrer Vermenschlichung gezogen wird, hängt vom wissenschaftlichen Kenntnisstand über die kognitiven, emotionalen, physischen und sozialen Fähigkeiten der Tiere ab – und auch von unseren kulturellen Vorstellungen.

Lange galt es als wissenschaftlich nicht belegt, ob andere Tiere als Menschen überhaupt Schmerzen empfinden können. Tiere als leidend darzustellen, galt als Vermenschlichung. Heute ist völlig unstrittig, dass die allermeisten Tiere in der Lage sind, Schmerzen oder auch Freude zu erleben – darunter alle typischen Haus- *und* Nutztiere. Gestritten wird noch, was die Leidensfähigkeit von Insekten angeht: Während einige Forscher*innen skeptisch sind, was Ausmaß und Qualität der Schmerzwahrnehmung angeht, konnten andere Hinweise finden, dass beispielsweise Fliegen nicht nur akuten, sondern selbst chronischen Schmerz erleiden können.[22] Weil wir immer mehr über das Schmerzempfinden von Insekten lernen, könnte es sein, dass in Zukunft auch der moralische Stellenwert dieser Tiere steigt. Insektenfleisch erscheint in diesem Licht dann nicht mehr als Lösung tierethischer Probleme, sondern als möglicher Auslöser für die Fortführung der moralischen Debatte auf einer neuen Stufe. Wie weit die menschliche Fähigkeit zur Empathie mit Tieren reicht, wird die Zukunft zeigen.

Unser Wissen über Tiere hat sich verändert. Wissenschaftliche Erkenntnisse haben die Grenze, wo Vermenschlichung anfängt, zugunsten der Tiere verschoben. Das gilt nicht nur für physische Phänomene wie die Schmerzwahrnehmung, sondern auch für soziale, kognitive und emotionale Fähigkeiten. Immer mehr ehemals als rein menschlich betrachtete Eigenschaften wurden mittlerweile bei Tieren nachgewiesen. Unzählige Artikel und Bücher zu unterschiedlichen Tieren und Fähigkeiten wurden veröffentlicht: Der allergrößte Teil davon kommt zu dem Schluss, dass Tiere komplexere Fähigkeiten haben, als wir ihnen vorher zugestehen wollten.[23]

In vielen Fällen ist es hilfreich, anstelle von kategorischen Unterschieden zwischen Menschen und Tieren besser von Ausprägungen auf einer Skala der Fähigkeiten auszugehen. So gibt es viele Fähigkeiten, die Menschen mit anderen Tieren teilen, die in unserem Fall aber weit deutlicher ausgeprägt sind. Unsere sozialen Fähigkeiten erlauben uns, in komplexen Gesellschaften gemeinsame Regeln zu verhandeln. Hühner sind ebenfalls Tiere mit ausgeprägtem Sozialverhalten, aber ihre Rangordnung und Regeln entwickeln sie ohne öffentliche Aushandlungen oder Wahlen. Doch es gibt auch Fähigkeiten, bei denen wir anderen Tieren weit unterlegen sind. Denken Sie nur an den Geruchssinn von Hunden.

Natürlich projizieren Menschen manchmal auch unzulässigerweise Eigenarten auf Tiere. Auch hier ist die Grenzziehung nicht einfach. Vielleicht haben Sie schon mal Videos von Katzen gesehen, die über ein Klavier laufen. Wenn wir behaupten würden, diese Tiere würden Klavier spielen, könnte zu Recht von Vermenschlichung gesprochen werden. Wie steht es aber um die Aussage, eine Katze habe einen individuellen Charakter? Oder wenn jemand behauptet, sein Kaninchen freue sich, wenn er nach Hause kommt und frisches Suppengrün mitbringt?

Die dunkle Seite der Haustierhaltung

Haustiere wurden im Zuge der letzten etwa dreihundert Jahre immer stärker als Lebewesen mit individuellem Charakter wahrgenommen. Soziolog*innen sprechen hier von einem Prozess der zunehmenden Personalisierung dieser Tiere.[24] Wenn ich argumentiere, dass Haustiere in der westlichen Kulturgeschichte immer stärker personalisiert wurden, heißt das allerdings nicht, dass jede Beziehung zwischen einem Menschen und einem Haustier von emotionaler Nähe, Respekt und Fürsorge gekennzeichnet ist. Personalisierung widerspricht nicht der menschlichen Kontrolle und Dominanz über Tiere. Menschen entscheiden über fast alle relevanten Lebensbereiche ihrer Haustiere, vom Schlafen und Essen über die Freizeitgestaltung und ihre sozialen Kontakte bis zum Sex und häufig auch über den Tod. Menschen nehmen die Verantwortung, die mit dieser Verfügungsgewalt über Tiere einhergeht, jedoch auf unterschiedliche Weise wahr.

Auch wenn die meisten Menschen Zuneigung zu ihren Haustieren empfinden, kommen die Bedürfnisse der Tiere trotzdem oft zu kurz, weil die Haltung von Tieren in menschlichen Wohnungen oft kaum zufriedenstellend sein kann. Ein Käfig oder eine Voliere kann den Bewegungsdrang von Vögeln kaum stillen, und ob sich ein einzeln gehaltenes Meerschweinchen ausgerechnet ein menschliches Kind als Sozialpartner wünscht, darf durchaus bezweifelt werden. Eine Haltung von Tieren, die deren Interessen weitestmöglich erfüllt, ist anspruchsvoll, da sie viel Wissen voraussetzt – und oftmals ist sie schlicht unmöglich. Auch in der Haustierhaltung steht meistens das menschliche Interesse im Mittelpunkt. So manches Haustier fristet entsprechend eher ein Dasein als lebendes Spielzeug oder Accessoire.

Und natürlich werden auch viele Haustiere als Waren in Zoohandlungen oder Onlinebörsen gehandelt. Haustiere sind nicht nur ein gutes Geschäft, weil Menschen für die Versorgung und Unterbringung ihrer Tiere viel Geld ausgeben, sondern auch, weil sich mit dem Verkauf der Tiere selbst viel Geld verdienen lässt. Auch Haustiere können also wie Dinge behandelt werden. Wenn Sie die Katze Ihrer Nachbarin überfahren, können Sie damit rechnen, eine

Entschädigung für den entstandenen ›Sachschaden‹ leisten zu müssen. Wie bei einem beschädigten Auto bemisst das Gericht dafür den Marktwert des Tieres.

Die dunkle Seite der Haustierhaltung ist facettenreich. Noch weitgehend unproblematisch ist die übertriebene Tierliebe oder Verhätschelung von Tieren. Wenn Sie möchten, können Sie im Internet für 1300 Euro ein Unikat-Katzensofa aus Hainbuche erstehen. Allerdings müssen Sie dann damit leben, dass einigen ihrer Mitmenschen ihre Tierliebe zu weit geht. Das Problem bei Begriffen wie »Verhätschelung« ist jedoch, dass sie sich kaum definieren lassen. Denn was als übertriebene Tierliebe gilt, hängt vom eigenen Standpunkt ab, und unsere Vorstellungen von Normalität im Umgang mit Tieren ändern sich. Nach welchen Maßstäben soll definiert werden, welches Verhalten den Tieren gegenüber angemessen ist?

Aus Sicht der Tiermedizin und auch der Tierethik ist ein solcher Maßstab das Leiden von Tieren. Ein Pudel im Designerpulli mag skurril erscheinen, stellt aber kein Tierschutzproblem dar. Anders sieht das in zahlreichen Fällen aus, in denen Tiere aufgrund der mangelnden Kompetenzen ihrer Halter*innen leiden. In Deutschland ist es leicht, ein Haustier zu kaufen. So leicht, dass das Bundeslandwirtschaftsministerium (das auch für den Schutz von Haustieren zuständig ist) davor warnt, sich voreilig ein Tier anzuschaffen.[25] Die Verantwortung ist groß, und die nötigen Sachkompetenzen sind komplexer, als manch eine Neuhalter*in ahnt.

(UN-)GEWOLLTES LEIDEN VON HAUSTIEREN

Der Berliner Tierpathologe Achim Gruber hat in seinem Buch *Das Kuscheltierdrama* eine Reihe bemerkenswerter Fälle zusammengetragen, die die meist ohne Absicht gemachten Fehler in der Haustierhaltung dokumentieren. Ein Hauptproblem ist ihm zufolge der Mangel an Wissen, wie man Erkrankungen bei Tieren erkennt. Viel Leid, so Gruber, könnte durch einen frühzeitigeren Tierarztbesuch erspart bleiben.[26] Wie groß das Leiden von Haustieren aufgrund mangelnder Sachkenntnisse ihrer Halter*innen tatsächlich ist, lässt sich jedoch nicht nachweisen, weil Haustierhaltung als Privatsache gilt. Auf das, was hinter verschlossenen Türen passiert, haben Staat und Öffentlichkeit nur geringen Einfluss.

Deutlicher wird die Definition von Haustierleid im Fall der sogenannten Qualzuchten. Davon wird gesprochen, wenn bei der Zucht von Tieren genetische Merkmale bewusst angezüchtet oder zumindest geduldet werden, die bei den Tieren Schmerzen oder Verhaltenseinschränkungen auslösen.[27] Bekannte Beispiele sind etwa die kurznasigen Möpse, die mit ihrer genetisch bedingten, permanenten Atemnot röchelnd und schnaubend hinter ihren Halter*innen herlaufen müssen. Was immer noch viele Menschen niedlich finden, bezeichnet Achim Gruber als »ein Ringen um das Leben.«[28] Aber auch viele Deutsche Schäferhunde, ehemals Sinnbild für einen stolzen und starken Hund, leiden unter genetisch bedingter schmerzhafter Hüftgelenkdysplasie.

GEWALT AN HAUSTIEREN

Der hohe soziale Status bewahrt Haustiere nicht davor, Opfer von Gewalt und Verwahrlosung zu werden. Willkommen im dunkelsten Winkel der komplexen Mensch-Haustier-Beziehung! An diesem schlecht beleuchteten Fleck finden beispielsweise noch immer Hundekämpfe statt, bei denen auf Aggressivität gezüchtete Hunde sich meist so lange im Blutrausch ineinander verbeißen, bis einer der beiden schwer verletzt wird oder stirbt. Da diese Kämpfe illegal stattfinden, gibt es keine Statistiken über ihre Häufigkeit, aber klar ist, dass eine Untergrundszene existiert, die diese Veranstaltungen professionell organisiert – samt Urkunden, Trainingseinrichtungen und Trophäen für die (menschlichen) Sieger*innen.[29]

Sprichwörtlich im Dunkeln erleben Haustiere auch unmittelbare körperliche Gewalt durch Menschen. Bei der Frage, was Tierquälerei ist und was nicht, herrscht in unserer Gesellschaft oft Uneinigkeit. Wenn Haustiere geschlagen, getreten oder anderweitig malträtiert werden, herrscht jedoch ein gesellschaftlicher Konsens, dass wir es mit Fällen von Tierquälerei zu tun haben. Motive und Formen dieser Gewalt unterscheiden sich. Der Soziologe Arnold Arluke hat beispielsweise über Jugendliche geforscht, deren meist kollektive Gewalttaten an Haus-, aber auch an Wildtieren, er als Teil einer Initiation in die Welt der Erwachsenen interpretiert.[30] Clifton Flynn, ein weiterer Soziologe, beschreibt hingegen, wie sich innerhalb von Familien die meist männlichen Täter der Gewalt an Haustieren als Kommunikationsmittel bedienen. Am Tier exerzieren die Täter vor, was den menschlichen Familienmitgliedern blüht, wenn sie seine Autorität nicht anerkennen.[31] Und natürlich gibt es auch pathologische Gewalttäter*innen, die aus Lust am Erzeugen von Leiden Tieren Schmerzen zufügen.

Wie häufig Gewalt an Haustieren passiert, ist unklar, da diese in der Regel hinter verschlossenen Türen passiert und die Dunkelziffer entsprechend hoch sein kann. Dies betrifft auch die Fälle sexueller Gewalt an Haustieren. Auch dieses Thema gehört zur dunklen Seite der Mensch-Tier-Beziehung – über dessen Ausmaß wir jedoch nur wenig wissen, weil wir als Gesellschaft nur selten darüber sprechen und die Taten zudem meistens anonym und im Verborgenen geschehen.

Wenn die Misshandlung von Haustieren öffentlich wird, löst das normalerweise einen Sturm der Entrüstung aus. Konsequenzen werden gefordert, die das Leid beenden sollen. Wenn Sie hören, dass Ihr Nachbar regelmäßig Katzen ertränkt, würden Sie ihn vermutlich nicht auffordern, dass er die Anzahl der ertränkten Katzen auf ein bestimmtes, vernünftiges Maß reduzieren solle. Sie würden ihn vermutlich anzeigen und nicht nur erwarten, dass er sein Verhalten unverzüglich einstellt, sondern auch, dass er eine angemessene Strafe erhält.[32] Das Maß öffentlicher Empörung ist ein guter Gradmesser für die soziale Relevanz von Gewalthandlungen an Tieren.

Im folgenden Kapitel werden wir uns mit der zweiten Kategorie domestizierter Tiere beschäftigen, die in unserer Gesellschaft ebenfalls eine sehr wichtige Rolle spielen – den Nutztieren. Der Unterschied zwischen der gesellschaftlichen Stellung und Behandlung von Haustieren und Nutztieren ist gravierend – auch dahingehend, wie wir die mutwillige Verletzung ihrer Körper gesellschaftlich bewerten. Behalten Sie die gestiegene Personalisierung von Haustieren beim Lesen also im Hinterkopf. Erst im Vergleich zwischen beiden Tierkategorien wird deutlich, wie kompliziert unser Verhältnis zu Tieren in Wirklichkeit ist.

4

VON TURBOKÜHEN UND WEGWERFHÜHNERN

Im Sommer 2015 betrat ich den Fuhrpark eines der größten Schlachthöfe Europas, um für meine Doktorarbeit Interviews mit Schlachtern zu führen.[1] Ich wartete auf einem riesigen Parkplatz voller Kühlwagen und blickte auf Werkshallen, wie man sie in jedem beliebigen Industriegebiet findet. Nichts außer dem überdimensionalen Firmenlogo am Eingang wies darauf hin, dass hier täglich Tausende Tiere getötet und in kürzester Zeit zu Fleisch verarbeitet wurden. Dieser Betrieb unterschied sich von den kleineren Schlachthöfen, die ich vorher schon besucht hatte. Während ich dort im Flur auf meine Interviewpartner wartete, konnte ich durch eine Glasscheibe in die Schlachthalle blicken und halbierte Rinder, die für ihre weitere Zerlegung in der Kühlhalle zwischengeparkt wurden, beobachten.

Bei meinem ersten Besuch in einem Großschlachthof sah ich weder lebende noch tote Tiere. Die Welten der Schlachtung und Verwaltung waren säuberlich getrennt. Die beiden Männer, mit denen ich an diesem Mittag sprach, wurden eigens für das Interview aus ihren Schichten geholt und für das Gespräch freigestellt.

Es wird viel über Schlachthofarbeit gesprochen, aber selten mit Schlachtern. Das wollte ich ändern. Die öffentliche Debatte über Schlachthöfe wird von Tierschutzproblemen und den Arbeitsbedingungen osteuropäischer Arbeiter*innen bestimmt. Ich wollte hingegen wissen, wie die Beschäftigten damit umgehen, täglich Hunderte Tiere zu töten. Ich wollte die Innenwelt des Schlachthofs kennenlernen – einen Ort, der seinen Platz auf der gesellschaftlichen Hinterbühne hat und gemieden wird, aber für das tägliche Leben der meisten Menschen unerlässlich ist.

Wenn wir über das Verhältnis zwischen Menschen und Nutztieren sprechen, müssen wir auch darüber reden, wo und wie diese Tiere leben und sterben. Schweine und Hühner sind keine Familienmitglieder, denen ein Platz auf der Couch zugestanden wird. Sie leben in Mastanlagen und Ställen und sterben in Schlachthöfen. Diese Lebens- und Sterbensräume sind schwer zugänglich. Wir sehen die Mastanlagen, in denen oftmals mehrere Zehntausend Tiere leben, am Rand der Autobahn, und die meisten fahren gedankenlos an ihnen vorbei – aus den Augen, aus dem Sinn.

Auch Schlachthöfe sind gesellschaftlich unsichtbar. Während sie früher mitten in den Städten betrieben wurden, befinden sie sich heute in Industriegebieten am Stadtrand. Das hat einen guten Grund, denn die allermeisten Menschen meiden die Konfrontation mit den Herstellungsbedingungen von Fleisch und anderen Tierprodukten. Wer sich ernsthaft mit der Mensch-Tier-Beziehung befassen möchte, muss jedoch auch den Mut aufbringen, sich mit diesen verborgenen Orten auseinanderzusetzen. Wagen wir also einen Blick hinter die verschlossenen Türen von Schlachthöfen und Mastanlagen, um unser kompliziertes Verhältnis zu Nutztieren einmal genauer zu betrachten.

Fleischproduktion unter Druck

Deutschland gehört zu den größten Produzenten von Tierprodukten in Europa. Zwar sinkt der Fleischkonsum leicht, aber Deutschland exportiert Fleisch und Milch in großem Stil. Die industrielle Erzeugung von Tierprodukten ist ein lukratives Geschäft. Die Tönnies Holding ist Deutschlands größter Schlachtkonzern für »Rotfleisch«, also Schweine, Rinder und andere Vierbeiner, und erwirtschaftete 2020 einen Umsatz von mehr als sechs Milliarden Euro, gefolgt von der Vion-Gruppe mit 4,9 und Westfleisch mit 2,8 Milliarden. Zusammen mit dem Unternehmen Danish Crown teilen sich diese vier Konzerne den Großteil des Marktes für Rinder- und Schweinefleisch. Der Hühnermarkt wird von der PHW-Unternehmensgruppe dominiert, gefolgt vom Unternehmen Rothkötter. Große Teile des Fleischmarktes werden also von Großkonzernen bestimmt.

Die Tiermast, die die Fleischbetriebe mit einem ständigen Zufluss an Schlachttieren versorgt, ist zwar weniger von einzelnen Unternehmen geprägt, aber auch hier zeichnet sich ein ähnliches Bild der Konzentration ab. Seit Langem findet eine Veränderung statt, bei der kleine Betriebe schließen. An ihre Stelle treten große Mastanlagen, die mehr Gewinne erzielen. Weil Tierställe wegen ihrer negativen Folgen für die Umwelt stark in der Kritik stehen, wurden EU-weite Umweltschutzauflagen erlassen. Diese machen Investitionen nötig, die kleinere Unternehmen häufig nicht stemmen können. Der Betrieb einer Tiermast lohnt sich erst, wenn in großen Maßstäben gedacht wird.

So fördern die rechtlichen Rahmenbedingungen ungewollt auch die Expansion der industriellen Tierhaltung. Diese Form der Tierhaltung wird meistens als Massentierhaltung oder Intensivtierhaltung bezeichnet. Die Begriffe haben sich in Medien, Politik und in der Alltagssprache durchgesetzt, aber Landwirt*innen aus der konventionellen Tierhaltung hören sie ungern, weil sie negativ besetzt sind. Rechtlich sind diese Begriffe nicht klar definiert und dienen eher als Ausdruck der Unzufriedenheit mit der so bezeichneten Tierhaltung. Der Agrarwissenschaftler Bernhard Hörning hat daher im Auftrag der thüringischen SPD einen Kriterienkatalog typischer Merkmale von Massentierhaltung entwickelt. Er definiert diese als ein Haltungssystem, in dem große Zahlen von Tieren auf kleinem Raum gehalten werden. Die Tierhaltung ist dabei aus dem landwirtschaftlichen Kreislauf entkoppelt. Jungtiere und Futtermittel werden zugekauft, und für die Schlachtung werden die verkauften Tiere wieder abtransportiert. Die meisten Betriebe sind zudem auf eine Tierart spezialisiert und verfüttern Kraftfutter. Die Arbeitsabläufe sind weitgehend standardisiert, und nur wenige Menschen sind nötig, um die Abläufe in den Stallsystemen zu betreuen.[2]

Oft schließen die Mäster*innen Verträge mit großen Schlachtkonzernen, die die Tiere abnehmen. Was einerseits Erwartungssicherheit und Planbarkeit schafft, erzeugt andererseits eine Abhängigkeit von Schlachtriesen wie Tönnies und Co. Zusammen mit dem Einzelhandel sind diese auch wesentlich für die Preispolitik der Branche verantwortlich. In der Fleischproduktion wird Profit unter anderem durch Kostenersparnisse erzielt. Niedriglöhne in Schlachthöfen oder systematische Tierschutzprobleme in Mastanlagen sind auch das Ergebnis eines Ringens um Gewinnmargen und günstige Verkaufspreise. Und weil die Konsument*innen in der Summe weiterhin Fleisch zu Dumpingpreisen bevorzugen, herrscht ein enormer Druck in der Fleischbranche.

SCHWEINEHALTUNG RENTIERT SICH KAUM NOCH

Besonders in der Schweinehaltung ist die Lage angespannt, denn die Preise sind konstant niedrig. Die exportorientierte Schweinefleischindustrie hat unter anderem wegen der wirtschaftlichen Konflikte mit Hauptexportpartner China zu kämpfen. Der ökonomische Zugzwang wird durch die Bedrohung durch Infektionskrankheiten wie der Afrikanischen Schweinepest, aber auch durch die temporäre Schließung von Schlachthäusern im Zuge der Coronakrise noch weiter erhöht. Viele Schweinemäster*innen sehen daher keine wirtschaftliche Zukunft mehr in der Branche, und die Rufe nach Ausstiegsszenarien werden immer lauter. Die Zahl der in Deutschland gehaltenen Schweine sinkt und war 2021 so niedrig wie zuletzt vor 25 Jahren.[3]

In den Niederlanden wurde bereits 2020 eine Ausstiegsprämie für Schweinehalter*innen eingeführt, um den Umstieg in einen anderen Tätigkeitsbereich zu erleichtern. Hauptmotiv war hier die schlechte Klimabilanz der Fleischproduktion. Mit 25 Milliarden Euro finanziert die Regierung dort die Agrarwende, die auch eine deutliche Reduktion der Tierbestände beinhaltet. In Deutschland hat 2021 die Interessenvertretung der marktorientierten und spezialisierten Schweinehalter (ISN) eine ähnliche Ausstiegsprämie gefordert. Einer Umfrage zufolge würden mehr als die Hälfte der befragten Schweinemäster*innen Unterstützung zum Ausstieg oder bei der wirtschaftlich rentablen Verkleinerung ihrer Betriebe annehmen. Zu den wichtigsten Motiven der Befragten gehört der mangelnde Rückhalt aus der Bevölkerung für die derzeitige Form der Schweinehaltung.[4] Und auch in Deutschland wird diese Debatte dadurch befeuert, dass der massenhaften und industriellen Schweinehaltung wegen ihrer schlechten Klimabilanz nur geringe Wachstumsprognosen gestellt werden.

CORONA IN DEUTSCHEN SCHLACHTHÖFEN

Die Fleischindustrie gerät zunehmend in Bedrängnis, und die Liste der Probleme wird immer länger. Im Coronasommer 2020 wurde intensiv über die Gesundheitsgefahren, die von Schlachthöfen ausgehen können, diskutiert. Im Mittelpunkt stand ein Schlachthof des Marktführers Tönnies, in dem es zu zahlreichen Coronainfektionen kam und der in den Medien immer wieder als »Corona-Hotspot« bezeichnet wurde. Schuld an der Masseninfektion waren vor allem die Arbeits- und Lebensumstände der osteuropäischen Arbeiter*innen. Die beengten Verhältnisse in den Sammelunterkünften und die gemeinsame Anfahrt im Minivan boten dem Virus ideale Bedingungen. In der Kälte, die in vielen Teilen der Schlacht- und Zerlegebetriebe herrscht, konnten sich die Viren zudem sehr gut ausbreiten. Bereits lange vor Corona wurden die schlechten Arbeitsbedingungen in Schlachthöfen kritisiert, aber verändert wurde praktisch nichts. Erst nach den Coronaausbrüchen in deutschen Schlachthöfen ging ein Ruck durch die Politik.

Auch wenn niemand das öffentlich zugeben würde, spielte die Herkunft der durch das Virus gefährdeten Menschen offensichtlich eine große Rolle. Mehr als 15 Jahre lang kritisierten Gewerkschaften, Kirchenverbände und Initiativen das Lohndumping durch Werkverträge in der Fleischindustrie – ohne Erfolg. Durch Corona waren plötzlich nicht mehr »nur« die prekär beschäftigten Osteuropäer*innen von den schlechten Arbeitsbedingungen betroffen, sondern – aufgrund der berechneten kreisbezogenen Inzidenzzahlen – auch die Einwohner*innen in zwei Landkreisen. Allein der »Tönnies-Hotspot« setzte 670.000 Menschen in den Kreisen Gütersloh und Warendorf einer nicht nur statistisch, sondern wohl auch tatsächlich erhöhten Infektionsgefahr aus und zwang sie in den Lockdown. Die Menschen waren entsprechend wütend auf Tönnies.[5] Das Verbot von Werkverträgen in der Fleischindustrie, die bis dahin ein Instrument für Dumpinglöhne waren, wurde erst dann in der Branche durchgesetzt. Ohne Corona würde das System der Werkverträge vermutlich weiterhin existieren.

DIE MACHT DER (HEIMLICH GEDREHTEN) BILDER

Der Druck auf die Fleischindustrie ist jedoch nicht nur wirtschaftlicher Natur. Die Debatte über Tierethik ist in den letzten zwanzig Jahren zu einer Bedrohung der kulturellen Vorherrschaft von Fleisch- und Milchkonsum geworden. Ein wichtiger Grund hierfür ist, dass die Situation der Tiere zunehmend sichtbar wird. Journalist*innen wie Manfred Karremann haben uns seit den späten 1980er-Jahren durch ihre Dokumentationen einen Blick in die verborgene Welt der Tiertransporte und Schlachthöfe ermöglicht. Heute besteht die Arbeit vieler Tierrechtsorganisationen hauptsächlich in dem Erstellen heimlich gedrehter Filmaufnahmen aus Tierhaltungsbetrieben und Schlachthäusern. Zu sehen sind drastische Szenen, und oftmals kündigen die Sender ihre Beiträge mit der Warnung an, dass sie den Zuschauer*innen einige Bilder nicht zeigen können, weil sie zu grausam für das Fernsehen seien.

Die betroffenen Branchen sind mit derartigen Medienberichten erwartungsgemäß unzufrieden, da sie das bereits angeschlagene Vertrauen der Verbraucher*innen weiter beschädigen. Interessenverbände der Fleischbranche erklären häufig, es handele sich nicht um gängige Praxis in der landwirtschaftlichen Tierhaltung, sondern um Ausnahmefälle »schwarzer Schafe«. Die Attacken von Tierrechtsorganisationen seien ideologisch motiviert, und nicht selten wird den Aktivist*innen vorgeworfen, Bilder zu manipulieren. Wie verbissen der Deutungskampf geführt wird, illustriert die 2010 gestartete Kampagne »Stoppt den Terror gegen unsere Tierhalter« des *DLZ-Agrarmagazins*. Die mittlerweile eingestellte Kampagne forderte unter anderem, Teile der Tierrechtsbewegung vom Verfassungsschutz beobachten zu lassen.[6] In diesem Deutungskampf wird auch um die Frage gestritten, wer Opfer und wer Täter ist.

Die Undercover-Aktivist*innen haben offenbar keine Schwierigkeiten, immer wieder neue Bilder über leidende Tiere zu produzieren. Besonders kontrovers sind Fälle, in denen keine unbekannten Landwirt*innen betroffen sind, sondern in denen die Anlagen von Branchenfunktionär*innen unter die Lupe genommen wurden. 2016 zeigte das ARD-Magazin *Panorama* Bilder schwer verletzter Tiere aus Mastanlagen. Zu den Betreibern der unterschiedlichen Anlagen gehörten der Vorsitzende des Zentralverbandes der Deutschen Schweineproduktion, der Vorsitzende des Verbands Deutscher Putenerzeuger, der Präsident des Thüringer Bauernverbands und der CDU-Bundestagsabgeordnete Johannes Röring. Matthias Gauly, Professor für Nutztierwissenschaften an der Freien Universität Bozen, forderte angesichts der Bilder, die Betreiber der Anlagen strafrechtlich zu verfolgen.[7] Unabhängig davon, inwiefern die gezeigten Szenen die Grenzen der Legalität überschritten haben, führen Bilder wie diese weiter in die Vertrauenskrise der Fleischindustrie.

Dass es nicht nur Ausnahmen, sondern systematische tierethische Probleme in der landwirtschaftlichen Tierhaltung gibt, meint die Politikwissenschaftlerin und Philosophin Friederike Schmitz. Sie argumentiert, dass die derzeit gängige Form der Nutztierhaltung grundsätzlich nicht mit dem gesellschaftlichen Minimalkonsens, Tieren keine unnötigen Leiden zuzufügen, in Einklang zu bringen sei. So seien etwa das eigentlich seit 1994 EU-weit verbotene Abschneiden der Ringelschwänze oder das Halten von Muttersauen in sogenannten Kastenständen keine Ausnahmeerscheinungen, sondern gängige Praxis in der Schweinehaltung. Hinzu kämen hohe Krankheitsraten, enge Ställe mit Spaltenböden und Fehlbetäubungen, die »nach offiziellen Schätzungen in 3,3 bis 12,5 Prozent der Fälle« vorkommen.[8] Tatsächlich kommen immer wieder massive, strukturelle Probleme in der Tierhaltung ans Licht – auch bei der Haltung anderer Nutztiere. So konnte eine Studie beispielsweise zeigen, dass bis zu 97 Prozent der Legehennen in Deutschland unter einem gebrochenen Brustbein aufgrund ihrer Haltungsbedingungen leiden.[9]

DAS RINGEN UM DEUTUNGSHOHEIT ÜBER DIE LANDWIRTSCHAFTLICHE TIERHALTUNG

Tierethiker*innen wie Schmitz kritisieren, dass Tierleid sowohl in der konventionellen als auch in der ökologischen Tierhaltung normal sei. Zwar stünde den Tieren in der Biohaltung etwas mehr Platz zu, aber die grundlegenden Probleme, dass die Tiere in der Mast leiden, seien auch in der Biohaltung keine Ausnahmeerscheinung, sondern zwangsläufiges Resultat der Produktion. Neben körperlichem Leid verhindere die landwirtschaftliche Nutzung von Tieren zudem auch die Erfüllung grundlegender sozialer und emotionaler Bedürfnisse, was zu systematischem, psychischem Leiden der Tiere führe.

Den Tierethiker*innen geht es aber nicht nur um Leidvermeidung, sondern um eine grundsätzliche Kritik an der Nutzung von Tieren. Die Schlachtung selbst sei nicht erst dann ein Problem, wenn Tiere dabei Angst und Schmerzen ausstehen müssen. Das Leben der Tiere habe selbst einen Wert: Es ließe sich nicht rechtfertigen, fühlende Lebewesen zu töten, nur weil wir sie aufessen wollen.

Auch hier finden wir einen Deutungskonflikt darüber, wo die Grenze zwischen notwendigen und vermeidbaren Leiden verläuft.

Während die eine Seite argumentiert, das Leiden der Nutztiere sei kategorisch unnötig, weil Menschen ein gutes Leben ohne Fleisch und andere Tierprodukte führen können, steht für die Gegenseite die grundsätzliche Notwendigkeit und Legitimität der Nutztierhaltung gar nicht zur Debatte. Ihre Argumente drehen sich eher darum, wie sich gesellschaftlich geforderte Tierschutzreformen (etwa ein Verbot der Anbindehaltung von Kühen oder die Einführung effektiverer Betäubungssysteme) mit einer wirtschaftlich rentablen Tierhaltung vereinen lassen.

Das führt auch zu einem größer werdenden Legitimationsdruck der Bäuer*innen. Diese organisieren sich daher zunehmend auch politisch und demonstrieren nicht nur, sondern blockieren zuweilen auch die Lager großer Supermarktketten. Damit mischen sie sich in den Diskurs ein und reagieren auch auf die Kritik aus der Tier- und Umweltschutzbewegung. Als Antwort auf die Großdemonstrationen unter dem Motto »Wir haben es satt«, die jährlich anlässlich der Grünen Woche in Berlin stattfinden, etablierte der Bauernverband beispielsweise den Slogan »Wir machen euch satt«, um auf die gesellschaftliche Relevanz der Landwirtschaft hinzuweisen. Diese Reaktion ist auch deshalb spannend, weil sie ein fundamentales Missverstehen zwischen den Beteiligten offenbart. Die Organisator*innen der »Wir haben es satt«-Bewegung fordern eine ökologische Agrarwende, die auch einen höheren Stellenwert des Tierschutzes beinhaltet. Für viele Landwirt*innen klingt die Kritik an der konventionellen Landwirtschaft aber vor allem nach grundsätzlich mangelnder Wertschätzung der Bäuer*innen und ihres Beitrags für die Gesellschaft. Mögliche gemeinsame Interessen rücken angesichts der angespannten Lage in den Hintergrund.

Die Fleischproduktion steht unter Druck, und die derzeit gängige Form massenhafter, industriell organisierter und auf ständiges Wachstum ausgelegter Fleischproduktion scheint kaum zukunftsfähig. Um zu verstehen, wie wir in diese Lage geraten sind, hilft ein erneuter Blick in die Geschichte. Die Beziehung der Gesellschaft zu Nutztieren hat sich ebenso gewandelt wie unsere Beziehungen zu Haustieren – allerdings unter umgekehrten Vorzeichen.

Eine kurze Geschichte der Nutztierhaltung

Seit dem Ausgang aus dem Mittelalter veränderten sich die gesellschaftlichen Beziehungen zu Nutztieren deutlich. Von Generation zu Generation wandelten sich die Weltbeziehungen der Menschen: Nach und nach wurde der Umgang mit landwirtschaftlich genutzten Tieren von der Alltagserfahrung der allermeisten Menschen zum Berufsalltag einiger weniger. In den verschiedenen Regionen Europas geschah dieser Prozess unterschiedlich schnell, aber überall sank der Anteil der Landwirtschaft an der Gesamtbeschäftigung drastisch.

Natürlich war für Schweine, Rinder und Co. auch im Spätmittelalter das bäuerliche Leben kein Ponyhof. Sie wurden ebenso wie heute getötet und zu Fleisch und Leder verarbeitet. Dennoch haben sich ihr sozialer Status und die Beziehung zwischen Menschen und Nutztieren im Übergang zur Neuzeit und besonders im Zuge der Industrialisierung grundlegend verändert. Spätestens seit dem Beginn der Moderne vor etwa zweihundert Jahren verschwanden die Nutztiere immer mehr aus dem öffentlichen Blickfeld und sie wurden zu Ressourcen und Waren.

Die vormoderne landwirtschaftliche Tierhaltung war – wie im vorherigen Kapitel beschrieben – durch eine Gleichzeitigkeit von emotionaler Bedeutsamkeit und wirtschaftlicher Nutzung gekennzeichnet. Einzelne Tiere hatten oft eine zentrale Bedeutung für das Überleben der Familie. Stellen Sie sich vor, Sie sind Bäuerin oder Bauer und müssen ihre Felder ohne Strom, künstlichen Dünger oder Traktoren bestellen. Stattdessen setzen Sie einen Ochsen zum Pflügen ein. Von Hand ist das Umgraben eines Ackers eine enorme Plackerei, und entsprechend dankbar sind Sie für das Tier. Seit Jahren arbeiten Sie jeden Tag mit ihm, und als Lohn für seine Arbeit sorgen Sie dafür, dass er immer genug Futter bekommt. Auch wenn Sie und Ihre Familie hungern müssen, ist die Versorgung des Ochsen unerlässlich, denn Sie sind auf ihn angewiesen.

Stellen Sie sich nun vor, Sie kommen eines Morgens in den Stall, um den Ochsen zu holen, damit Sie die Felder für das neue Erntejahr vorbereiten können. Schon bei den ersten Schritten lahmt das Tier. Der Ochse, der noch viele Jahre hätte arbeiten sollen, kann sich kaum fortbewegen, stolpert immer wieder und bricht am Ende vor Ihnen zusammen. Ihr erster Gedanke führt Sie zu Ihren Kindern. Wie sollen Sie sie versorgen, wenn der Ochse stirbt? Eine Zeit lang wird das Fleisch des Ochsen Ihre Familie noch gut ernähren, aber dann?

In der vorindustriellen Agrargesellschaft konnte der ungeplante Tod eines Tieres eine Katastrophe auslösen. Der richtige Zeitpunkt, um das Leben eines Tieres durch Menschenhand zu beenden, musste gut abgewogen werden. Die Nutzung von Tieren war eine Lebensgrundlage für den Großteil der Bevölkerung. Kaum ein Mensch war in der Lage, Tiere nicht durch die Brille der eigennützigen Verwertung zu betrachten. Als sich die Fesseln der Agrargesellschaft lösten und immer mehr Menschen in der Lage waren, einen anderen Beruf als Bäuerin oder Bauer auszuüben, veränderten sich auch die kollektiven Erfahrungen des Umgangs mit Tieren. Menschen, die in der Stadt lebten, wurden zunehmend vom Kontakt zu Nutztieren entkoppelt. Zwar waren diese auch Teil des

Stadtbildes, da die großen Schlachthöfe sich weiterhin in den Städten befanden, aber insgesamt unterschieden sich die Lebenswelten in Stadt und Land immer deutlicher.

DAS SCHLACHTEN RÜCKT BUCHSTÄBLICH »IN DIE FERNE«

Ein wichtiger Einschnitt, der die gesellschaftliche Unsichtbarkeit der Nutztiere auslöste, bestand in den Schlachthofreformen im 19. Jahrhundert. Schlachtungen waren damals zu einer Gefahr für die öffentliche Gesundheit geworden, weil sie vor allem dezentral in kleinen Schlachtereien und in Hinterhöfen durchgeführt wurden. Aus Angst vor übertragbaren Krankheiten wie der Trichinellose, bei der Fadenwürmerlarven aus befallenem Fleisch auf den Menschen überspringen und dort schwere Krankheitssymptome auslösen, wurde die flächendeckende Fleischbeschau durch Tiermediziner*innen eingeführt. Durch die Hygienepolizei wurde vielerorts auch ein »Schlachthofzwang« erlassen, der das Schlachten in Hinterhöfen und den Betrieb kleiner, privater Schlachthäuser verbot. Dadurch wurde der Bau großer, kommunaler Schlachthöfe befördert. Die Tiere wurden dem Blick der Öffentlichkeit weiter entzogen, und ihre Schlachtung fand nun zentralisiert an wenigen Orten statt, die zunehmend nicht mehr im Stadtzentrum lagen.

Der nächste große Umbruch im Denken über Nutztiere wurde mit der Industrialisierung des Schlachtens eingeleitet. In Städten wie Chicago, Cincinnati oder Kansas City entstanden Mitte des 19. Jahrhunderts neue, riesige Schlachthofkomplexe, in denen industriell Fleisch produziert wurde. Vom Eintrieb der Tiere in die Schlachthallen über die Betäubung und Tötung bis zur Zerlegung wurden klar definierte Arbeitsschritte minutiös aufeinander abgestimmt. Die Geschwindigkeit stand im Zentrum, und die neuen Schlachtfabriken konnten Tiere wesentlich schneller in Waren verwandeln. Die Erfindung des Fließbands wird häufig dem Automagnaten Henry Ford zugesprochen. Tatsächlich ließ sich Ford durch Besuche seiner Mitarbeiter in den Chicagoer Schlachthöfen zur Fließbandproduktion von Autos inspirieren.[10] Der Schlachthof ist gewissermaßen die Wiege des Industriekapitalismus.

Ohne die Industrialisierung der Schlachtungen wären die enormen Mengen an Fleisch, die weltweit produziert werden, überhaupt nicht denkbar. Auch heute diktiert die Bandgeschwindigkeit den Takt im Schlachthof. Hunderte Menschen stimmen mithilfe des Fließbands, das immer neue Tierkörper an ihren Arbeitsplatz trägt, ihre Handgriffe aufeinander ab und können so in wenigen Minuten ein Tier betäuben, töten und zerlegen. Die Optimierung der Effizienz ist noch nicht beendet: Auf den Fachmessen der Fleischindustrie werden heute beispielsweise Schlachtroboter vorgestellt, die Tierkörper fachgerecht zerlegen und menschliche Schlachter*innen langfristig ersetzen sollen.

Der Politikwissenschaftler Timothy Pachirat hat ein ähnliches Interesse am Schlachthof wie ich. Während ich jedoch Interviews mit Arbeitern geführt habe, arbeitete er selbst mehrere Monate im Schlachthof. Seine Arbeit bestand unter anderem darin, Tag für Tag bestimmte Eingeweide der Tiere zu entnehmen. Die Geschwindigkeit, mit der die Tiere an ihm vorbeizogen, zwang ihn dazu, schnell die nötigen Handgriffe zu lernen, auch wenn dadurch die Verletzungsgefahr stieg. Pachirat hat 121 unterschiedliche Arbeitspositionen gezählt, die nötig waren, damit ein lebendes Tier den Schlachthof als Rinder- oder Schweinehälfte wieder verlässt.[11] Durch das hohe Maß an Arbeitsteilung und die enorme Bandgeschwindigkeit werden die Tiere selbst innerhalb des Schlachthofs unsichtbar. Viele Schlachter, die ich interviewt habe, berichteten mir, dass sie einzelne Tiere nur noch dann wahrnahmen, wenn diese durch Fluchtversuche oder körperliche Besonderheiten aus der Masse hervorstachen.

Spätestens seit Mitte des 20. Jahrhunderts setzte sich auch die Industrialisierung der Haltung von Nutztieren durch. Nachdem das Schlachten der Tiere bereits nach den Maßstäben der Profitmaximierung umgestaltet wurde, bekamen nun die Ställe eine betriebswirtschaftliche Generalüberholung. Die Verwandlung von Höfen in Fabriken lässt sich besonders deutlich am Beispiel der Hühnerhaltung nachvollziehen. In den USA lag die Hühnerproduktion in den 1920er-Jahren am Boden, nachdem die Preise der Branche eingebrochen waren. Findige Farmer*innen nutzten die Krise als Chance und schufen die ersten Hühnerfabriken, in denen der Geist der Industriegesellschaft herumspukte.[12]

DIE GEBURTSSTUNDE DES MASTHUHNS

Durch die Industrialisierung der Hühnerhaltung haben sich auch die Tiere selbst verändert. Die Hühner, die heute zu Zehntausenden in deutschen Ställen gemästet werden, sind ein Resultat konzentrierter Optimierungsarbeiten am Körper der Tiere durch Zucht und Genetik. Seit den 1940er-Jahren wird ehrgeizig an der stetigen »Verbesserung« der Hühner gearbeitet. Ein Film des damals mächtigsten Geflügelkonzerns, A&P Foodstores, der sich an die Züchter*innen richtete, definierte das Zuchtziel für die ersten »Fleischrassen«: »einen breitbrüstigen Vogel mit größeren Schlegeln, kräftigeren Oberkeulen und mehreren Schichten weißem Fleisch.«[13]

Es war die Geburt des Masthuhns, dem die Logik der Verwertung in den Körper eingeschrieben wurde. Bis heute spielt die körperliche Anpassung der Nutztiere an ihre ökonomische Verwertung eine zentrale Rolle. Die deutsche EW-Gruppe ist einer der wichtigsten Konzerne der Branche und vertreibt einen der Superstars der

Hühnerindustrie: »Ross 308« ist eine Hühnerrasse, die vollkommen auf ihre effiziente und profitable Nutzung abgestimmt ist. Werbebroschüren für Ross 308 klingen wie Bedienungsanleitungen. Minutiös werden die wöchentlich zu erwartende Gewichtszunahme und die dafür benötigten Futtermengen aufgelistet. Der Konzern gibt jedoch zu bedenken, dass die als Leistungsziele betitelten Kennzahlen nur erwartet werden können, wenn die einzelnen Züchter*innen entsprechende »Management-Strategien« anwenden.[14] Bäuer*innen haben sich durch die Industrialisierung der Tierhaltung in Stall-Manager*innen verwandelt.

Die Situation der Hühner ist paradox: Evolutionsbiologisch betrachtet gehören sie zu den erfolgreichsten Tierarten dieses Planeten. Sie dominieren mit rund 26 Milliarden einzelner Tiere die Welt der Vögel.[15] Auf der Erde existieren damit rund viermal so viele Hühner wie Menschen, dem am meisten verbreiteten Säugetier. Mithilfe des Menschen haben es die Hühner als Spezies geschafft, sich auf der Erde zu behaupten. Auf individueller Ebene hingegen verbringen die allermeisten Hühner ein beklagenswertes Dasein als lebende Ressourcenlager.

Ihre kurzen Leben verbringen Hühner in der Mast in der Regel zusammen mit Tausenden ihrer Artgenossen auf beengtem Raum. Nachdem sie durch Kraftfutter in kurzer Zeit so viel Muskelmasse zugelegt haben, dass sie als schlachtreif gelten, werden sie zunächst »ausgestallt«. Damit wird das Verladen der Tiere in Transportboxen bezeichnet, die dann wiederum in LKW gestapelt werden. Anders als die Schlachtung von Rindern und Schweinen verläuft die Schlachtung der Hühner fast komplett automatisiert. Arbeiter*innen hängen die Tiere mit den Füßen in ein Fließband, und ab da erledigt die Maschine die Zerlegung.

In Deutschland setzte sich die industrielle Tierhaltung erst nach dem Zweiten Weltkrieg durch. Der wirtschaftliche Wiederaufbau des Landes bot auch die Chance, ganze Branchen von Grund auf umzugestalten. Das Füttern und Melken von Rindern benötigte immer weniger Zeit, neues Kraftfutter erhöhte den Milchertrag beträchtlich. Die Milchproduktion verwandelte sich in ein System berechnender Kontrolle: Welches Futter muss in welchem Rhythmus gegeben werden, welche Melkmaschinen können das Melken mit der Hand am besten ersetzen und durch welche Techniken lassen sich Euterentzündungen am besten vermeiden?

MASCHINISIERUNG: TIERE ALS »INVENTAR«

Nicht nur Handarbeiten wurden durch Maschinen ersetzt. Wie die Historikerin Veronika Settele feststellte, erschienen auch die Tiere selbst immer mehr als Teil der technischen Ausstattung moderner Stallanlagen. Kastenstände für Schweine sorgten für eine geringere Ferkelsterblichkeit. Automatische Fütterungsmaschinen konnten nicht nur Personal sparen, sondern auch zielgenau die Vergabe von Futter kontrollieren. Die gesamte Architektur des modernen Stalls und die Organisation der Abläufe wurden auf die neue industrielle Produktion ausgerichtet. Die Interessen der Tiere fanden dabei immer weniger Berücksichtigung, die Gewinnerzielung hingegen immer mehr. Das veränderte auch die Mensch-Tier-Beziehung: Während sich Landwirt*innen in industrielle Unternehmer*innen verwandelten, wurden aus den Tieren Zahnräder eines komplexen und hocheffizienten Produktionsprozesses.

Die Geschichte der Fleischproduktion ist auch eine Geschichte des sich entfaltenden Kapitalismus. Durch seine Grundprinzipien des Wachstums und der Profitmaximierung setzte er die Anreize, immer effizienter und in immer größeren Mengen Tiere zu produzieren und zu verwerten.[16] Diese Entwicklung ist keineswegs beendet. In der Schlachtung sind die großen Kuchenstücke auf die wenigen Marktführer verteilt. In der Tierhaltung sieht das anders aus. Das »Höfesterben« – also die Schließung landwirtschaftlicher Betriebe, die nicht mehr rentabel bewirtschaftet werden können – führt keineswegs zu einer Abnahme der landwirtschaftlichen Produktion, sondern vielmehr zu einer Konzentration auf wenige große Unternehmen. Während die Zahl der Betriebe sinkt, steigt die Zahl der gehaltenen Tiere.

Tiere als Dinge

Schweine, Rinder und Hühner wurden in den letzten zweihundert Jahren immer mehr auf ihren Warencharakter reduziert. Das bedeutet nicht, dass alle Menschen Nutztiere (nur) als Waren sehen, aber die gegenwärtige gesellschaftliche Funktion dieser Tiere besteht darin, in Produkte verwandelt und gewinnbringend verkauft zu werden. So wie die Haustiere im Zuge der Moderne kulturell zunehmend *personalisiert* wurden, verwandelten sich Nutztiere kulturell immer mehr in Objekte – sie wurden *objektifiziert.*

Es existiert das Klischee, vormoderne Kleinbäuer*innen hätten den Tieren einen höheren Respekt gezollt, weil sie die Körper der Tiere noch vollends verwertet hätten, während heute große Teile der Tiere auf dem Müll enden würden. Tatsächlich hat die Profitorientierung industrieller Fleischproduktion dazu geführt, dass heute fast alle Teile der Tiere inklusive Blut, Knochen, Sehnen, Innereien und Haut verwertet werden – als Gelatine in Gummibärchen, als Tierfutter für unsere vierbeinigen Freunde oder in Ihrer Lieblingshautcreme aus dem Drogeriemarkt.

Dennoch landen auch viele Nutztiere auf dem Müll, statt auf den Tellern. Und zwar dann, wenn sie wegen Krankheiten, Verletzungen oder Stress frühzeitig sterben und nicht verwertet werden dürfen – laut Heinrich-Böll-Stiftung sind das jährlich rund 9 Millionen Hühner, 640.000 Schweine und 450.000 Puten.[17] Bei derart hohen Zahlen wird deutlich, dass Ausfälle in der gegenwärtigen Form der Fleischproduktion keine Ausnahmen, sondern einkalkulierte Kosten sind. Für die Betreiber*innen von Tiermastanlagen rechnet sich die Rettung kranker oder verletzter Tiere schlicht nicht. Eine individuelle Betreuung, wie sie viele Haustiere genießen, ist angesichts der Tiermassen undenkbar. Zu den günstigen Maßnahmen, die häufig eingesetzt werden, gehört der Einsatz großer Mengen Antibiotika, die nicht nur erkrankten Tieren, sondern gleich auch der gesamten Gruppe von Tieren verabreicht werden – mit weitreichenden Folgen, wie wir noch sehen werden.

Menschen kontrollieren jeden Lebensaspekt der Nutztiere: Geburt, Wachstum und Tod sind vorgeplant. Zuchtunternehmen, die Jungtiere an die Mäster*innen verkaufen, sind darauf spezialisiert, genetische Leistungsmerkmale in die Tiere hineinzuzüchten. Sogenannte »Turboküher«, die eine enorm hohe Milchleistung haben, sind von Menschen gemachte Designertiere. Die gezielte Zucht trug wesentlich zur Steigerung der Milchproduktion in Deutschland bei – pro Kuh von 2165 Kilogramm im Jahr 1900 auf 8457 Kilogramm im Jahr 2020.[18] Durch die Digitalisierung der Ställe lässt sich die Leistung der Tiere exakt messen. Tiere werden dadurch auf Daten über ihre Milch- und Eierlegeleistung, Gewichtzunahme und Fleischqualität reduziert.

Diese Entwicklung verlief nicht ohne gesellschaftlichen Widerspruch. In den 1970er-Jahren wurde erstmals intensiv über die Haltung von Hühnern in Legebatterien debattiert. 1974 wurde das Tierschutzgesetz umfassend reformiert. Die wachsende moralische Kritik an Legebatterien in der Bevölkerung wurde vor allem von Wissenschaftler*innen, die die Regierung bei der Reform berieten, als unsachlich und zu emotional diskreditiert. Anstatt die Hühner durch übertriebenen Tierschutz zu vermenschlichen, müsse die Debatte wieder versachlicht werden, so die Expert*innen. Der Agrarökonom Philipp von Gall stellte fest, dass auf diese Weise nicht die Diskussion, sondern vielmehr die Tiere selbst versachlicht wurden, weil durch die Reform des Tierschutzgesetzes der Weg für die flächendeckende Ausbreitung der Intensivtierhaltung geebnet wurde.[19]

Vor allem Hühner und Schweine leben heute fast ausnahmslos in großen, uneinsehbaren Stallanlagen im ländlichen Raum. Der Soziologe Norbert Elias schrieb, dass im Zuge der Moderne alles, was als unzivilisiert galt, unsichtbar gemacht wurde.[20] Weil Schlachthöfe mit Tod, Blut und Verwesung assoziiert würden und nicht in das zivilisatorische Selbstbild passten, wurden sie hinter die Kulissen der Gesellschaft verschoben. So an den Rand der Gesellschaft gerückt, tritt Fleisch erst wieder aus seiner kulturellen Unsichtbarkeit heraus, wenn es abgepackt im Supermarkt liegt. Aber auch die verarbeiteten Fleischprodukte wie Hähnchennuggets oder Hackfleisch erinnern nicht mehr an die realen Körper der Tiere.

Unsere Sprache hilft uns dabei, Nutztiere unsichtbar zu machen. Begriffe wie Nugget oder Schnitzel verschleiern beispielsweise, dass es sich um Körperteile von Tieren handelt. Die Tötung von Nerzen wird in der Sprache der Pelztierzucht beispielsweise als »Ernte« bezeichnet, und die Verwandlung von Futtermittel in Fleisch durch die Gewichtzunahme der Nutztiere nennt sich in der Branchensprache »Veredelung«. Fische werden in Statistiken meist gar nicht einzeln, sondern gleich in Tonnen gemessen. Begriffe wie »Großvieheinheit« und »Lebendmasse« zeugen von unserem gesellschaftlichen Blick auf Nutztiere als Dinge. Niemand würde so über Haustiere sprechen.

EMOTIONALE DISTANZ. INTERVIEWS MIT SCHLACHTHOFARBEITERN

Nicht nur als Gesellschaft, sondern auch als Einzelne können wir ein mehr oder weniger distanziertes Verhältnis zu Nutztieren eingehen. In meinen Interviews mit Schlachtern kam immer wieder zur Sprache, wie wichtig es ist, beim Schlachten keine individuelle Beziehung zu den Tieren aufzubauen. Einer meiner Interviewpartner erzählte mir, dass er seinen Beruf nicht ausüben könne, wenn er sich um jedes einzelne Tier Gedanken mache. Er rechnete mir grob vor, wie viele Tiere er in seiner langen beruflichen Laufbahn zusammen mit seinen Kollegen schon geschlachtet hatte, und kam auf mehr als fünf Millionen. Wer im Schlachthof individuelle Beziehungen zu den Tieren zulässt, macht sich das Leben schwer. Ein anderer erklärte mir, wie er deswegen morgens seinen Kopf bildlich gesprochen zusammen mit seiner Alltagskleidung in den Spind lege, um bei der Arbeit nicht zu viel nachzudenken.

Emotionale Distanz zu den Tieren ist ein Fundament der Schlachthofarbeit. Die Vorstellung, dass es der Sinn und Zweck von Nutztieren sei, für uns Menschen zu sterben, hilft beim Aufbau dieser Distanz. So erklärte mir ein Interviewpartner: »Zu Nutztieren, da hat man ja ein ganz anderes Verhältnis. Die werden ja angeliefert. […] Nein, da empfinde ich nichts. Kalt.«[21] Die emotionale

Distanz war allerdings nicht selbstverständlich, sondern wurde aktiv aufgebaut und konnte auch fehlschlagen. Meine Interviewpartner waren Profis, sie alle töteten Tiere im Akkord. Der normale Betrieb des Schlachthofs machte ihnen nichts aus, aber einige meiner Gesprächspartner erzählten mir, dass ihnen das Töten von Jungtieren manchmal schwerfiel. In diesen Momenten bröckelte die professionelle Distanz, und einzelne Tiere traten aus ihrer Anonymität heraus. Wir kennen dieses Phänomen auch aus dem Krieg: Anonymität hilft beim Töten. Wenn aber eine Beziehung zum Opfer besteht, ist die Hürde größer. Das kann auch passieren, wenn ein Tier nicht mehr in der anonymen Masse untergeht, sondern als einzigartiges Lebewesen wahrgenommen wird.

Die Geschichte eines meiner Interviewpartner verdeutlicht, wie wichtig Distanz und Anonymität sein können. Wie viele seiner Kollegen hielt er Haustiere, und wie für seine Kollegen standen für ihn die Liebe zu seinem Hund und die Arbeit im Schlachthof nicht im Widerspruch. Es waren einfach völlig unterschiedliche Welten, in denen unterschiedliche Regeln gelten. Wenn er sich das Haarnetz, die Arbeitsschuhe, den Stichschutz und den weißen Kittel anzog, war das wie ein Ritual, um in die Welt des Schlachthofs einzutreten. Schicht für Schicht zerlegte er ein Tier nach dem anderen und verschwendete keine Gedanken an die Tiere. Wenn er nach der Arbeit wieder seine Alltagskleidung trug und nach Hause fuhr, betrat er wieder die Welt, in der er durchaus starke Zuneigung zu Tieren empfinden konnte. Mehr noch: Der liebevolle Kontakt zu seinem Hund half ihm auch beim Umgang mit dem Töten, weil in diesem Kontakt »nichts Gewalttätiges« inbegriffen war, wie er mir verriet. Sein Hund war für ihn Ausgleich und Ruhepol.

Meine Interviewpartner waren durchaus bereit, Tiere als Lebewesen wahrzunehmen, die ordentlich behandelt werden mussten. Die Tiere sollten etwa mit Ruhe behandelt und keinem unnötigen

Stress ausgesetzt werden. Gleichzeitig waren sie dennoch Rohstoffe, was die Tiere für die Schlachter sozusagen zu »lebenden Dingen« machte. Einer der Arbeiter erklärte mir: »Das ist für mich ein Werkstoff, mit dem ich zwar behutsam umgehen muss, aber letztendlich werden die Tiere auch gezüchtet, das muss man ja auch ganz klar sehen, um auf dem Schlachthof zu enden.« Die Gleichzeitigkeit von Tieren als Lebewesen und Rohstoffe brachte ein anderer Schlachter auf den Punkt. Ihn faszinierte, dass die Schweine, die im Stallbereich des Schlachthofs auf ihre Tötung warten, »potenzielle Schnitzel sind […]. Allein die Produktvielfalt, die aus einem Tier gemacht werden kann, […] ich finde das total interessant.«

Ich denke, dass die Distanz meiner Interviewpartner zu den Schlachttieren auch symbolisch für unseren gesellschaftlichen Umgang mit Tieren steht: Je weniger wir gewillt sind, individuelle Beziehungen zu Schlachttieren einzugehen, desto mehr werden sie wie Dinge wahrgenommen und behandelt. Hinter dieser Trennlinie beginnt die Gleichgültigkeit. So verwandeln sich Nutztiere kulturell in »lebende Dinge«: Eigentlich wissen wir alle, dass auch Schweine und Hühner keine Gegenstände, sondern fühlende Lebewesen sind, aber in unserer Gesellschaft sind sie kaum mehr als Mittel zum Zweck der Produktion und landen als Waren abgepackt im Supermarkt.

Viele Menschen nutzen ähnliche Vermeidungsstrategien wie meine Interviewpartner und legen beim Betreten des Supermarkts »ihren Kopf in den Spind«, um sich beim Einkaufen nicht jedes Mal Gedanken darüber machen zu müssen, wie unsere Konsumgüter produziert wurden. Doch immer mehr Menschen konfrontieren sich beim Einkaufen mit der Innenwelt des Schlachthofs. Viele von ihnen verzichten auf den Fleischkonsum, aber noch mehr balancieren auf dem Drahtseil der Beziehung zwischen Menschen und Nutztieren und reduzieren ihren Fleischkonsum. Flexitarismus ist auch ein Ausdruck des Unbehagens, das entsteht, wenn wir einen Blick in Schlachthöfe und Mastanlagen wagen.

Wie Nutztiere zum Du werden

Ausnahmen bestätigen bekanntlich Regeln. Eine solche Ausnahme war Yvonne, die als Milchkuh in Österreich gehalten wurde. Sie entfloh ihrem Halter im Mai 2011 und drängte sich durch ihre Flucht in das öffentliche Bewusstsein, in dem ihre Artgenossen kaum Platz finden. Zwei Monate lang konnte sie nicht eingefangen werden, und nachdem sie Ende Juli beinahe mit einem Polizeiauto kollidiert war, gab man sie schließlich zum Abschuss frei. Daraufhin wurde Yvonne von Tierschützer*innen gekauft, die sie auf einen Lebenshof nach Bayern bringen wollten. Doch damit die Geschichte für Yvonne glücklich ausgehen konnte, mussten die Tierschützer*innen der flüchtigen Kuh erst einmal habhaft werden.

Die sich nun entfaltende Suchaktion war filmreif und erregte großes öffentliches Interesse. Insbesondere in den sozialen Medien verfolgten zahlreiche Menschen die ungewöhnliche Jagd. Zunächst sollte Yvonne mithilfe von Artgenossen und Futterfallen angelockt werden. Da sie sich aber nur im Schutz der Dunkelheit näherte, blieben diese Versuche erfolglos. Als Yvonnes behördlich verordnete Gnadenfrist fast abgelaufen war, wurden schwere Geschütze aufgefahren. Die Fahndung nach der entlaufenen Kuh wurde durch Hubschrauber mit Wärmebildkameras unterstützt. An den Kosten beteiligte sich ein lokaler Radiosender, und die BILD-Zeitung setzte eine Belohnung von 10.000 Euro für den Fang der Kuh aus – lebend, versteht sich. Die Suche hatte sich mittlerweile zum internationalen Medienspektakel entwickelt. Unter anderem berichteten die *New York Times*, der *Guardian* und das *Radio Internationale France*.

Yvonne wurde zur Sympathieträgerin, und ihre bemerkenswerte Geschichte löste eine grundlegende Debatte über das Lebensrecht von Nutztieren aus, die selbst in Indien medial thematisiert wurde – dem Land, in dem Kühe als heilig gelten. Breite Teile der Bevölkerung wünschten sich, dass Yvonne lebt. Andere machten ihrem Unmut über die als überdimensional empfundene Aktion auf unmissverständliche Weise Luft: »Tötet die Kuh« stand etwa auf einem Plakat.

Genau einen Tag nach Ablauf ihrer Schonfrist entschied sich die eigenwillige Kuh zu einem Spaziergang auf einer Wiese im bayrischen Unteralmsham. Nachdem sie sich monatelang ihren Häschern entzogen hatte, graste sie nun seelenruhig vor aller Augen. Der ehemalige Direktor des Münchener Tierparks Hellabrunn wurde beauftragt, Yvonne per Blasrohr zu betäuben. Um 7:30 Uhr wurde Yvonne dann fachmännisch ins Land der Träume befördert, verladen und auf den Lebenshof gebracht, wo sie mit ihrem mittlerweile ebenfalls geretteten Sohn Friesi vereint wurde. Yvonne starb 2019 im Alter von 14 Jahren – sie wurde deutlich älter als die meisten ihrer Artgenossen, denen ein Ende im Schlachthof bestimmt ist.

WIR KÖNNEN AUCH NUTZTIERE ALS DU WAHRNEHMEN

Beispiele wie diese zeigen, dass wir als Gesellschaft durchaus in der Lage und gewillt sein können, Nutztiere als Subjekte wahrzunehmen. Derartige Ausbrüche von Tieren aus Ställen oder Schlachthöfen kommen immer wieder vor. Einer der Schlachter, die ich interviewt habe, berichtete mir von einer Kuh, die aus dem Schlachthof ausgerissen war. Er lief mit seinen Kollegen hinter der Kuh her und drängte sie in eine Ecke. Erst als er das Tier erschoss, bemerkte er die Schulklasse, die diese Szene zufällig beobachtete. Er beschrieb mir, wie die Kinder ihn Hand in Hand stehend als Mörder bezeichneten. Für sie war die Situation klar: Die Kuh war hilflos und der Schlachter hatte sie umgebracht. Diese Situation, so erzählte mir mein Interviewpartner, führte dazu, dass er fortan nie wieder an der Tötung entflohener Tiere teilnahm.

Eindrücklich prallen hier kulturelle Deutungsweisen aufeinander. Für meinen Interviewpartner war die Tötung eine Routineaufgabe, für die Kinder etwas Schreckliches. Dass es überhaupt zu dieser Situation kommen konnte, liegt daran, dass die Kuh selbst die Grenze der Unsichtbarkeit hinter den Schlachthofmauern durchbrach und sich und ihre spätere Tötung in die Öffentlichkeit brachte. Sie irritiert unsere kulturellen Erwartungen durch ihr eigenmächtiges, eben sehr individuelles Handeln, das ihr normalerweise abgesprochen und unmöglich gemacht wird.[22]

Es kann gefährlich sein, Nutztiere als jemanden und nicht als etwas zu betrachten. Viele Aktivist*innen, die sich für Tiere einsetzen, leiden beispielsweise unter *sekundärer Traumatisierung*, die entstehen kann, wenn sie sich immer wieder mit Gewalt an Tieren konfrontieren. Das Schlachten von Tieren ist schwer zu ertragen, wenn man im geschlachteten Tier ein einzigartiges Lebewesen sieht, das ein Recht auf sein Leben hatte.[23] Auch die Arbeit von Tierärzt*innen kann emotional extrem belastend sein. Einerseits identifizieren sie sich als »staatlich beauftragte Tierschützer*innen«, deren Aufgabe es ist, die Einhaltung der Tierschutzgesetze zu überwachen und durchzusetzen. Andererseits verhindern diese Gesetze Tierleid nicht konsequent, und oft sind ihnen die Hände gebunden. Selbst wenn sie versuchen, Tierleid zu mindern, müssen sie dabei auch die Interessen ihrer menschlichen Klient*innen berücksichtigen.[24]

Wie groß der Leidensdruck ist, zeigt die erschreckend hohe Suizidgefahr unter Tierärzt*innen, die deutlich höher ist als im Bevölkerungsdurchschnitt. In den USA haben Tierärztinnen beispielsweise ein dreieinhalb Mal so hohes Suizidrisiko, ihre männlichen Kollegen immerhin ein doppelt so hohes. In Deutschland kam eine Studie sogar zu dem Schluss, dass Tierärzt*innen ein fast fünfmal so hohes Suizidrisiko haben wie die Allgemeinbevölkerung.[25] Als Grund hierfür gilt sowohl der leichte Zugang zu Mitteln, mit denen Euthanasie an Tieren durchgeführt werden kann, aber auch die Gewöhnung an den Umgang mit dem Tod. Hinzu kommt eine hohe emotionale Belastung angesichts des Leidens von Tieren und der Trauer der menschlichen Halter*innen bei der Einschläferung von Haustieren.

NEUES WISSEN ALS GEFAHR FÜR DEN STATUS QUO

Wie unterschiedlich wir die Nutztierhaltung wahrnehmen können, zeigt auch der wissenschaftliche Diskurs über die Milchproduktion. Zunächst die Hard-Facts: Genau wie Menschen geben Kühe nur dann Milch, wenn sie Kinder bekommen haben. Das bedeutet, dass Kühe für die Milchproduktion immer wieder geschwängert werden müssen, da sie sonst keine Milch geben würden. Mutterkuh und Kalb werden nach der Geburt getrennt, da weniger Milch für Menschen übrig bleibt, wenn das Kalb zu lange bei der Mutter bleiben darf. Dass diese Trennung für die Tiere Stress bedeutet, wird heute kaum bestritten. Nach der Trennung geben Kuh und Kalb noch lange Laute von sich. Was denken Sie, was diese Laute zu bedeuten haben? Und was folgt daraus?

Darüber scheiden sich auch die wissenschaftlichen Geister. Für die angewandte Nutztierethologie, die das Verhalten von Nutztieren erforscht, sind diese Laute ein praktisches Problem, dessen Lösung in der Verbesserung der Tierhaltung liegt. Die als Vokalisierungen bezeichneten Laute werden wie technische Daten gemessen: Anhand von Lautstärke, Länge und Häufigkeit soll herausgefunden werden, wann der ideale Zeitpunkt für die Trennung von Mutterkuh und Kalb ist.[26] Andere Forscher*innen betrachten die Kühe nicht anhand solcher Messdaten, sondern sehen die Laute der Kühe als Ausdruck emotionalen Leidens. Kuh und Kalb trauern über den gegenseitigen Verlust. Das Problem liegt für diese Forscher*innen nicht in den Verhaltensdaten der Kühe, sondern in ihrem subjektiven Erleben komplexen und vermeidbaren Leidens. Emotionaler Schmerz oder korrigierbarer Stress – wie die Trennung von Kuh und Kalb interpretiert wird, hat unmittelbare Folgen für die ethische Betrachtung.

Auch in diesem Fall basieren unsere Einschätzungen auf unseren jeweiligen kulturellen Ideen über das richtige Verhältnis zu Kühen und unseren Interessen im Kontext der Milchproduktion. Eine wichtige Rolle spielte aber auch das sich verändernde Wissen, das wir über die emotionalen und sozialen Fähigkeiten von Tieren haben. In den letzten zwanzig Jahren häufen sich die Befunde, dass wir Menschen nicht die einzigen Tiere sind, die über den Verlust von Artgenossen trauern.[27] Dieses Wissen ist gefährlich für den Status quo der Mensch-Tier-Beziehung, weil es unseren Blick auf unser Verhältnis zu Tieren verändern kann. Die Trennung von Kuh und Kalb erscheint ungerechter und grausamer, wenn wir den Tieren Trauer zugestehen und nicht nur behebbaren Stress.

Mit unserem Wissen über Tiere schrumpft auch die Kluft zwischen Haus- und Nutztieren, denn die Vorstellung von Nutztieren als lebende Dinge lässt sich immer weniger halten. Lange haben wir beispielsweise Hunden ein deutlich komplexeres Innenleben zugesprochen als Schweinen. Heute wissen wir, dass beide Tiere sich ähneln. Studien konnten zum Beispiel zeigen, dass Schweine ausgeprägte soziale Fähigkeiten haben und wie Hunde in engen Gemeinschaften mit Menschen leben können.[28] Auch Schweine können Familienmitglieder sein. Ebenso wie Hunde sind sie sehr neugierig und spielen gern. Auch ihr räumliches Lernen und Erinnern ist in hohem Maß ausgeprägt.[29]

Über mehrere Jahrhunderte entwickelten sich unsere Beziehungen zu Haus- und Nutztieren entgegengesetzt, und die Kluft zwischen beiden wurde immer größer. Aber seit etwa dreißig Jahren gerät diese Ordnung im Mensch-Tier-Verhältnis immer mehr ins Wanken. Die so entstehende kulturelle Spannung entlädt sich in ethischen Debatten: Wenn Hunde und Schweine sich nicht fundamental unterscheiden, wie lässt sich ihre unterschiedliche Zuordnung in Haus- und Nutztier rechtfertigen? Warum streicheln wir die einen und schlachten die anderen? Die spannende Frage lautet, wie wir als Gesellschaft mit diesem neuen Wissen über Tiere umgehen. Lassen wir diese Erkenntnisse in unsere kollektiven ethischen Überlegungen über die Behandlung von Nutztieren einfließen, oder halten wir an der strikten moralischen Trennung zwischen Tierkategorien fest?

5

KLIMAKRISE, ARTENSTERBEN, PANDEMIEN: UNSERE NEUE ABHÄNGIGKEIT VON TIEREN

Vorsicht, dieses Kapitel macht Ihnen schlechte Laune! Aber es ist wichtig, denn es handelt von aktuellen Krisen, die unsere Art zu leben und vielleicht sogar die Existenz unserer Spezies bedrohen. Vielleicht denken Sie, dass wir Menschen schon immer Angst vor unserer Auslöschung hatten, aber aktuell scheint uns das finale Goodbye näher bevorzustehen als je zuvor, weil wir dabei sind, unsere Lebensgrundlagen zu zerstören. Ein Lichtblick ist, dass immer mehr Menschen die ökologischen Krisen ebenfalls als ernsthafte Bedrohung erkennen.

Das Weltwirtschaftsforum befragt für seinen Global Risk Report regelmäßig Menschen nach den ihrer Ansicht nach wahrscheinlichsten globalen Katastrophen. Die Top drei dieser Liste im Jahr 2022 sind allesamt Konsequenzen unseres Umgangs mit der Natur: Extremwetter, Klimawandel und der Verlust der Artenvielfalt. Unter den Top Ten finden sich noch weitere Krisen unseres Umgangs mit der Natur, darunter die Gefahr durch Infektionskrankheiten und Umweltzerstörung.[1] Wie wir sehen werden, hängen viele dieser Probleme unmittelbar mit der industriellen Tierhaltung und dem gegenwärtig hohen Fleischkonsum zusammen.

Wir wissen nicht erst seit gestern, dass unser Verhältnis zur Natur problematisch ist. Bereits 1972 legte der Club of Rome seinen Bericht zu den *Grenzen des Wachstums* vor. Dieser mahnte, dass eine Wirtschaft, die auf unendlichem Wachstum basiert, nicht zu einer Welt mit begrenzten natürlichen Ressourcen passen kann. Er war eine Warnung an die Menschheit über die kommenden Umweltkrisen. Auch wenn sich nicht alle Prognosen bewahrheitet haben, drängte der Bericht eine unangenehme Wahrheit in das öffentliche Bewusstsein: Wir Menschen sind abhängig von einem gesunden Ökosystem. Und weil dieses Ökosystem global existiert und die von Menschen künstlich gezogenen Staatengrenzen ignoriert, sind wir als Weltgemeinschaft in der Verantwortung, die Zerstörung unserer natürlichen Lebensgrundlagen zu verhindern.

So weit die Theorie. In der Praxis stehen wir als internationale Gemeinschaft vor einer Herkulesaufgabe. Die Welt wird sich in den kommenden Jahrzehnten stark verändern. Der Klimawandel und das Artensterben stellen bereits jetzt existenzielle Bedrohungen dar. Zoonosen und multiresistente Keime sind tickende Zeitbomben. Wie gefährlich beispielsweise hochinfektiöse Krankheiten in einer globalisierten Welt sein können, zeigt das in seinem Krankheitsverlauf im Vergleich zu anderen Zoonosen wie Ebola oder Tollwut noch harmlose Covid-19.

Dass wir diese Probleme nicht lösen, liegt unter anderem daran, dass zwar die Weltwirtschaft globalisiert ist, nicht aber die Politik. Internationale Organisationen wie die Vereinten Nationen oder die Weltgesundheitsorganisation WHO sind zwar einflussreich, aber meist überwiegt das nationale Interesse einzelner Staaten, wenn es darum geht, zugunsten der anderen den eigenen Wohlstand zu beschränken. Auf den UN-Klimakonferenzen zeigt sich immer wieder, dass viele Staaten sich weigern, weitreichende Veränderungen umzusetzen, wenn andere dadurch wirtschaftliche Vorteile erhalten könnten. Es ist ein Ringen um Zugeständnisse, während die Uhr unaufhaltsam tickt.

Leider sind wir an der ökologischen Misere selbst schuld, denn es handelt sich um menschengemachte Probleme. Wenn früher ein Sturm wütete, dachten die Menschen vielleicht, sie hätten die Götter erzürnt, aber die Kräfte der Natur haben gemacht, was sie immer gemacht haben, und uns dabei wenig Beachtung geschenkt. Heute ist der direkte menschliche Einfluss auf die Natur so groß, dass wir massive Klima- und Umweltveränderungen durch unser kollektives Verhalten auslösen. Viele Forscher*innen bezeichnen daher das gegenwärtige Erdzeitalter als *Anthropozän* – als »Erdzeitalter des Menschen«. Dessen Beginn wird oft mit der Industrialisierung und der seit diesem Zeitpunkt sprungartig steigenden Emission der Klimagase CO_2 und Methan datiert. Aber auch die Entfesselung der Kernenergie oder die rapide Ausbreitung von Krankheiten durch globale Mobilität gelten als wichtige Belege dafür, dass heute der Mensch die einflussreichste Kraft bei der Veränderung der Erde ist.

Dass wir die Natur beherrschen, ist die Grundlage der menschlichen Zivilisation. Von der Kontrolle des Feuers bis zur Spaltung von Atomen formen wir die Natur, um sie für unsere Dienste nutzbar zu machen. Aber die Herrschaft über die natürliche Umwelt ist ein zweischneidiges Schwert. Einerseits hat sie den Menschen aus seiner totalen Abhängigkeit von der Natur befreit. Wer Bewässerungssysteme legen kann, ist weniger abhängig vom Regen. Wer einen eisernen Pflug besitzt und einen Ochsen davorspannt, muss sich nicht allein auf seine Muskelkraft verlassen. Andererseits löst die Beherrschung der Natur immer wieder Katastrophen aus. Die Nutzbarmachung der Atomenergie führte auch zu den Atombomben auf Hiroshima und Nagasaki oder zu den Reaktorkatastrophen von Harrisburg, Tschernobyl und Fukushima.

Es scheint, als sei auch unsere Beziehung zu Tieren durch Kontrolle und menschliche Macht bestimmt. Wir haben nicht nur den Willen der Nutztiere gebrochen, sondern auch ihre Körper so verändert, dass sie den menschlichen Bedürfnissen ideal angepasst wurden. Auch die Beziehung zu Haustieren ist von der Macht der Menschen bestimmt. Wann ein Hund Gassi geht, wann eine Katze zu essen bekommt und ob ein Hamster zum Tierarzt gebracht wird, entscheidet der Mensch.

Aber der Schein der totalen menschlichen Herrschaft über Tiere trügt. Unser Verhältnis zu Tieren schlägt in den letzten Jahrzehnten auf uns zurück. Schauen wir uns also an, wie die landwirtschaftliche Tierhaltung und die ökologischen Krisen unserer Zeit zusammenhängen. Wir können hier die unterschiedlichen Probleme nicht in der Ausführlichkeit behandeln, die ihnen angesichts ihrer gesellschaftlichen Bedeutung zustehen würde. Nutzen Sie die folgenden Seiten also am besten als Ausgangspunkt für Ihre eigenen, weiteren Recherchen!

Fleisch und Milch heizen das Klima auf

Es ist Ende Oktober 2021 in Berlin. Die junge Frau im schwarzen Kapuzenpullover schaut sich ein letztes Mal um: Die Berliner Luft kann man zwar nicht als »rein« bezeichnen, aber von Polizei oder Sicherheitsdienst ist nichts zu sehen. Ihr Herz klopft, die Hände schwitzen, jetzt geht es los! Mit schnellen Handgriffen entfaltet sie die mitgebrachte Klappleiter und lehnt sie an den Balkon im ersten Stock. Dann klettern sie und ihre fünf Mitstreiter*innen hinauf, entfachen bengalisches Feuer und entrollen ein Transparent mit der Aufschrift »Düngen, Spritzen, Mästen, Schlachten – Tierindustrie jetzt entmachten«. Das ist das Zeichen für die anderen Aktivist*innen, die sich in den umliegenden Straßen und Wegen versteckt gehalten haben. Mehrere Dutzend Menschen strömen mit Transparenten vor das Gebäude. Ihre Forderungen: mehr Klimaschutz, Tierrechte und ökologischer Anbau von Pflanzen. Viele der meist jungen Menschen legen sich regungslos, als symbolisches »Die-in«, auf die Straße; ein junger Mann kettet sich mit einem Fahrradschloss an einen mitgebrachten Kastenstand, in den normalerweise Sauen eingepfercht werden. Hier ist kein Durchkommen mehr.

Wenn Sie denken, dass hier ein Fleischkonzern oder der Bauernverband besetzt wurde, irren Sie sich. Getroffen hat es diesmal die Parteizentrale der Grünen – ausgerechnet der Partei, die sich Tier- und Klimaschutz auf die Fahnen und prominent in das Wahlprogramm geschrieben hat. Zum Zeitpunkt der Aktion ist bereits klar, dass die kommende Bundesregierung eine Ampelkoalition sein wird. An eine politische Zeitenwende nach dem Ende der Ära Merkel verlassen sich die Aktivist*innen jedoch nicht. Von den zukünftig wieder regierenden Grünen verlangen sie viel mehr Engagement als von der bisherigen Regierung. Unter anderem soll die Massentierhaltung komplett abgeschafft werden. Tatsächlich reagieren die Grünen auf den Protest und führen Gespräche mit der Gruppe Animal Rebellion, die hinter der Aktion steht.

Dass sich Klimaaktivist*innen mit den Grünen anlegen, zeigt, wie unübersichtlich der Streit geworden ist. Wenn es um die richtigen Maßnahmen zur Eindämmung des Klimawandels geht, sind wir als Gesellschaft weit von Einigkeit entfernt. Aktivist*innen sind für die Grünen aber noch das kleinste Problem. Die Lobbyverbände der Agrarindustrie sind in Deutschland mächtig und werden weitreichende Einschränkungen der Tierhaltung nicht einfach hinnehmen. Bereits jetzt laufen auch Bäuerinnen und Bauern Sturm, weil die Düngeverordnung, Tierschutzgesetze und Klimaschutzmaßnahmen sie wirtschaftlich unter Druck setzen. Wie viel Klimaschutz die Ampelkoalition wirklich umsetzen kann, wird letztlich auch davon abhängen, wie sehr sich die Grünen gegen ihre Koalitionspartner SPD und FDP durchsetzen können.

Von Parteipolitik gänzlich unberührt lautet die unbequeme Wahrheit jedoch, dass die globale Erwärmung voranschreitet und die bisher ergriffenen politischen Maßnahmen zu deren Eindämmung nicht ausreichen. Selbst im Coronajahr 2020, als Industrieproduktion und Mobilität weltweit zwangsweise reduziert wurden, stiegen die Emissionen von Klimagasen. 2021 wurde der nächste Rekord bei der globalen Emission von Klimagasen erreicht.

Steigende Meeresspiegel überfluten bereits jetzt bewohnte Landflächen und lösen Fluchtbewegungen aus, die Schätzungen zufolge in den kommenden Jahren deutlich zunehmen werden. Die globale Erwärmung führt zudem zu einem Anstieg an Extremwetterereignissen wie Flutwellen, Tornados, Dürreperioden oder lokalem Starkregen.[2] Wie stark auch Deutschland von Extremwetter betroffen sein kann, zeigte das extreme Hochwasser infolge des Starkregens, das im Juli 2021 das Ahrtal in Nordrhein-Westfalen überflutete, unzählige Häuser zerstörte und mindestens 133 Todesopfer forderte.

Vor allem in den Ländern des globalen Südens erhöht der Klimawandel durch Dürren und Ernteschäden zudem das Risiko von Hunger und Mangelernährung. In Ländern, die bereits jetzt unter ökonomischen und sozialen Spannungen leiden, birgt der Klimawandel zudem die Gefahr, Krisen und Konflikte weiter zu verschärfen. Und als wäre das alles nicht schon schlimm genug, steigt mit der globalen Temperatur auch das Risiko von Infektionskrankheiten.[3]

Im Pariser Klimaabkommen von 2015 wurde beschlossen, die globale Erwärmung auf 1,5 Grad zu begrenzen. Wenn wir dieses Ziel noch erreichen wollen, müssen wir die Emission von Klimagasen drastisch verringern. Sinnvolle Klimapolitik bedarf daher zunächst einer Fehleranalyse: Wer sind die Hauptverursacher des Klimawandels, und was können wir ändern? Wissenschaftlich stehen die unterschiedlichen Hauptfelder der Klimapolitik lange fest, aber die öffentliche Diskussion dreht sich vor allem um die Energieproduktion durch fossile Brennstoffe wie Erdgas, Öl und Kohle oder die Mobilität. Klar ist, dass am Ausstieg aus fossilen Energieträgern und einer Mobilitätswende kein Weg vorbeiführt. Aber um das Schlimmste zu verhindern, bedarf es auch einer umfassenden Agrarwende.

EINE AGRARWENDE IST NÖTIG

Die Erkenntnis, dass die Landwirtschaft einer der Hauptverursacher des Klimawandels ist, setzt sich aber erst allmählich auch in der Öffentlichkeit durch. Die Welternährungsorganisation FAO beziffert den Anteil des globalen Ernährungssystems am Klimawandel auf 34 Prozent. Hauptursachen für diesen Beitrag sind die direkten landwirtschaftlichen Tätigkeiten sowie die Folgen der Veränderungen der Landnutzung für die Herstellung von Agrarprodukten.[4] Der genaue Anteil ist wegen unterschiedlicher Berechnungsgrundlagen zwar umstritten, aber fest steht, dass der Anteil der Landwirtschaft am Klimawandel beträchtlich ist.

Was genau macht die derzeitige Landwirtschaft so klimaschädlich? Sie ahnen es vielleicht: Den Löwenanteil verursacht die industrielle Tierhaltung. Die Fleisch- und Milchindustrie hat gelinde gesagt eine katastrophale Klimabilanz und ist so klimaschädlich wie die Ölindustrie.[5] Laut FAO ist die landwirtschaftliche Tierhaltung für 14,5 Prozent der gesamten globalen Treibhausgase verantwortlich.[6] Bereits 2006 wies sie in ihrem Bericht *Livestock's long shadow* (Der lange Schatten der Nutztiere) auf die Gefahren der industriellen Tierhaltung für das Weltklima hin.[7] Diese Gefahr ist seither, trotz aller Gegenmaßnahmen, gestiegen. Neben dem bekannten Klimagas CO_2 heizen vor allem Methan und Lachgas das Klima auf, und beide spielen eine wichtige Rolle in der landwirtschaftlichen Tierhaltung.

Methan ist Berechnungen des Weltklimarats zufolge für die Hälfte des bisherigen und kurzfristigen Temperaturanstiegs verantwortlich. Berechnet auf ein Zeitfenster von einhundert Jahren ist es etwa 28-mal klimaschädlicher als CO_2. In einem Fenster von 20 Jahren ist es sogar 84-mal schädlicher.[8] In der Tierhaltung wird das Klimagas vor allem durch den Verdauungsvorgang von Wiederkäuern sowie durch die Dunglagerung freigesetzt. Weltweit halten wir derart viele Rinder, dass sich die einzelnen Rülpser und Fürze der Tiere zu einer echten Bedrohung für das Klima summieren.

Was lustig klingt, ist bitterer Ernst, denn die globale Rinderhaltung belastet das Klima enorm. Fleischrinder und Milchkühe produzieren zusammengenommen 62 Prozent der Klimagase in der Landwirtschaft. Weil die meisten Rinder in Südamerika gehalten werden, ist dort der Anteil durch Tierhaltung freigesetzter Klimagase auch am höchsten, gefolgt von Asien.[9] Wie schlecht auch die Klimabilanz der deutschen Fleisch- und Milchbranche ist, zeigt eine Berechnung des Recherche-Netzwerks Correctiv. Den Journalist*innen zufolge produzieren zwei Unternehmen dieser Branche bereits 2,6 Prozent der gesamten deutschen Klimagase: der Fleischriese Tönnies und DMK, die größte Molkerei Deutschlands.[10]

Methan war auch ein wichtiges Thema auf dem Weltklimagipfel 2021. Dort beschlossen achtzig Nationen, den Ausstoß dieses Klimakillers drastisch zu senken. Viele NGOs und Klimaforscher*innen haben kritisiert, dass die Rinderhaltung trotz ihrer Bedeutung beim Methanausstoß kaum offen thematisiert wurde. Zweifel an der Wirksamkeit des Abkommens kommen auch auf, weil wichtige Länder wie Brasilien, China und Indien, die für einen großen Anteil des weltweiten Methans verantwortlich sind, dem Anti-Methan-Pakt nicht beigetreten sind.

Lachgas ist sogar 265-mal klimaschädlicher als CO2 und wird durch Dunglagerung und den Einsatz von Düngemitteln in der Herstellung von Futtermitteln freigesetzt. Die enorme Anzahl global gehaltener Nutztiere produziert entsprechend riesige Mengen Kot. In Deutschland werden die klimaschädlichen Hinterlassenschaften der Nutztiere derartig intensiv zur Gülledüngung benutzt, dass die dadurch entstehende Nitratverseuchung des Bodens zu einem politischen Dauerthema geworden ist. Regelmäßig bemängelt die EU die zu hohe Nitratverschmutzung in Deutschland und droht mit Strafzahlungen, sollte diese nicht drastisch reduziert werden.

REGENWALD-RODUNG FÜR WEIDEFLÄCHEN UND TIERFUTTER

Die Freisetzung von Methan und Lachgas durch die Tiere selbst ist die eine Seite des Problems. Auf der anderen Seite stehen die Klimaschäden, die durch die Veränderung der Flächennutzung entstehen. Für die landwirtschaftliche Tierhaltung werden weltweit Regenwälder gefällt. Diese riesigen Waldgebiete speichern enorme Mengen CO_2, die durch Abholzung freigesetzt werden. Ein Hauptgrund hierfür ist die Rinderhaltung.[11] Wo einst Regenwald stand, grasen heute riesige Herden in Südamerika, Afrika und Asien-Pazifik. Allein in Brasilien werden jährlich schätzungsweise bis zu 5800 Quadratkilometer des Amazonas-Regenwalds und ähnlicher Waldgebiete gefällt, um Platz für die Rinderhaltung zu machen – eine Fläche doppelt so groß wie das Saarland.

Vor allem große Konzerne sind hier treibende Kräfte. So sind allein die drei größten Rindfleischexporteure Brasiliens für etwa 1400 Quadratkilometer Abholzung jährlich verantwortlich.[12] Gerade in Brasilien steht auch immer wieder der Vorwurf illegaler Abholzungen und von Verstößen gegen die Menschenrechte im Raum. So wurde beispielsweise der weltweit größte Fleischkonzern, JBS, zu einer Strafe von 7,7 Millionen Dollar verurteilt, weil er jahrelang wissentlich Rinder gekauft hat, die auf illegal gerodetem Land gehalten wurden.[13]

Ein weiterer Grund für die Abholzung der Regenwälder ist der Anbau von Futtermitteln. Für die Ernährung der Tiere in der europäischen und chinesischen Tierindustrie werden gigantische Mengen Tierfutter benötigt. Deswegen muss der Regenwald Sojaplantagen weichen. Dieses Soja landet hartnäckigen Klischees zum Trotz nicht als Tofu auf unseren Tellern, sondern endet zum allergrößten Teil als Futtermittel in den Tierställen – vor allem in der Hühnerindustrie. Weil im globalen Norden so viele Tierprodukte verzehrt werden, verschwindet der Regenwald unwiederbringlich. Futtermittelimporte verschlechtern somit auch die Klimabilanz von Schweineschnitzel, Chickennugget und Frühstücksei deutlich.

Das Ausmaß des Futtermittelanbaus ist gigantisch: Rund vierzig Prozent des weltweiten Ackerlands wird für die Produktion von Tierfutter genutzt.[14] Innerhalb der EU ist Deutschland mit jährlich 43.700 Hektar gefälltem Wald der größte Regenwaldzerstörer. Das sind jährlich so viel wie 61.204 Fußballfelder. Neben Rindfleisch und Futtermitteln ist auch die Herstellung von Palmöl ein wichtiger Grund für die Abholzung. Ganz oben auf der »Weltrangliste der Waldzerstörer« steht China.[15]

Das Problem der Futtermittelimporte zeigt auch, wie kompliziert die Berechnung einer nationalen Klimabilanz ist. Belastet das CO_2, das durch die Abholzung für Futtermittel entsteht, das Klimakonto des Exportlands Brasilien oder des Importlands Deutschland? Nationale Alleingänge und individuelle Erfolgsberechnungen im Kampf gegen Klimawandel ergeben in einer globalisierten Wirtschaft wenig Sinn.

All dies führt dazu, dass Tierprodukte eine ziemlich schlechte Klimabilanz haben. Ganz oben auf der Liste stehen Rindfleisch, Butter und Käse, aber auch Schweine- und Hühnerfleisch sind weitaus klimaschädlicher als Gemüse, Obst und Hülsenfrüchte. Selbst die klimafreundlichsten Tierprodukte haben im Durchschnitt eine schlechtere Klimabilanz als pflanzliche Alternativprodukte.[16]

Tatsächlich entpuppt sich indes die Agrarwende immer deutlicher als mögliches Ass im Ärmel beim Kampf gegen den Klimawandel. In den weltweit renommiertesten wissenschaftlichen Fachzeitschriften erscheinen immer mehr Artikel, die das große Potenzial einer vegetarischen oder veganen Ernährung hierbei belegen. Eine Studie hat beispielsweise berechnet, dass durch einen rapiden Ausstieg aus der landwirtschaftlichen Nutzung von Tieren die Hälfte der für die Einhaltung der Pariser Klimaziele notwendigen Einsparungen der Klimagas-Emissionen erreicht werden könnten.[17] Eine andere kommt zu dem Ergebnis, dass wir etwa die Hälfte der weltweiten Entwaldung verhindern könnten, wenn der globale Rindfleischkonsum um 20 Prozent sinken würde.[18] Auch der Report des Weltklimarats aus dem Jahr 2022 stellt fest: Weniger Tiere und mehr Pflanzen auf dem Teller sind wichtige Werkzeuge im Kampf gegen den Klimawandel.

Aber die Tierproduktion ist nicht nur klimaschädlich, sondern auch ein vergleichsweise ineffektives Verfahren zur Lebensmittelherstellung. Weil wir Tiere über einen langen Zeitraum mit Pflanzen füttern, gehen große Teile der Energie verloren. Würden wir Pflanzen für den menschlichen Verzehr statt Futtermittel für die industrielle Tierhaltung anbauen, würde der landwirtschaftliche Flächenbedarf global sinken, weil Weideflächen und Plantagen für Futtermittel nicht mehr gebraucht würden und insgesamt weniger Nahrungsmittel produziert werden müssten. Das Wissenschaftsportal Our World in Data hat berechnet, dass so der Bedarf an landwirtschaftlichen Nutzflächen um 75 Prozent gesenkt werden könnte.[19] Auf den so frei gewordenen Flächen könnte dann durch Renaturierung oder Aufforstung effektiver Klimaschutz betrieben werden, wodurch große Mengen an Treibhausgasen wieder in die Natur eingelagert werden könnten.[20]

DER UNSICHTBARE PREIS DER TIERPRODUKTE

Als Verbraucher*innen können wir durch klimafreundlichen Konsum natürlich einen Beitrag zum Kampf gegen den Klimawandel leisten. Das Problem ist aber, dass die Preise im Supermarkt nicht die Klimaschäden der Produkte widerspiegeln. Aktuell sind oft klimaschädliche Waren viel zu günstig, weil wir deren Klimakosten »externalisieren«, also auf andere abwälzen: Einzelne Verbraucher*innen bezahlen den Nahrungsmittelpreis – und als Gesellschaft kommen wir für die Schäden auf. Es ist in diesem Sinne ungerecht, wenn sich einige Menschen um eine weniger klimaschädliche Ernährung bemühen, während einige andere den menschengemachten Klimawandel ignorieren und weiter ungebremst günstige ›Klimakillerprodukte‹ konsumieren. Zum Vergleich: Menschen mit einem durchschnittlichen Fleischkonsum verursachen durch ihre Ernährung doppelt so viele Treibhausgase wie Veganer*innen.[21]

In einem Artikel in der renommierten Zeitschrift *Nature Communications* wurde berechnet, wie sich eine solche Preisanpassung bemerkbar machen würde. Der Preis von konventionellem Fleisch müsste um 146 Prozent steigen, was 2,41 Euro pro Kilogramm Mehrkosten entspricht. Auch der Preis von Biofleisch müsste sich annähernd verdoppeln. Konventionelle Pflanzenprodukte würden hingegen nur 25 Prozent teurer werden und ökologisch angebaute sogar nur sechs.[22]

Im Kampf gegen die Klimakrise führt kein Weg an einer umfassenden Ernährungswende vorbei, die einen deutlich höheren Anteil pflanzlicher Nahrungsmittel beinhaltet. Aber die Klimakrise kann im Bereich der Landwirtschaft nicht allein durch individuelle Kaufentscheidungen gelöst werden. Es braucht vielmehr politische Lösungen, die uns als Verbraucher*innen nicht alleine die gesamte Last der Verantwortung übertragen, sondern die Rahmenbedingungen für die Landwirtschaft insgesamt verändern. Man könnte sagen, dass wir eine ›dritte Agrarrevolution‹ brauchen, nur dass diesmal nicht die Kontrolle über die Natur und die Steigerung der Produktivität, sondern eine konsequente Orientierung der Landwirtschaft an den Zielen der Nachhaltigkeit im Zentrum stehen müsste.

Während dem Staat eine wichtige Aufgabe bei der Suche nach klimafreundlichen Alternativen zu Kohlestrom und Verbrennungsmotor zukommt, mangelt es bisher an politischen Regelungen, die den Umstieg auf eine klimafreundlichere Ernährung wirklich konsequent vorantreiben. So bleibt es vorerst an uns Verbraucher*innen, die Agrarwende auch an der Supermarktkasse einzufordern.

Das sechste große Massensterben

Im Frühjahr 2018 besuchte ich das Field Museum of Natural History in Chicago, eines der größten und beeindruckendsten Museen der Welt. Dort schaute ich mir die Dauerausstellung über die Evolution an und war fasziniert von den zahlreichen versteinerten Fossilien mehrere Hundert Millionen Jahre alter Würmer und Gliederfüßer. Dass sich aus diesen frühen Lebensformen einmal unser heutiges Tierreich entwickeln würde, kam mir unvorstellbar vor. Ein echter Hingucker waren auch die zahlreichen Dinosaurierskelette. Die toten Dinos erlauben Fantasiereisen in eine längst vergangene Welt. Wie haben diese Tiere wohl die Welt wahrgenommen? Und wie sah unser Planet, wie sah der Fleck, auf dem Sie gerade sitzen, wohl vor so langer Zeit aus?

Am meisten beeindruckt hat mich aber kein Dino, sondern Lucy. Sie ist über drei Millionen Jahre alt und gehört zu den ältesten archäologischen Funden von Urmenschen. Natürlich handelte es sich bei der Lucy im Field Museum nur um eine lebensechte Figur. Lucys Knochen, die 1974 in Äthiopien gefunden wurden, lagern heute wieder in dem Land, in dem sie ausgegraben wurden. Sie sind viel zu kostbar, als dass sie im Museum ausgestellt werden könnten. Ihr Skelett ist für ihr Alter sehr gut erhalten und vor allem mit über hundert Einzelstücken sehr umfangreich. Ich betrachtete das rekonstruierte Gesicht dieser sehr alten Dame, das einerseits eindeutig menschliche Züge trug, aber andererseits auch stark an einen aufrecht gehenden Affen erinnerte. Lucy war eine Verbindung zwischen mir und unserer über drei Millionen Jahre währenden Entstehungsgeschichte, in der wir uns langsam von einem Affen, der den aufrechten Gang lernt, zu einem Wesen entwickelt haben, das das Weltall erobert und künstliches Leben schafft.

Die Ausstellung im Field Museum hat mich tief bewegt, denn sie hat mir vor Augen geführt, wie großartig und faszinierend das Leben ist. Wie nahezu absurd es erscheint, dass ich, ein Homo Sapiens im Jahr 2018, meine eigene Geschichte im Zeitraffer begreifen konnte. Die Vielfalt an Tier- und Pflanzenarten und das ökologische Zusammenspiel aneinander angepasster Ökosysteme, das gleichzeitig auch immer wieder Veränderung zulässt, sind nur im Ansatz zu begreifen. Und wir alle sind mittendrin – als Teil der Evolution. Es sind Momente der Demut, in denen wir die Großartigkeit des Lebens begreifen, aber auch, wie klein wir im großen Gefüge der Erdgeschichte sind.

Von dieser existenziellen Erkenntnis umnebelt, hat mich die letzte Schauwand der Ausstellung kalt erwischt. Dort werden die verschiedenen Wellen des Aussterbens von Tier- und Pflanzenarten auf unserem Planeten beschrieben. Die Explosion an Leben und Vielfalt wurde erdgeschichtlich immer wieder von Phasen des Massensterbens unterbrochen. Ausgelöst durch starke Umweltveränderungen verabschiedeten sich ganze Spezies in kürzester Zeit unwiederbringlich von der Bühne des Lebens oder wurden in ihren Beständen stark dezimiert. Mindestens eine dieser Phasen werden Sie kennen: das Verschwinden der Dinosaurier. Aktuell befinden wir uns im sechsten großen Massensterben der Erdgeschichte. Sie haben richtig gelesen, diese sechste Welle droht uns nicht, sondern sie überrollt uns bereits, in diesem Moment.

Die aktuelle Welle des Massensterbens unterscheidet sich jedoch grundlegend von allen vorherigen: Diesmal sind wir Menschen die Umweltveränderung, an die sich zahlreiche Tier- und Pflanzenarten nicht schnell genug anpassen können. Derzeit sind über eine Million Tier- und Pflanzenarten durch uns Menschen vom Aussterben bedroht.[23] Viele dieser Arten sterben aus, ohne dass die Öffentlichkeit davon Notiz nimmt. Sie sind nur Expert*innen bekannt, die ihrem Verschwinden aus der Weltgeschichte kaum etwas entgegensetzen können. Andere bedrohte Arten sind hingegen weltweit bekannt. Das drohende Verschwinden von Elefanten, Tigern oder Nashörnern mobilisiert weltweit Menschen, die sich für ihren Schutz einsetzen. Geben Sie es zu: Auch Sie hoffen, dass die wenigen noch lebenden Spitzmaulnashörner möglichst schnell und viel Nachwuchs zeugen, aber von der 2009 ausgestorbenen Weihnachtsinsel-Zwergfledermaus haben Sie noch nie gehört.

DIE FOLGEN DES NEUEN ARTENSTERBENS

Für das globale ökologische Gleichgewicht ist jedoch der Verlust der Artenvielfalt insgesamt schlimmer als das Aussterben einzelner Tierarten. Der letzte Bericht des Weltrats für Biologische Vielfalt, dem 136 UN-Staaten angehören, ist keine leicht verdauliche Lektüre. Ein paar ungeschönte Kostproben über das Ausmaß menschlicher Naturzerstörung: Weltweit sterben derzeit zehn- bis hundertmal mehr Tier- und Pflanzenarten aus als im Durchschnitt der letzten zehn Millionen Jahre. Mehr als die Hälfte aller Korallen ist bereits zerstört. In den meisten großen Land-Ökosystemen der Erde sind die heimischen Arten um zwanzig Prozent zurückgegangen. Schätzungsweise ein Viertel aller Tier- und Pflanzenarten sind weltweit bereits vom Aussterben bedroht – darunter wichtige Nutzpflanzen, die für die langfristige Nahrungssicherheit auf unserem Planeten essenziell sind.

Das Artensterben können Sie vom eigenen Balkon aus beobachten: In den letzten Jahrzehnten ist die Anzahl heimischer Vögel in Europa um mehrere Hundert Millionen Tiere gesunken. Insbesondere der Niedergang der Insektenvielfalt droht eine ökologische Krise auszulösen. Laut dem Bericht sind weltweit die Populationen von 41 Prozent der bekannten Insektenarten in den letzten Jahrzehnten gesunken.[24] In Deutschland soll Schätzungen einer vielzitierten Studie zufolge der Bestand fliegender Insekten in Naturschutzgebieten binnen 27 Jahren um über 75 Prozent abgenommen haben.[25] Auf landwirtschaftlich genutzten Flächen dürfte der Verlust noch weit größer sein. Vielleicht haben Sie auch schon festgestellt, dass die Windschutzscheibe Ihres Autos nach einer sommerlichen Autobahnfahrt sich nicht mehr, wie früher, in ein Massengrab für Insekten verwandelt. Die Lage ist dramatisch und zerstört nachhaltig die gute Laune. Auf dem 15. Weltbiodiversitätsgipfel 2021 nannte UN-Generalsekretär António Guterres unser derzeitiges Verhalten als Weltgesellschaft einen »selbstmörderischen Krieg gegen die Natur«.[26]

Das Artensterben wird durch zahlreiche, zusammenhängende Faktoren ausgelöst. Ein wichtiger Treiber ist der Konsum von »Bushmeat«, also Fleisch von Wildtieren aus Regenwäldern und Savannen. Vor allem zahlreiche Landsäugetiere sind durch die häufig illegale Jagd bedroht. Allein im brasilianischen Regenwald werden Schätzungen zufolge jährlich 89.000 Tonnen Bushmeat gejagt, im Kongobecken sind es fünfmal so viel. Verschwinden diese Tiere von der Bildfläche, könnten sich ganze Ökosysteme verändern und schlimmstenfalls zusammenbrechen.[27]

Noch weitaus relevanter für den Verlust der Artenvielfalt ist jedoch die Zerstörung natürlicher Lebensräume durch den Menschen. Erneut ist die Nutztierhaltung der Hauptverursacher dieser Zerstörung.[28] Wie bereits beschrieben, müssen für die Milliarden Nutztiere weltweit riesige Mengen Futtermittel produziert werden. Dafür werden in gigantischem Ausmaß natürliche Lebensräume von Tieren zerstört und in Felder für Soja, Mais oder Weizen verwandelt. Die Tierindustrie gestaltet global das Gesicht unseres Planeten um. Mehr als ein Drittel der gesamten eis- und wüstenfreien Landmasse der Erde werden für die Lebensmittelproduktion genutzt – ein großer Teil davon für die Herstellung von Futtermitteln.

MONOKULTUREN UND PESTIZIDE BEDROHEN DIE ARTENVIELFALT

Deren industrieller Anbau geschieht in Monokulturen, in denen keine anderen Pflanzen als die gewünschte Futterpflanze wachsen sollen. Wo früher intakte Ökosysteme und eine Vielfalt unterschiedlicher Kulturlandschaften existierten, wird heute eine einzige Pflanze angebaut. Auch in Deutschland ist der Anbau von Futtermitteln beträchtlich – rund ein Drittel der gesamten Bodenfläche Deutschlands wird für deren Anbau genutzt.[29]

Wie gesagt werden auch für die Haltung von Rindern und anderer Tiere natürliche Lebensräume zerstört und in Weideland umgewandelt. Studien konnten einen direkten Zusammenhang zwischen der Weidehaltung von Tieren und dem Artensterben nachweisen.[30] Der Bedarf an landwirtschaftlichen Flächen für die Fleischproduktion wird Schätzungen zufolge in vielen Ländern weiter steigen. Ohne eine Veränderung der landwirtschaftlichen Produktion wird also in Zukunft mit einem weiteren Verlust an natürlichem Lebensraum durch Abholzung und Zerstörung artenreicher Landschaften zu rechnen sein.

Ob in Brasilien oder bei uns zu Hause: Monokulturen sind artenarme Wüsten. Dieser Zustand ist kein unerwünschter Nebeneffekt der Landwirtschaft, sondern gewollt: Es ist das erklärte Ziel monokultureller Agrarproduktion, dass sich nur eine einzige Art auf einer großen Fläche vermehren soll, denn ökologische Vielfalt ist für sie eine ökonomische Bedrohung. Tiere, die sich von den in Massen angebauten Pflanzen ernähren wollen, werden als Schädlinge bezeichnet. Auch ›Unkräuter‹, also Pflanzen, die nicht gezielt angebaut werden und die Produktivität stören, sind der industriellen Landwirtschaft ein Dorn im Auge. Diesen unerwünschten Arten wird mit Pestiziden der Garaus gemacht. Wenn ein Feld mit einem solchen Mittel besprüht wird, kommen allerdings nicht nur die ausgewählten ›Schädlinge‹, sondern auch zahlreiche sogenannte ›Nützlinge‹ unter die Räder. Unter den als Unkraut definierten Pflanzen sind zudem auch wichtige Nahrungsquellen für Insekten.

Der Einsatz von Pestiziden trägt entsprechend weiter dazu bei, das Sterben von Insekten und anderer Tiere zu beschleunigen. Aus diesem Grund wird in der EU seit Jahren über ein Verbot bestimmter Pestizide diskutiert. Um das Verbot des Pflanzenschutzmittels Glyphosat wurde hart gerungen und konnte nur gegen immensen Druck der Chemie- und Agrarindustrie in Europa durchgesetzt werden. Ab Ende 2023 soll es in Deutschland nicht mehr eingesetzt werden dürfen. Über die Verlängerung der Zulassung in der EU nach 2022 wird derzeit kontrovers diskutiert. Außerhalb der EU werden aber auch weiterhin Pestizide für den Anbau importierter Nahrungsmittel eingesetzt, die hier längst verboten sind.

WIR SIND ABHÄNGIG VON BIENEN UND CO.

In Deutschland stehen häufig die Bienen im Mittelpunkt der Diskussion über den Verlust der Artenvielfalt. Wie viele andere Insekten sind sie Bestäuber, und ohne sie können sich die meisten Nutzpflanzen nicht vermehren. Dreiviertel aller Lebensmittelpflanzen sind auf Bestäuber angewiesen.[31] Falls Sie das noch nicht genug beunruhigen sollte: Auch Kaffee und Kakao gehören dazu. Und dabei geht es weniger um die Honigbiene, die eigentlich ein domestiziertes Nutztier und deshalb keineswegs vom Aussterben bedroht ist, sondern um die zahlreichen Arten von Wildbienen und anderen bestäubenden Insekten. Wir brauchen diese Insekten, denn ohne sie ist Landwirtschaft kaum denkbar.

Theoretisch können wir Menschen die Pflanzen auch per Hand bestäuben, aber das ist unvorstellbar viel Arbeit: In der chinesischen Region Sichuan müssen schon heute Menschen mit enormem Aufwand die Arbeit der Bienen ersetzen, sodass sich die Frage stellt, ob es sich langfristig wirklich lohnt, Pestizide einzusetzen. Um den Einsatz Hunderter ›menschlicher Bienen‹ möglich zu machen, müssen Niedriglöhne gezahlt werden. Für Länder wie Deutschland ist die Bestäubung per Menschenhand daher unpraktisch, weil unbezahlbar.[32]

2020 wurden in Deutschland 53.500 Tonnen Kirschen geerntet. Wer die Mengen per Hand bestäuben muss, kann einem wahrlich leidtun. Das Weltwirtschaftsforum hat berechnet, dass etwa die Hälfte des globalen Bruttoinlandsprodukts von einer intakten Natur abhängt.[33] Bienen sind bei Weitem nicht die einzigen Tiere, ohne deren Hilfe wir kaum Landwirtschaft betreiben können. Regenwürmer lockern beispielsweise Böden auf und reichern ihn durch ihre Verdauung mit wichtigen Nährstoffen an. Für einen gesunden Boden sind Regenwürmer und andere Bodenbewohner essenziell, aber industriell bearbeitete Felder haben deutlich weniger

Leben im Boden als ökologisch bewirtschaftete Flächen. Das massenhafte Sterben dieser früher wenig beachteten Tiere zeigt, dass wir auf Gedeih und Verderb von Bienen, Würmern und Co. abhängig sind.

Die Europäische Union hat zahlreiche Projekte zum Erhalt der Artenvielfalt gestartet. Dazu gehört zum Beispiel die Ausweitung von Naturschutzgebieten oder die Verhinderung von Waldbränden. Laut der aktuellen EU-Biodiversitätsstrategie sollen bis 2030 mindestens 25 Prozent der Landwirtschaft auf ökologische Verfahren umgestellt werden. 10 Prozent der Flächen sollen so umgestaltet werden, dass sie mehr Artenvielfalt zulassen. Diese Maßnahmen werden von NGOs als nicht ausreichend kritisiert. Die Reduktion der Fleischproduktion und die damit einhergehende Senkung des landwirtschaftlichen Flächenbedarfs wird im Strategiepapier mit keinem Wort erwähnt.[34]

Der Weltrat für Biologische Vielfalt hingegen thematisiert die landwirtschaftliche Flächennutzung als einen der Hauptgründe für den Verlust der Artenvielfalt. Der Rat empfiehlt eine Wende in der globalen Ernährung als Teil eines umfassenden Plans zum Erhalt der Artenvielfalt. Ein wichtiger Eckpunkt ist eine deutliche Reduktion des Konsums von Tierprodukten.[35] Anstelle von Monokulturen solle die landwirtschaftliche Flächennutzung aus einem Mosaik aus Äckern, Grünland, Weiden und Wäldern bestehen. Mit Blick auf die öffentliche Diskussion über das Artensterben wird dennoch deutlich, dass der Konsum von Tierprodukten die »Kuh im Raum« ist, über die niemand gerne sprechen möchte. Wenn wir es mit der Lösung ökologischer Krisen ernst meinen, müssen wir aber auch über Themen sprechen, die unseren eigenen Wohlstand und unsere eigenen Privilegien infrage stellen.

UMWELTKRISEN KOMMEN SELTEN ALLEIN

Der Klimawandel wirkt wie ein Brandbeschleuniger für das Artensterben. Das zeigt das Beispiel des Verlustes an Artenvielfalt in Australien nach den verheerenden Buschbränden 2019 und 2020. Das Feuer hatte sich durch ganze Landstriche gefressen und über 18 Millionen Hektar niedergebrannt. Durch die Brände sind Schätzungen zufolge allein drei Milliarden Wirbeltiere gestorben.[36] Darunter sind neben zahlreichen anderen Arten auch die australischen Nationaltiere, die Koalas. Während der Feuersaison sind geschätzte 60.000 Koalas verbrannt und haben die Bestände auf schätzungsweise 40.000 bis 80.000 Tiere schrumpfen lassen. Der Klimawandel hat die Chancen von Waldbränden in Australien bereits um mindestens dreißig Prozent erhöht – Tendenz steigend.[37] Klimawandel und Artensterben wirken zusammen, weil Dürre und Trockenheit die Waldbrandgefahr weltweit erhöhen und die Brände die Artenbestände in den betroffenen Regionen dezimieren. Wenn wir uns jetzt noch den Anteil der Landwirtschaft am Klimawandel und am Artenverlust durch Rodungen bewusst machen, können wir erahnen, wie komplex die Probleme hier zusammenwirken und sich gegenseitig verstärken.

Das drohende Aussterben vieler Arten ist zwar das Resultat des kollektiven, globalen Handelns von uns Menschen, aber eigentlich wollen wir als Gesellschaft diesen Zustand nicht. Wir nehmen ihn aber (bisher) in Kauf, weil wir uns entweder über die komplexen Ursachen des Artensterbens nicht bewusst sind oder weil wir nicht auf unsere Privilegien verzichten wollen. Es gibt aber auch Tierarten, die durch aktive Bejagung ausgerottet wurden oder derzeit kurz vor dem Aussterben stehen. Oftmals handelt es sich hierbei um Tiere, deren Verschwinden öffentlich wahrgenommen und betrauert wird. Es sind die großen Tiere Afrikas und Asiens wie Nashörner, Tiger oder Menschenaffen, die als unfreiwillige Botschafter für den Erhalt der Biodiversität herhalten müssen. Eine Welt ohne Orang-Utans und Gorillas ist für viele Menschen nicht vorstellbar. Und doch werden diese Tiere gejagt oder gefangen genommen.

Vielleicht das bekannteste Beispiel ist die Jagd auf Nashörner, deren Horn in vielen Ländern als esoterisches Heilmittel und Statussymbol gilt. Die Jagd ist streng verboten, aber die Preise auf den Schwarzmärkten sind so hoch, dass sie für viele Menschen trotz der Gefahr der Bestrafung ein lukratives Geschäft ist. Ein Foto des preisgekrönten Fotografen Brent Stirton zeigt zwei mit Maschinengewehren bewaffnete Ranger in Kenia, die eines der letzten Nördlichen Breitmaulnashörner der Welt, das den Namen Sudan trägt, rund um die Uhr bewachen. Sudans faltige graue Haut lässt ihn alt aussehen, sein Blick scheint müde und freudlos. Die beiden bewaffneten Männer stehen direkt neben dem riesigen Tier, dessen Horn aus Sicherheitsgründen abgesägt wurde, um es für Wilderer unattraktiv zu machen. Ein Ranger hält schützend die Hand auf Sudans gewaltigen Hals. Er scheint jederzeit bereit zu sein, das gefährdete Tier mit seinem Leben zu verteidigen. Dieses Foto bringt die Traurigkeit über den nahenden Verlust dieser faszinierenden Tiere zum Ausdruck – und die Unfähigkeit der Menschen, sie effektiv zu schützen. Trotz des Personenschutzes durch bewaffnete Ranger sind die Nördlichen Breitmaulnashörner faktisch ausgestorben. Sudan wurde 2018 krankheitsbedingt eingeschläfert und die beiden letzten Artgenossinnen, Najin und Fatu, sind Weibchen.

Wie industrielle Tierhaltung unsere Gesundheit gefährdet

Was haben Sie gemacht, als im März 2020 der erste Corona-Lockdown erlassen wurde? Wie hat sich Ihr Leben verändert? Die Pandemie hat uns gezeigt, wie schnell sich unsere grundlegenden Erwartungen an Alltag und Zukunft radikal verändern können. Binnen kürzester Zeit hat sich Covid-19 global ausgebreitet. Weil Menschen sich heute schnell und einfach über große Distanzen bewegen, konnte auch das Virus in den Menschen mitreisen und die entlegensten Winkel des Planeten heimsuchen. Die Coronakrise hat das öffentliche Leben und die Wirtschaft weltweit lahmgelegt. Ganze Gesellschaften wurden in den Lockdown gezwungen, um die weitere Ausbreitung des Virus zu verlangsamen und den Zusammenbruch des Gesundheitssystems zu verhindern. Bis April 2022 sind über sechs Millionen Menschen an Corona gestorben. Pandemien sind existenzielle Bedrohungen, und die Wahrscheinlichkeit ihrer Entstehung steigt. Wir müssen lernen, mit ihnen umzugehen und sie in Zukunft zu verhindern. Dafür müssen wir auch verstehen, welche Faktoren ihre Entstehung begünstigen.

Covid-19 ist eine Zoonose, also eine Krankheit, die zwischen verschiedenen Tierarten übertragen werden kann. Weil Menschen auch Tiere sind, können wir uns Zoonosen von anderen Tieren einfangen und auch Krankheiten auf andere Tiere übertragen. Dass Zoonosen extrem gefährlich sein können, liegt unter anderem daran, dass unser menschliches Immunsystem völlig unvorbereitet auf einen Erreger treffen kann, wenn ein Virus erstmals Menschen als neue Wirtsart entdeckt. Die Gefahr durch Zoonosen wird größer, je enger Menschen und Tiere in Kontakt kommen. Dabei macht es keinen Unterschied, ob es sich um domestizierte Tiere oder Wildtiere handelt – alle Tiere können Krankheiten übertragen.

DEM CORONAVIRUS AUF DER SPUR

Wann und wo der Covid-19-Erreger erstmalig auf einen Menschen übergesprungen ist, konnte bisher nicht eindeutig geklärt werden. Die WHO hält es für sehr wahrscheinlich, dass das Virus ursprünglich von Fledermäusen stammt. Unklar ist, ob ein Mensch sich direkt infiziert hat oder der Erreger zunächst auf ein anderes Tier – einen Zwischenwirt – gesprungen ist. Seit Beginn der Pandemie gilt der »Wet Market« in Huanan als möglicher ›Ground Zero‹, also als ursprünglicher Übertragungsort. An solchen Nassmärkten werden lebende oder gerade erst geschlachtete Tiere verkauft – darunter auch exotische Wildtiere, die bisher noch unbekannte Krankheitserreger in sich tragen können, wie etwa den SARS-CoV-2-Erreger. Theoretisch könnte das erste Coronavirus, das die Pandemie ausgelöst hat, also durch den Fleischkonsum übertragen worden sein. 2022 wurden mehrere Studien veröffentlicht, die den Verdacht gegen den Markt in Huanan als Epizentrum der Pandemie erhärten. Als mögliche Zwischenwirte werden Marderhunde ins Spiel gebracht.[38] Der Markt wurde bereits Anfang Januar 2020, kurz nach den ersten Coronafällen, vorerst geschlossen. Tatsächlich waren Wet Markets auch vor Corona bereits mehrfach Ausbruchsorte viraler Infektionen – unter anderem der Vogelgrippe.

Als weiterer möglicher Zwischenwirt werden Nerze gehandelt.[39] Diese werden, genau wie Marderhunde, zu Zehntausenden auf Pelzfarmen gehalten, die ideale Nährböden für Infektionskrankheiten sind. Mehrere Nerze werden zusammen in Drahtkäfige gesperrt, die wiederum in langen Ketten direkt nebeneinandergereiht sind. Aufgrund der räumlichen Enge auf Pelzfarmen können Viren schnell mutieren und sich an die Immunsysteme der Wirtstiere anpassen. Weltweit kam es zu Coronaausbrüchen auf Nerzfarmen, wodurch die Pelzbranche schwer getroffen wurde. Um die Entstehung weiterer Mutationen zu verhindern, ordnete beispielsweise die dänische Regierung 2020 die Massentötung von 17 Millionen Nerzen an.

Viele Forscher*innen gehen davon aus, dass wir in Zukunft immer öfter mit stark infektiösen Zoonosen konfrontiert sein werden und uns daher auf die nächste Pandemie vorbereiten müssen. Die industrielle Tierhaltung zählt dabei zu den möglichen Orten, an denen sich Infektionskrankheiten entwickeln und ausbreiten können. Auch Deutschlands wohl bekanntester Virologe Christian Drosten hält die industrielle Tierhaltung für eine biologische Zeitbombe. Im Interview mit ZEIT Online sagt er, dass Viren in modernen Ställen ideale Bedingungen finden, um neue gefährliche Mutationen zu produzieren. Schweine »würden in der Natur nie in solchen Herdengrößen auftreten. Eine wachsende Menschheit mit einem wachsenden Fleischhunger: Hier steckt das Risiko für künftige Pandemien.«[40]

Die Afrikanische Schweinepest bedroht die finanziellen Interessen der globalen Fleischindustrie und das Leben heimischer Schweine. Immer wieder kam es auch in Deutschland zu Ausbrüchen, die die Massentötung von Tieren in den betroffenen Betrieben zur Folge hatten. Während die Schweinepest bisher keinen Weg zum Menschen gefunden hat, ist die Vogelgrippe auch eine Bedrohung für Menschen. Bisher kam es nur in Einzelfällen zur Ansteckung mit den unterschiedlichen Varianten der Geflügelpest, aber ein Ausbruch in einer Anlage mit Zehntausenden Hühnern könnte rasch zu gefährlicheren Mutationen führen. Aus diesem Grund führt die Geflügelpest auch hierzulande immer wieder dazu, dass Millionen Vögel getötet werden, um einen Ausbruch im Keim zu ersticken.

Die Gefahr von Zoonosen steigt, weil sich Menschen und Tiere immer mehr »auf die Pelle rücken«. Das betrifft auch unser Verhältnis zu Wildtieren. Weil Landwirtschaft, Waldbrände und die

Ausbreitung von Städten natürliche Rückzugsräume dieser Tiere zerstören, werden die körperlichen Abstände zwischen Menschen und Wildtieren geringer. Je mehr wir die Natur und damit die Lebensräume von Wildtieren zerstören, desto höher wird auch die Gefahr der Ansteckung mit gefährlichen Krankheiten. Dieses Beispiel verdeutlich erneut, wie die durch Menschen ausgelösten ökologischen Probleme zusammenwirken: Die industrielle Landwirtschaft und der Klimawandel sind maßgeblich daran beteiligt, dass Lebensräume wilder Tiere zerstört werden, und fördern so auch das Risiko der Ausbreitung neuer Zoonosen.

ANTIBIOTIKA FÜR ALLE?

Nicht nur Viren, sondern auch Bakterien können zahlreiche Krankheiten auslösen. Bakterielle Erkrankungen wie Tuberkulose, Diphtherie oder Syphilis waren bis zur Erfindung der Antibiotika regelrechte Geißeln der Menschheit. Heute fast vergessene, aber früher gängige Bezeichnungen wie »Weiße Pest« (Tuberkulose) oder »Würgeengel der Kinder« (Diphtherie) lassen erahnen, wie schrecklich diese Krankheiten früher gewütet haben. Heute sind sie heilbar. Antibiotika und Impfungen retten täglich Leben und gehören zu den wichtigsten medizinischen Durchbrüchen der Moderne.

Die schlechte Nachricht ist, dass Bakterien sich durch Mutation verändern und Resistenzen gegen Antibiotika entwickeln können. Wenn Bakterien Resistenzen gegen gleich mehrere Antibiotikaarten entwickeln, spricht man von multiresistenten Keimen. Wenn wir Antibiotika zu früh absetzen oder ohne medizinischen Grund zu uns nehmen, steigt die Chance der Entstehung von Resistenzen. Viele Menschen nehmen Antibiotika aber auch unbewusst zu sich, denn in der globalen industriellen Tierhaltung ist deren Verabreichung üblich. Diese Praxis dient jedoch nicht nur der Behandlung erkrankter Tiere, sondern unter anderem auch der Rentabilität der Betriebe, da durch Vergabe die Gewichtszunahme beschleunigt wird.[41]

Über den Konsum von Fleisch nehmen auch Menschen häufig kleine Mengen Antibiotika zu sich. Diese können Krankheitserreger im Körper zwar nicht ausrotten, aber animieren zu Reaktionen, bei denen resistente Mutationen der Erreger entstehen können. Multiresistente Keime oder Antibiotikarückstände können zudem über das Austragen belasteter Gülle aus der Tiermast oder durch das Abwasser aus Schlachthöfen in die Umwelt gelangen. Greenpeace hat mehrfach Abwasserproben an deutschen Schlachthöfen genommen und diese an der Universität Greifswald auswerten lassen. In einer 2022 durchgeführten Untersuchung fanden die Wissenschaftler*innen in 35 von 44 Proben aus insgesamt vier Schlachthöfen multiresistente Bakterien.[42]

Seit Jahren steigt die Zahl an Keimen, gegen die kein Kraut gewachsen und kein Antibiotikum mehr wirksam ist. Mit schlimmen Folgen auch für die Humanmedizin: Eine Studie kommt zu dem Schluss, dass 2019 weltweit über 1,2 Millionen Menschen an multiresistenten Keimen gestorben sind. An weiteren rund 3,5 Millionen Todesfällen waren multiresistente Keime zumindest beteiligt.[43] Die genaue Herkunft und Verbreitung multiresistenter Keime ist kompliziert zu ermitteln, und viele dieser Erreger stammen auch aus der Humanmedizin, aber in einigen Fällen gilt ein Ursprung in der Tierindustrie als sehr wahrscheinlich. So etwa bei einer MSRA-Variante, die bei leichter Infektion eitrige Entzündungen und Ausschläge, bei schwerer Infektion Hirnhaut- und Lungenentzündungen verursachen kann. Ein besonderes Infektionsrisiko wurde nicht nur für Beschäftigte in der Tierhaltung, sondern auch für Anwohner*innen von Tiermastanlagen nachgewiesen.[44]

Der öffentliche Druck hat dazu geführt, dass die Abgabemenge von Antibiotika in der Tiermast verringert wurde. Diese wird erst seit 2011 statistisch erfasst und ist seither von über 1700 Tonnen auf rund 700 Tonnen gesunken.[45] Dieser Rückgang muss aber nicht bedeuten, dass weniger Tieren Antibiotika verabreicht werden. Greenpeace kritisiert etwa, dass vermehrt Wirkstoffe eingesetzt werden, die eine geringere Dosierung benötigen, wodurch der Gesamtverbrauch nur kosmetisch gesenkt würde.

Seit 2022 gilt EU-weit eine neue Tierarzneimittelverordnung, die unter anderem die Vergabe von Antibiotika an ganze Tiergruppen nur noch erlaubt, wenn eine Infektionskrankheit mit hoher Ansteckungsgefahr nachgewiesen wurde und keine alternativen Behandlungsoptionen mehr bestehen. Die EU folgt damit einer Leitlinie der WHO, die fordert, dass bestimmte Antibiotika allein Menschen vorbehalten sein sollten. Wie stark durch diese Maßnahme die Vergabe sinkt, bleibt abzuwarten.

Der Neuregelung war eine kontroverse Debatte vorausgegangen, durch die deutlich strengere Regelungen verhindert wurden. Federführend war hier der Bundesverband praktizierender Tierärzte e.V., der in seinen Kampagnen Haustierhalter*innen davor warnte, ihre Tiere dürften wegen der Verordnung nicht mehr behandelt werden. Zwar hätte die verschärfte Verordnung einige offene Fragen über die Behandlung von Haustieren erzeugt, aber das Ziel der strengeren Vorschriften war nicht, den Einsatz von Antibiotika bei Hund und Katze zu verbieten. Böse Zungen behaupten, der Druck seitens der Tierärzt*innen sei auch dadurch begründet, dass diese einen wichtigen Teil ihrer Einnahmen mit dem Verkauf von Antibiotika machten. Anders als in der Humanmedizin dürften Tiermediziner*innen Medikamente nämlich selbst verkaufen.

Das menschliche Vorhaben, Krankheiten zu bekämpfen und den Zeitpunkt des Todes nach hinten zu verschieben, ist ein Wettrennen. Wenn wir Orte schaffen, an denen sich Viren und Bakterien wohlfühlen und entwickeln können, bieten wir dem Gegner einen immensen Vorteil. Immer mehr Expert*innen aus Wissenschaft, Politik, NGOs und dem Gesundheitswesen fordern daher, das Wohlbefinden aller Lebewesen als miteinander verzahnt zu verstehen. So betont zum Beispiel der »One Health«-Ansatz, dass die unterschiedlichen Lebensbereiche und Ökosysteme bei der Gefährdung der Gesundheit von Mensch, Tier und Umwelt zusammenwirken. Dieser unter anderem vom Bundesentwicklungsministerium unterstützte Ansatz fördert daher den interdisziplinären Austausch zwischen Umweltforschung, Tier- und Humanmedizin. Wenn wir Pandemien bekämpfen wollen, brauchen wir nicht nur ein gutes Gesundheitssystem, sondern auch einen gesunden Planeten.

GESUNDHEITSRISIKO FLEISCH

Unser gegenwärtiges Mensch-Tier-Verhältnis belastet noch auf eine weitere Weise die öffentliche Gesundheit – und zwar in Form des derzeit hohen Fleischkonsums. Ohne die industrielle Fleischproduktion wären wir nicht in der Lage, täglich in großen Mengen Fleisch zu essen. Sie ist eine direkte Voraussetzung für eine Vielzahl häufiger, ernährungsbedingter Krankheiten. Der Zusammenhang zwischen Ernährung und Gesundheit ist komplex und wird kontrovers diskutiert. Seien Sie ruhig skeptisch, wenn der nächste Ernährungsguru ein bestimmtes Nahrungsmittel kategorisch verteufelt oder als neues Wundermittel präsentiert. Ebenso klar ist aber auch, dass wir insgesamt zu wenig Gemüse und Obst, aber zu viel Fleisch, Zucker und Salz zu uns nehmen. Die Folgen sind im Gesundheitssystem spürbar.

Vor allem der Konsum von verarbeitetem Schweine- und Rindfleisch birgt Gesundheitsrisiken, und die WHO hat diese Fleischarten offiziell als krebserregend eingeordnet.[46] Mehrere Studien in renommierten Fachzeitschriften konnten zudem einen Zusammenhang fleischlastiger und pflanzenarmer Ernährung mit hohen Sterblichkeitsraten und Übergewicht nachweisen.[47] Mit einem Anteil von über einem Drittel waren Herz-Kreislauf-Erkrankungen 2020 in Deutschland die häufigste krankheitsbedingte Todesursache.[48] Neben dem Alter und genetischen Faktoren erhöht sich das Risiko einer Herz-Kreislauf-Erkrankung vor allem durch den eigenen Lebensstil. Hundert Gramm verarbeitetes Fleisch (etwa Speck oder Wurst) täglich erhöhen einer Untersuchung zufolge das Risiko einer koronaren Herzkrankheit, also einer Verkalkung der Blutgefäße, bereits um 36 Prozent.[49]

Diese Krankheiten werden Zivilisationskrankheiten genannt, weil sie nicht durch Mangel, sondern durch Überfluss entstehen. Hunger ist auch heute noch verbreitet, und in einigen Ländern des globalen Südens sind Menschen akut vom Hungertod bedroht. Aber im globalen Norden sterben die meisten Menschen nicht, weil sie zu wenig, sondern weil sie zu viel und zu ungesund essen. Auch wenn eine Krankheit selten ausschließlich durch die Ernährung ausgelöst wird, würde eine gesamtgesellschaftliche Verbesserung der Ernährung das Gesundheitssystem deutlich entlasten.

Eine der großen Errungenschaften des Wohlfahrtsstaats ist die allgemeine Krankenversicherung. Werden wir krank, sind wir nicht auf uns allein gestellt. Das Prinzip der gesetzlichen Versicherung ist bestechend einfach: Wir zahlen alle in den Topf ein, aus dem unsere Behandlungen im Krankheitsfall finanziert werden. Dieses Prinzip birgt aber auch die Gefahr von Ungerechtigkeit, denn ›ungesundes Verhalten‹ belastet das Wohlfahrtssystem mehr als Menschen, die ihre Gesundheit schonen.

Die Behandlung von Zivilisationskrankheiten macht einen großen Teil der medizinischen Versorgung in westlichen Ländern aus und verschlingt entsprechend immense Summen. Für die Versicherungen und die Politik ist das eine Zwickmühle, denn einerseits soll gesundheitsbewusstes Verhalten gefördert und belohnt werden, andererseits droht eine Stigmatisierung von Menschen, die einen vermeintlich ungesunden Lebensstil führen, also zum Beispiel viel rauchen, Alkohol trinken und Fleisch essen. Wie bei der Bekämpfung der Coronapandemie stellt sich hier die Frage, wie stark Staat und Gesundheitswesen in das Leben der Menschen eingreifen dürfen, sollen oder müssen.

Die gesellschaftlichen Kosten des Konsums von Tierprodukten sind keine Lappalie, denn es geht um sehr viel Geld. Britische Wissenschaftler haben in einem viel beachteten Artikel berechnet, wie viel Geld global durch einen gesenkten Konsum von Tierprodukten gespart werden könnte. Sie haben vier Modelle zur Berechnung entwickelt und in einem Szenario für das Jahr 2050 getestet. Neben den Kosten zur Behandlung ernährungsbedingter Erkrankungen haben sie Faktoren wie eine mögliche effektivere Landnutzung und die Reduktion von Klimagasen durch eine pflanzenbasierte Agrarwende in ihre Berechnungen einbezogen. Je nach Berechnungsszenario könnten wir zwischen einer und 13 Trillionen US-Dollar einsparen.[50] Das ist eine 13 mit zwölf Nullen.

Unabhängig davon, welches Szenario eintritt, zeigen Forschungsergebnisse wie dieses, dass die gegenwärtige Form der Ernährung immense, vermeidbare Kosten produziert. Auch hier wird deutlich, dass Ernährung und die eigene Gesundheitsvorsorge in einer globalisierten Welt, in der wir alle voneinander abhängig sind, keine Privatangelegenheiten sind. Wir müssen zur Kenntnis nehmen, dass nicht nur Rauchen und starker Alkoholkonsum, sondern auch übermäßiger Fleischverzehr ein vermeidbares Gesundheitsrisiko darstellt.

DIESE KRISEN SIND NUR DIE SPITZE DES EISBERGS

Die Liste der Krisen, die durch unser Verhältnis zu Tieren mit ausgelöst werden, ist lang, aber noch lange nicht vollständig. So haben wir zum Beispiel bisher noch nicht über Fische gesprochen. Frusthäppchen gefällig? Durch Überfischung sind über ein Drittel aller Fischbestände weltweit bedroht.[51] Ein beträchtlicher Teil des Plastiks, das in den Weltmeeren schwimmt, stammt aus verlorenen Fangnetzen aus der industriellen Fischerei. Im Atlantik schwimmt heute eine Insel aus Plastikmüll, die zu einem großen Teil aus dem Abfall der Fischereiindustrie besteht. Diese ist keine Metapher, sondern tatsächlich eine zusammenhängende Müllinsel, die bereits jetzt dreimal so groß ist wie Frankreich und auch als neuer Kontinent bezeichnet wird. Wir könnten auch viel über den hohen Wasserverbrauch sowie die Luft- und Wasserverschmutzung durch industrielle Tierhaltungsanlagen sprechen, aber sowohl der Umfang dieses Buchs als auch die menschliche Frusttoleranz haben ihre Grenzen.

Wenn Sie sich nach der Lektüre dieses Kapitels unwohl fühlen, ist das angesichts unserer besorgniserregenden Lage nicht verwunderlich. Nachdem ich Sie nachhaltig frustriert habe, möchte ich Ihnen nun aber auch Hoffnung machen: Alle diese Probleme sind von Menschenhand erschaffen und lassen sich auch von Menschenhand lösen oder zumindest in ihren destruktiven Auswirkungen abmildern. Schauen wir uns daher einmal an, welche Ansätze bei der Suche nach einem neuen Mensch-Tier-Verhältnis aktuell diskutiert werden und welche Lösungen sie für die unterschiedlichen Konflikte vorschlagen.

6

KURSWECHSEL: DIE SUCHE NACH EINEM NEUEN MENSCH-TIER-VERHÄLTNIS

Mit seiner gut trainierten Nase hat er Verdächtige gejagt und Drogenverstecke erschnüffelt. Er war ein verlässlicher und beliebter Kollege. Jetzt, im Alter von elf Jahren, geht Ufo in den wohlverdienten Ruhestand. Der Deutsche Schäferhund war sieben Jahre lang im aktiven Polizeidienst der US-amerikanischen Stadt San Diego und darf nun seinen Lebensabend bei seinem menschlichen Partner Jonathan verbringen. Der Polizeihund a. D. befindet sich nun im Verantwortungsbereich seines Halters und nicht mehr seines ehemaligen Dienstherren. Das heißt, dass Jonathan für die medizinische Versorgung des alternden Hundes aufkommen muss. Viele Menschen halten das für ungerecht und finden, dass der Staat für die Versorgung ausgemusterter Diensttiere aufkommen soll. Weil sie für uns

Menschen ihr Leben riskieren und einen wichtigen Beitrag zur Gesellschaft leisten, sollten sie auch vom Schutz der sozialen Gemeinschaft profitieren. Das sieht auch ein Mitglied des Stadtrats von San Diego so und fordert deshalb, dass die Stadt die Ausgaben für Ufos Versorgung und Pflege aus öffentlicher Hand bezahlen solle.[1]

Wenn Tiere von sozialen Dienstleistungen wie gesetzlicher Krankenversicherung, Rente und Arbeitsschutz profitieren, könnte man das als den Beginn ihrer Berücksichtigung durch den Wohlfahrtsstaat interpretieren. Besonders für Tiere im öffentlichen Dienst scheint dieser Schritt gar nicht mehr so fern – etwa für Polizeipferde oder Spürhunde. Tatsächlich gibt es bereits mehrere deutsche Bundesländer, die zumindest schwache Formen solcher öffentlichen Zuwendungen an Diensttiere vergeben. Der Berliner Senat gibt zum Beispiel bis zu 85.000 Euro jährlich für die Versorgung pensionierter Diensthunde aus. Aktive Polizeihunde bekommen jährlich 1400 Euro für Versorgung und Tierarztkosten – ausgezahlt an die Hundeführer*innen.[2]

Diese Entwicklungen zeigen, dass wir als Gesellschaft durchaus bereit sind, Arbeit von Tieren als wertvoll anzuerkennen und die Tiere entsprechend zu honorieren. Diensthunde erfüllen wichtige, gesellschaftliche Aufgaben im öffentlichen Auftrag. Die meisten Polizist*innen empfinden Diensthunde nicht als Werkzeuge, die den Dienstalltag erleichtern, sondern als Kollegen auf vier Beinen. Oftmals handelt es sich bei der Hundearbeit um Tätigkeiten, die Menschen gar nicht ausüben können. Oder trauen Sie sich zu, in einer riesigen, vollgestellten Lagerhalle nur mithilfe ihrer Nase das Fass mit dem Drogenversteck zu finden?

Arbeitsschutz für Tiere spielt eine zunehmend wichtige Rolle – auch weil der Tierschutz in der öffentlichen Wahrnehmung immer wichtiger wird. Ob bei der Polizei, der Feuerwehr oder im Militär, ob im privaten Sicherheitsdienst oder am Filmset: Vor allem Hunde werden häufig in den Dienst des Menschen gestellt, und immer mehr Menschen finden, dass mit diesem geleisteten Beitrag auch ein Anspruch auf Schutz bei der Arbeit und soziale Absicherung einhergehen soll. Aber auch hier lauert die Ambivalenz.

Denn Minenspürhunde und Polizeipferde sind nicht die einzigen Tiere, die für Menschen arbeiten. Auch Schweine, Hühner und Rinder arbeiten für uns – auch wenn diese Arbeit vor allem darin besteht, Futter aufzunehmen und zu wachsen. Ihre Leistungen werden nicht mit Krankenversorgung, sondern mit einem Besuch im Schlachthof honoriert. Auch Tiere im Versuchslabor arbeiten in diesem Sinne – als Testobjekte und Kontrollgruppen. Diese Formen der Arbeit sind in weit höherem Maße von Zwang und Ausbeutung geprägt. Auch hier sind wir als Gesellschaft unentschieden und sitzen zwischen den Stühlen. Wir finden es ungerecht, wenn Diensthunde nach der Pensionierung eingeschläfert werden, akzeptieren aber, dass Schweine – unsichtbar und mit minimalem Schutz ausgestattet – systematisch getötet werden.

Mit unseren komplizierten Beziehungen zu Tieren sind immer mehr Menschen unzufrieden – besonders im Kontext landwirtschaftlicher Tierhaltung. Zur Erinnerung: 94 Prozent der Europäer*innen finden den landwirtschaftlichen Tierschutz wichtig, und 82 Prozent sind der Meinung, dass der Schutz von Nutztieren in ihrem Land verbessert werden muss.[3] Auch wenn die Mehrheit weiter konventionell produzierte Tierprodukte konsumiert, ist die Unzufriedenheit in der Bevölkerung mit dem Status quo offenkundig. Noch nie haben wir in Medien, Politik und Zivilgesellschaft so viel und so kontrovers diskutiert wie heute. Vermutlich haben Sie genau aus diesem Grund dieses Buch in der Hand.

Wir haben gesehen, wie widersprüchlich sich unsere Beziehungen zu Tieren entwickelt haben. Personalisierung und Objektifizierung zeigen zwei Möglichkeiten auf, wie wir mit Tieren umgehen können. Keine der beiden Dynamiken ist zwangsläufig. Sie sind das Ergebnis unseres gemeinsamen Handelns, und wir können unser Verhältnis zu Tieren verändern, wenn wir wollen. Auch die Klimakrise, das Artensterben und neuartige Zoonosen wie Corona zeigen, dass es so wie bisher nicht weitergehen kann. Die Grenzen der derzeitigen Form industrieller Tiernutzung sind objektiv erreicht, weil sie gleich mehrere ökologische Krisen auslöst, die wir nicht länger ignorieren können.

Ein fundamentaler Wandel im gesellschaftlichen Mensch-Tier-Verhältnis liegt vor uns. Wie genau sich dieser Wandel ausdrücken wird, ist bisher nicht abzusehen, weil im Kulturkampf über Tiere noch kein Sieger auszumachen ist. Die Zahl der möglichen Zukünfte im Mensch-Tier-Verhältnis ist groß. Behandeln wir Tiere als jemand oder etwas? Oder finden wir einen Mittelweg, mit dem wir kollektiv und dauerhaft zufrieden sind? Wir stehen an einem Scheideweg und müssen uns entscheiden, wohin wir gehen. Schauen wir uns also einige mögliche Wege an.

Kursanpassungen zwischen den Stühlen – wie wir nach Kompromissen suchen

Jemand oder etwas? Streicheln oder schlachten? Die Widersprüche im Mensch-Tier-Verhältnis treten immer offener zutage. Das führt dazu, dass wir die Regeln und Werte, die unseren Umgang mit Tieren bestimmen, immer wieder anpassen müssen. Unsere häufigste Reaktion, wenn die soziale Ordnung der Tiere brüchig wird, ist die Suche nach neuen Kompromissen. Wir versuchen, zwischen unterschiedlichen Ideen und Interessen zu vermitteln und neue Lösungen zu finden. Oftmals bekommen dabei alle Seiten zumindest kleine Zugeständnisse. Das ist typisch für Demokratien, kann aber auch dazu führen, dass die Konfliktparteien dauerhaft unzufrieden sind, wenn auch der neue Zustand neue Konflikte heraufbeschwört. So werden zwar das Tierschutzgesetz und die unterschiedlichen Verordnungen zur Tierhaltung immer wieder reformiert, aber die Kritik an ihnen reißt nicht ab.

Wenn wir als Gesellschaft Kompromisse aushandeln, geht es dabei selten fair zu. Weil Menschen mit unterschiedlichen Machtressourcen ausgestattet sind, starten sie auch mit ungleichen Chancen in die Verhandlungen. Wenn beispielsweise ein neues Gesetz geschaffen oder ein Meinungskampf in den Medien geführt wird, sind Gruppen mit vielen Machtressourcen in der Regel überdurchschnittlich einflussreich oder wahrnehmbar. Vor allem die Interessensverbände der Wirtschaft stehen häufig in der Kritik, durch Lobbyarbeit zu starken Einfluss auf die Politik zu nehmen, weil sie im Vergleich zu Privatpersonen oder Initiativen aus der Zivilgesellschaft enorme Summen für die Durchsetzung ihrer Interessen aufwenden können.

Kompromisse im Streit über Tiere zu suchen heißt, eine Balance zwischen Schutz und Schädigung von Tieren zu finden. Als Gesellschaft haben wir kulturelle Konzepte entwickelt, die uns bei diesem Balanceakt helfen sollen: die ›artgerechte Tierhaltung‹ und die ›humane Schlachtung‹. Beide sind ideelle Grundpfeiler unseres gegenwärtigen Mensch-Tier-Verhältnisses. Die Fleischindustrie verwendet sie ebenso wie die Politik und einige Tierschutzorganisationen. Aber was genau darunter zu verstehen ist, hängt vom jeweiligen Standpunkt ab und unterscheidet sich entsprechend deutlich. Noch wichtiger ist, dass die Konzepte immer wieder flexibel angepasst werden können, wenn sich die Bedeutung von Artgerechtigkeit und Humanität in der Gesellschaft verändern.

›ARTGERECHTE TIERHALTUNG‹ ALS TANZ AUF DEM DRAHTSEIL

Bei genauerem Hinsehen entpuppen sich die Begriffe als genauso sperrig und widersprüchlich wie unser Umgang mit Tieren insgesamt. Artgerechte Tierhaltung setzt voraus, dass es eine Form der Haltung von Tieren gibt, die ›richtig‹ für die jeweilige Art oder sogar für dieses Tier ›gerecht‹ ist. Bei dieser Frage reden die Tiere selbst natürlich nicht mit. Vielmehr definieren wir Menschen, welche Bedürfnisse und Interessen ein Tier hat und inwiefern diese in den unterschiedlichen Haltungsformen befriedigt werden können. Auch bei diesen Festlegungen handelt es sich nicht um objektive Tatsachen, sondern um das Ergebnis gesellschaftlicher Aushandlung. Unser Wissen, welche Bedürfnisse Tiere haben, und unsere kulturellen Vorstellungen darüber, inwiefern diese relevant sind, haben sich in den letzten siebzig Jahren stark gewandelt.

So wissen wir heute, dass Schweine ein ausgeprägtes Spielverhalten haben. Der Gesetzgeber verpflichtet daher Landwirt*innen seit August 2021, Schweinen jederzeit Zugang zu einem »organischen und faserreichen Beschäftigungsmaterial« zu ermöglichen.[4] Dass die kognitive Beschäftigung der Tiere bei den Haltungsvorschriften berücksichtigt wird, verdeutlicht, dass sich das gesellschaftliche Bild von Schweinen verändert. Die öffentlich diskutierten Probleme industrieller Schweinehaltung beschränken sich nicht nur auf körperliche Schäden, sondern umfassen auch die psychische Belastung der Tiere durch Langeweile und Frustration. Dennoch fristen sie ein Dasein als ›Schnitzel in spe‹ – der Balanceakt zwischen Schutz und Nutzung wird auf Basis neuer Erkenntnisse über das *Seelenleben der Tiere* nicht einfacher.[5] Für die Umsetzung der neuen Regelung reicht es allerdings bereits aus, den Schweinen Jutebeutel oder Holzstücke in die engen Ställe zu legen. Rechtlich sind damit die Mindestbedingungen erfüllt. Auch diese rechtliche Regelung zeigt, wie wir zwischen Verbesserungen in der Tierhaltung und wirtschaftlicher Rentabilität vermitteln wollen. Was denken Sie: Wären die Schweine mit diesem Kompromiss zufrieden?

Die Tierethikerin Hilal Sezgin würde das sicher verneinen. Sie kritisiert das Vorhaben einer artgerechten Tierhaltung grundsätzlich, weil es voraussetzt, dass die Nutzung durch Menschen überhaupt dem jeweiligen Wesen eines Tieres gerecht werden kann. *Artgerecht ist nur die Freiheit,* sagt Sezgin hingegen in ihrem gleichnamigen Buch und argumentiert, dass auch schonendere, reformierte Formen von Tierhaltung fundamentale Elemente tierlichen Lebens verhindern oder verletzen. So hätten die Angehörigen all unserer Nutztierarten den Drang zur Freiheit und den Wunsch zu leben. Jede Nutztierhaltung und jede Schlachtung müssten zwangsläufig gegen diese Bedürfnisse und die daraus abzuleitenden Rechte von Tieren verstoßen.[6]

KANN MAN TIERE AUF ›HUMANE‹ ART TÖTEN?

Auch die Idee der humanen Schlachtung verdeutlicht unser gespaltenes Verhältnis zu Tieren: Menschen wollen einerseits Fleisch essen und nicht auf dieses Privileg verzichten, andererseits möchten sie, dass die Tiere so schonend und schmerzlos wie möglich getötet werden. Lange Transportwege oder unnötiger Stress sollen dieser Idee nach vermieden werden, die Tötung soll ›respektvoll‹ durchgeführt werden. Aber was genau ist gemeint, wenn jemand sagt, ein Tier werde auf »humane und respektvolle Weise« getötet, und wo genau liegt die Grenze zur Unmenschlichkeit im Umgang mit Tieren? Auch diese Grenze ist nicht objektiv bestimmbar und für immer mehr Menschen ist die humane Tötung ein Widerspruch in sich.

Die landwirtschaftliche Tiernutzung ist in Bewegung, und ständig diskutieren und reformieren wir neue Problembereiche: Vom Kükenschreddern über die Anbindehaltung von Kühen bis zur CO_2-Betäubung von Schweinen werden die Grenzen der kulturellen Legitimität in der Tierhaltung immer wieder verschoben. Unsere lange bewährten Übereinkünfte in Sachen artgerechte Nutzung von Tieren sind längst nicht mehr so selbstverständlich wie früher. In der Bevölkerung wächst das Unbehagen angesichts der Schieflage, in der sich unser Verhältnis zu Tieren befindet. Der Flexitarismus ist das wohl offensichtlichste Indiz dafür, dass wir als Gesellschaft nach neuen Wegen suchen. Er ist längst keine Ausnahme mehr, sondern gesellschaftlicher Mainstream.

Diese Entwicklungen sollten aber nicht darüber hinwegtäuschen, dass ein großer Teil der Bevölkerung sich weiterhin entweder keine Gedanken über das Mensch-Tier-Verhältnis macht oder sich dafür entscheidet, mögliches Unbehagen zu verdrängen oder Konflikte zu ignorieren. Und natürlich gibt es auch viele Menschen, die der Diskussion über Tierethik wenig abgewinnen können und die kein Problem mit unserem gegenwärtigen Mensch-Tier-Verhältnis haben. Aber der gesellschaftliche Trend ist klar: Wir stellen unser Verhältnis zu Tieren zunehmend infrage und suchen dabei immer wieder nach neuen Kompromissen.

BORCHERT-KOMMISSION: EIN NEUES IMAGE FÜR DIE NUTZTIERHALTUNG

Die Politik gehört zu den wichtigsten Arenen, in denen wir Kompromissvorschläge aushandeln – selten mit einem Ergebnis, das alle zufriedenstellt. Die Agrarpolitik ist ein besonders hartes Pflaster, weil sich hier eine Vielzahl unterschiedlicher Interessen oft scheinbar unvereinbar gegenübersteht. Um die »gesellschaftliche

Akzeptanz der Nutztierhaltung in Deutschland« zu verbessern, wurde daher 2019 die Borchert-Kommission eingesetzt. Im Auftrag der ehemaligen Landwirtschaftsministerin Julia Klöckner sollte die Kommission Reformvorschläge für die landwirtschaftliche Tierhaltung ausarbeiten. Kein leichtes Unterfangen, wenn man bedenkt, wie sehr das Thema polarisiert. Eine Machbarkeitsstudie zu den Borchert-Empfehlungen kam daher zu dem Schluss, dass »sowohl in der Landwirtschaft als auch bei den kritischen Bevölkerungsgruppen die Sorge besteht, die jeweils ›andere Seite‹ werde sich im Laufe der Zeit nicht mehr an die Abmachungen halten«.[7]

Weniger diplomatisch ausgedrückt heißt das: Die Suche nach einer gesellschaftlich akzeptierten Nutztierhaltung könnte vergeblich sein, weil sich die unterschiedlichen Lager keinen Meter über den Weg trauen. Frust und Skepsis seien nachvollziehbar, so die Autor*innen der Machbarkeitsstudie, weil zahlreiche Reformansätze bisher erfolglos geblieben seien. Ob die Empfehlungen der Borchert-Kommission wirklich einen grundlegenden Wandel in der landwirtschaftlichen Tierhaltung und einen langfristigen gesellschaftlichen Agrarfrieden erzeugen werden, bleibt abzuwarten, darf aber bezweifelt werden. Sicherlich wenig förderlich für die gesellschaftliche Akzeptanz der Nutztierhaltung sind zudem heimlich gedrehte Aufnahmen, wie sie dem *Spiegel* 2022 zugespielt wurden. Zu sehen sind unter anderem verletzte, kranke und offensichtlich leidende Tiere in einem Stall, der ausgerechnet einem der wichtigsten Funktionäre der Fleischbranche und zudem Mitglied der Borchert-Kommission gehören soll.[8]

Mit dem Regierungswechsel Ende 2021 haben die Grünen, die kaum ein gutes Haar an Klöckners Agrarpolitik gelassen haben, das Landwirtschaftsministerium übernommen. Cem Özdemir bekleidet nun als erster Vegetarier das Amt des Agrarministers. Der Ampel-Koalitionsvertrag sieht unter anderem eine »verbindliche

Tierhaltungskennzeichnung« und einen Umbau zu »artgerechter« Tierhaltung vor. Sprachlich unterscheidet er sich dabei kaum von den Plänen seiner Vorgängerin. Es kommt hier darauf an, ob und wie diese Ankündigungen in konkrete Politik übersetzt werden.[9] Und auch Özdemir muss als Landwirtschaftsminister die finanziellen Interessen der tierhaltenden Landwirtschaft berücksichtigen. Er hat gleich zu Beginn seiner Amtszeit klargestellt, dass Fleischkonsum für ihn eine Privatsache ist. Auch die Ampel-Koalition bleibt vor dem Tanz auf dem Drahtseil nicht verschont, denn auch sie muss aushandeln, wie »artgerechte Tierhaltung« im Detail aussehen soll.

Bei der Suche nach dem zukünftigen Mensch-Tier-Verhältnis spielt der Staat eine wichtige Rolle. Er gestaltet die gesellschaftlichen Regeln und beeinflusst damit, wie wir uns verhalten und in welche Richtung wir gemeinsam steuern. Die parteipolitische Handschrift einer Regierung kann dabei einen großen Unterschied machen. Nicht nur Tierschutzgesetze können je nach politischer Färbung mehr oder weniger restriktiv sein. Der Staat formt die Zukunft der Ernährung und der Landwirtschaft auch durch Steuern und Subventionen. So kann die Politik unser Verhalten als Konsument*innen beeinflussen, indem sie beispielsweise höhere Steuern für Fleischprodukte erhebt oder die Mehrwertsteuer auf pflanzliche Produkte senkt. Dadurch werden finanzielle Anreize geschaffen, um den Konsum von Fleisch zu minimieren. Belohnt wird stattdessen ein tier- und klimafreundlicheres Konsumverhalten.

Durch Subventionen kann der Staat auch aktiv den Wandel der Produktion von Lebensmitteln unterstützen, indem er – je nach politischer Vorliebe – wahlweise etwa die ökologische Landwirtschaft oder den Umbau zu noch größeren Tierhaltungsanlagen fördert. Allein schon deshalb sind wir alle als Steuerzahlende in die komplexen gesellschaftlichen Beziehungen zu Tieren eingewoben. Die

Regierung unter Angela Merkel hat beispielsweise die industrielle Landwirtschaft mit großen Fördersummen unterstützt. Eine Studie aus dem Jahr 2021 hat berechnet, dass der deutsche Staat die industrielle Tierhaltung und Schlachtung mit jährlich mindestens 13 Milliarden Euro fördert.[10]

TIERSCHUTZLABELS SOLLEN NEUE KOMPROMISSE ETABLIEREN

Der Staat kann auch Einfluss auf unser Konsumverhalten nehmen, indem er beispielsweise Gütesiegel einführt. Das Tierwohl-Label war ein von Agrarminister Christian Schmidt initiiertes und später von Julia Klöckner umgesetztes Projekt, das die Haltung von Schweinen in unterschiedliche Tierwohl-Stufen einteilt. Das Siegel verspricht mehr Transparenz für die Verbraucher*innen und soll die Kaufentscheidung erleichtern. Hinter dem Siegel steht ein Deutungsangebot der Politik: Wir haben eine legitime Form der Schweinehaltung definiert, und wenn ihr ein Produkt der Tierwohlstufe 3 kauft, könnt ihr sicher sein, dass es keine ethischen Probleme mehr gibt. Derartige Labels sollen Druck aus dem Kessel nehmen.

Die Kritik an Klöckners Siegel folgte erwartungsgemäß auf dem Fuß. Das damalige Agrarministerium rühmte sich damit, dass das Tierwohlsiegel deutlich über die gesetzlichen Mindeststandards hinausgehe. Das ist natürlich erneut eine Frage des Standpunktes, und Tierschutzverbände kritisieren, dass der Unterschied nur kosmetisch sei. Tatsächlich steht Schweinen in der Höchststufe 3 doppelt so viel Platz zu, wie gesetzlich vorgeschrieben. Aber wenn ein sehr kleiner Platz verdoppelt wird, bleibt er weiterhin klein. So suggeriert das Tierwohlsiegel eine Lösung des Dilemmas, aber letztlich müssen wir als Einzelne entscheiden, ob wir einen Platz von anderthalb Quadratmetern als angemessenen Lebensraum für ein

Schwein betrachten. Für Kritik sorgt aber auch der Umstand, dass die Teilnahme am Siegel für Unternehmen freiwillig ist und dass die Gesellschafter der Firma, die das Siegel vergibt, fast ausschließlich aus Verbänden der Fleisch- und Landwirtschaft besteht.

Politischer Wandel ist schwerfällig und kann oft nicht in angemessener Geschwindigkeit auf Veränderungen in der Gesellschaft reagieren. Bis Gesetze formuliert und durch die Parlamente bestätigt werden, können Jahre vergehen. Seit einiger Zeit werden unabhängig von gesetzlichen Vorgaben auch aus dem Einzelhandel heraus Labels entwickelt, die höhere Tierschutzstandards versprechen. Viele große Supermärkte haben etwa angekündigt, im Laufe des Jahres 2022 konventionelle Fleischprodukte unter dem 5×D-Label zu verkaufen. Das steht für »fünf Mal Deutschland«: Geburt, Aufzucht, Mast, Schlachtung und Verarbeitung sollen hierzulande durchgeführt werden. Damit reagieren die Supermärkte auf die sich verändernden Erwartungen der Konsument*innen und ziehen eine neue Grenze der Legitimität – suggerieren aber auch, dass die Probleme der industriellen Fleischproduktion aus dem Ausland stammen. Die so gezogenen Linien sollen verunsicherte Fleischkonsument*innen beruhigen und den flexitarischen Trend abschwächen. Aber die grundlegenden Legitimationskonflikte im Mensch-Tier-Verhältnis werden auch sie kaum auflösen können.

IDEEN, MACHT UND INTERESSEN BEEINFLUSSEN AUCH DIE KOMPROMISSFINDUNG

Die landwirtschaftliche Tierhaltung ist bei Weitem nicht das einzige Konfliktfeld, in dem wir nach neuen Wegen suchen. Auch Qualzuchten von Haustieren, Pelztierhaltung, Tierversuche oder die Haltung von Wildtieren in Zoo und Zirkus sind politische Dauerbrenner. Erinnern Sie sich an die Unterscheidung von Ideen, Macht und Interessen aus dem ersten Kapitel. Je nach Thema haben wir es hier mit unterschiedlichen sozialen Gruppen zu tun, die an der Aushandlung dieser Probleme mitwirken.

In einigen Fällen bahnt sich ein Ende der Kompromisssuche an. Die Pelztierhaltung ist in Deutschland zwar nicht verboten, aber die Auflagen sind so hoch, dass sie praktisch nicht mehr existiert. Kompromisse in der Zucht von Nerzen und Füchsen werden wir in Zukunft wohl nicht mehr aushandeln müssen. Aber was denken Sie? Sollte der Verkauf von Pelzprodukten verboten werden? Hier geht das nächste Tauziehen los – diesmal zwischen Tierschutzvereinen und den Interessen des Einzelhandels.

Ob Kompromisslösungen erfolgreich sind, hängt davon ab, ob ausreichend viele Menschen mit ihnen zufrieden sind. Steigt der Druck im Kessel, entbrennt schnell ein neuer Deutungskonflikt. Zudem steigt die Zahl der Menschen, die beim Mensch-Tier-Verhältnis nicht mehr kompromissbereit sind. Das ist weder gut noch schlecht, sondern bedeutet nur, dass sie bestimmte Interessen nicht als berechtigt anerkennen. Wenn Menschen das Essen von Tieren grundsätzlich ablehnen, sind sie auch nicht zufrieden, wenn Hühnern einige Quadratzentimeter mehr Platz eingeräumt wird.

Kompromissbereitschaft ist kein feststehender Wert an sich. Je nach Kontext kann sie Grundlage für ein friedfertiges Zusammenleben oder auch Ausdruck des Mangels einer konsequenten Haltung sein. Bei manchen Themen sind wir einfach nicht kompromissbereit. Historisch betrachtet müsste man sagen »nicht mehr«. Das Schlagen von Kindern galt früher als akzeptierte Erziehungsmaßnahme. Heute würden Sie dem Kompromiss, dass Kinder nur noch sonntags mit der Gerte gezüchtigt werden dürfen, wohl nicht zustimmen. Es ist spannend zu beobachten, wie Gesellschaften die Themenbereiche abstecken, in denen Kompromisse vernünftig erscheinen und wo sie Entsetzen auslösen.

Immer häufiger stoßen wir bei dem Versuch, Kompromisse in den Konflikten über die Mensch-Tier-Beziehung zu finden, an eine Grenze. Das liegt daran, dass es grundlegende Widersprüche in diesem Verhältnis gibt, die sich durch kleinschrittige Reformen nicht auflösen lassen. Widmen wir uns nun den Grenzen des Kompromisses.

Warum Kompromisse ihre Grenzen haben

Erbarmungslos schlug er im Schutz der Dunkelheit zu. »Die geköpften Opfer«, so berichteten die *Westfälischen Nachrichten*, »heißen Marianne, Fussel, Knuffi oder Knuffinchen – und sie alle waren vollkommen unschuldige Zwergkaninchen.«[11] Von 2007 bis 2009 brach der »Kaninchenmörder von Witten« in die Gärten ahnungsloser Menschen ein und tötete dort zahlreiche Kaninchen, aber auch Hühner und Enten, auf grausame Weise. Die eigens dafür eingerichtete »Ermittlungskommission Tierschutz« schrieb eine Belohnung aus, befragte über dreihundert Menschen und schloss selbst einen satanistischen Hintergrund der Taten nicht aus. Doch sie tappte noch lange im Dunkeln, bis sie im Mai 2009 einen Erfolg vermelden konnte: Die Polizei nahm einen jungen Mann fest, dem in der Lokalpresse eine geistige Beeinträchtigung zugeschrieben wurde. In seiner Wohnung fanden die Ermittler tütenweise verweste Tiere. Der Mann wurde in eine geschlossene Psychiatrie verbracht. Die Enttäuschung der Ermittler muss groß gewesen sein, als kurz nach der Festnahme ein weiteres enthauptetes Kaninchen gefunden wurde. Der Täter, der über hundert Tiere auf dem Gewissen hat, bleibt bis heute ein Phantom.

UNGLEICH VERTEILTE SYMPATHIE

Vielleicht erinnert Sie die Geschichte des Kaninchenkillers von Witten an die Herforder Entenfamilie aus dem ersten Kapitel. Beide zeigen, wie ungleich unsere Sympathie und unser Mitleid für Tiere verteilt sind. Der »Wittener Tierkiller« hat Kaninchen, Hühner und Enten getötet – allesamt Tiere, die gewöhnlich auch geschlachtet werden. Natürlich schockiert die Art der Tötung in diesem Fall, aber es ist doch bemerkenswert, wie unterschiedlich die jeweiligen Tötungen bewertet werden. Derlei Beispiele gibt es zuhauf. Als 2021 auf den Färöerinseln an einem Tag über tausend Delfine geschlachtet wurden, hat das auch in Deutschland zu einem Aufschrei des Entsetzens geführt. Dass täglich rund 145.000 Schweine in Deutschland sterben, erzeugt deutlich weniger Empörung.[12]

Die Zuordnung von Tieren im System der Tierkategorien verliert als Argument für die moralische Ungleichbehandlung an Überzeugungskraft. Das liegt auch daran, dass wir immer deutlicher merken, wie willkürlich diese Zuordnungen sind. Kaninchen, die in Gärten gehalten werden, unterscheiden sich nicht grundsätzlich von ihren Artgenossen in den Mastanlagen. Dass die Tötung der einen ›Mord‹ und die der anderen ›Schlachtung‹ genannt wird, obwohl es sich um ein und dieselbe Tierart handelt, offenbart, dass unsere kollektiven Werturteile sozial konstruiert sind.

In Aussagen wie »Schweine sind dafür da, gegessen zu werden« oder »Delfine sind faszinierende und intelligente Tiere, die unseren Schutz verdienen« könnten die Wörter »Schweine« und »Delfine« auch vertauscht werden. Eine Gesellschaft, in der Schweine als heilige Tiere oder schützenswerte Haustiere gelten, während man an jeder Straßenecke Delfinburger kaufen kann, würde uns zwar überraschen, ist aber denkbar (auch wenn die industrielle Zucht von Delfinen vermutlich schwierig würde). Wenn wir uns bewusst machen, wie sehr sich weltweit die gesellschaftlichen Tierbilder unterscheiden, wird deutlich, wie willkürlich diese Zuschreibungen sind.

WIE GEHEN WIR MIT WIDERSPRÜCHEN UM?

Wir stoßen immer öfter auf Widersprüche im Verhältnis zwischen Menschen und Tieren, die sich nicht durch Kompromisse und kleinere Kursanpassungen auflösen lassen. Etwa, dass wir Nutztiere zwar wie Dinge behandeln und verwerten, sie aber de facto keine Dinge, sondern empfindungsfähige Lebewesen sind. Widersprüche sind in modernen Gesellschaften nichts Ungewöhnliches. Zur Diskussion steht aber, wie wir mit diesen Widersprüchen umgehen. Wir können sie zum Beispiel als soziale Spannung aushalten, können Ideologien zu ihrer Legitimation finden oder wir können versuchen, sie aufzulösen.

Manchmal sind es die Tiere selbst, die uns auf unsere paradoxen Beziehungen zu ihnen hinweisen. Etwa wenn Tiere, die eigentlich ein Dasein als »lebende Dinge« fristen sollten, uns durch ihr eigenmächtiges Handeln an ihre Persönlichkeit erinnern. Denken Sie nur an das Wunderschwein Esther oder die fliehende Kuh Yvonne, die unsere Sympathie erhalten, obwohl dem Leben ihrer Artgenossen mit Gleichgültigkeit begegnet wird.

Manchmal sind es aber auch unsere Ideen, die sich verändern. Plötzlich passen Teile unserer konstruierten Ordnung der Tiere hinten und vorne nicht mehr. Kommen wir noch einmal auf das Verbot des Hundeschlachtens zurück, das wir uns in Kapitel 3 schon einmal angesehen haben. Dessen Geschichte verdeutlicht nicht nur den sozialen Aufstieg der Hunde, sondern zeigt auch, wie Kompromisse an ihre Grenze geraten, weil die Menschen keine kleinen Kurskorrekturen mehr akzeptieren. Viele Menschen sind überrascht, wenn sie hören, dass das Schlachten von Hunden in Deutschland noch bis 1986 legal war. Das ist umso bemerkenswerter, als dass es seit den 1950er-Jahren einen breiten gesellschaftlichen Konsens gab, dass Hunde keine Schlachttiere sind. Tierschutzvereine hatten erfolgreich die Bevölkerung und auch zahlreiche namhafte Politiker wie den ehemaligen Bundespräsidenten Theodor Heuss auf ihre Seite gebracht. Selbst Vertreter der Fleischbranche machten sich für das Verbot stark. Dennoch scheiterten vier Gesetzentwürfe zum Verbot des Hundeschlachtens. Wie kam es dazu?

Das Problem lag in der Begründung des Verbots. Die Politiker*innen argumentierten genau wie die Tierschutzbewegung, dass das Schlachten von Hunden unmoralisch sei. Damit trafen sie genau jene Gefühle, die auch in der Bevölkerung vorherrschten. Auch damals schon standen Menschen ihren Hunden emotional und sozial so nah, dass deren Verzehr als Akt der Barbarei betrachtet wurde. Die Politiker*innen übersahen aber, dass dieses Argument gefährlich ist, denn es könnte auf andere Tiere übertragen werden. Wenn wir Hundeschlachtungen aus moralischen Gründen ablehnen, was ist dann mit anderen Tieren? Ab wann ist der moralische Status eines Tieres hoch genug, dass wir es nicht mehr schlachten und essen? Was ist etwa mit Pferden, die ihre landwirtschaftliche Funktion bereits weitgehend verloren haben und deren Verzehr für immer mehr Menschen ein Tabu ist? Wenn wir das Schlachten von Tieren aus moralischen Gründen verbieten, müssen wir gleichzeitig begründen, warum wir die neue moralische Trennlinie genau dort ziehen, wo wir sie ziehen. Das Verbot des Hundeschlachtens war eine Büchse der Pandora, die zu öffnen unerwünschte Folgen haben könnte: die grundsätzliche Infragestellung der Legitimität von Schlachtungen.

Die neuen kulturellen Ideen über Hunde in der Bevölkerung und ihr rechtlicher Schutz vor Schlachtung konnten erst 1986 durch einen Trick in Einklang gebracht werden, durch den die moralische Begründung des Verbots und damit seine unerwünschten Nebenwirkungen umgangen werden konnten. Hundeschlachtungen wurden kurzerhand als hygienisches Problem definiert, durch das Schlachthofangestellte und Konsument*innen gefährdet würden. Das Verbot konnte nur durchgesetzt werden, weil aus dem moralischen Problem ein hygienisches Problem gemacht wurde. So wurde die Ausweitung von Schlachtverboten auf andere Tiere vermieden. Durch diesen Umweg konnte das moralische Problem umgangen werden – und die Büchse der Pandora bleibt bis heute geschlossen.

Dieses Beispiel zeigt, wie Reformen und Kompromisse an die Grenze ihrer Möglichkeiten geraten können. Wenn die Tötung eines Tieres grundsätzlich abgelehnt wird, kann es keine Kompromisslösungen geben. Niemand sprach sich dafür aus, die Hunde artgerechter zu halten oder auf humanere Weise zu töten. Beim Schutz der Hunde vor der Schlachtung wollten die Menschen keine Kompromisse eingehen. Selbstredend meiden wir Hunde- und auch Katzenfleisch nicht, weil es unhygienisch ist, sondern weil wir es moralisch abstoßend finden, solches Fleisch zu essen. Wie sehen Sie das? Wo genau verläuft die Grenze zwischen guter und schlechter Tötung? Würden Sie Kaninchen, Meerschweinchen oder Pferde essen? Und wie stehen Sie zu Schweinen, Fischen und Hühnern? Wenn wir uns auf diese Fragen einlassen und über die moralische Ungleichbehandlung der Tiere nachdenken, geraten unsere Tierbilder ganz schön in Bewegung!

KOMPROMISSE IN DER SACKGASSE?

Genau diese Problematik greifen Tierrechtsorganisationen heute auf: Sie stellen die sozial konstruierten Grenzen zwischen guter und schlechter Nutzung und Tötung von Tieren grundsätzlich infrage. Anstelle immer weiterer, kleiner Veränderungen fordern sie, dass die Herstellung von Tierprodukten ein Ende haben sollte. Denn nur so könne der Widerspruch zwischen Schutz und Nutzung aufgelöst werden: indem wir auf unser Privileg der Tiernutzung verzichten und Tieren keine Schäden mehr zufügen.

Für Menschen, die Tieren ein grundlegendes Recht auf Leben zusprechen, besteht das Problem der Definition moralischer Grenzen bei der Schlachtung nicht. Nur wer grundlegend der Meinung ist, dass Tiere genutzt und dafür auch verletzt und getötet werden dürfen, kann mit Kompromissen in Art und Umfang der Haltung und Schlachtung zufrieden sein. Ein Grundrecht auf Leben, wie es zum Beispiel Tierrechtler*innen fordern, ist hingegen nicht verhandelbar: Es gibt keinen Kompromiss zwischen Leben und Tod. Die Idee, dass Tiere, so wie Menschen, ein grundsätzliches Recht auf ihr Leben haben sollten, gewinnt an Boden im Deutungskampf über das Mensch-Tier-Verhältnis. War diese Sichtweise in den 1990er-Jahren noch absolut randständig, lehnt heute ein zwar weiterhin kleiner, aber zunehmend relevanter und vor allem wachsender Teil der Gesellschaft das Schlachten von Tieren aus moralischen Gründen ab.

Interessanterweise gilt aber nicht mal für Hunde ein grundlegendes Lebensrecht. Zwar dürfen wir sie nicht mehr schlachten oder »ohne vernünftigen Grund« töten, wie es das Tierschutzgesetz formuliert, aber Tierversuche gelten weiterhin als »vernünftig«. Sie zeigen, dass je nach Kontext selbst innerhalb einer Tierart unterschiedliche Regeln gelten können. Während wir uns über die Rentenansprüche von Polizeihunden sorgen, starben 2019 immer noch 3519 Hunde in deutschen Versuchslaboren.[13] Widersprüche wie dieser haben aber das Potenzial, zur nächsten öffentlichen Kontroverse über das Mensch-Tier-Verhältnis zu werden.

Kompromisse haben aber noch einen weiteren Nachteil: In Krisenzeiten können sie zu langsam sein. Öffentliche Debatten, in denen Kompromissvorschläge diskutiert und Menschen überzeugt werden, benötigen Zeit – Zeit, die wir manchmal nicht haben. Die lange Debatte über eine Corona-Impfpflicht hat das gezeigt: Um einen Teil der Bevölkerung nicht weiter zu isolieren oder zu verärgern, hat die Politik lange gewartet und Kompromisse in der Bekämpfung der Pandemie gesucht, bis die Lage Ende 2021 so dramatisch wurde, dass erste Impfpflichten für einige Berufsgruppen angekündigt wurden. Die Suche nach Kompromissen kann also auch wichtige Entwicklungen ausbremsen.

Auch in der Klimakrise ist die Suche nach Kompromissen möglicherweise eher Teil des Problems und nicht Teil der Lösung – je nachdem, wie viele wichtige Maßnahmen des Klimaschutzes aus Rücksicht auf einige Bevölkerungsteile oder die Wirtschaft eingeschränkt werden. Natürlich sind Kompromisse angesichts der komplexen Interessens- und Deutungskonflikte im Kontext des Klimawandels unabdingbar. Wenn aber jahrzehntelang auf internationalen Klimagipfeln klimapolitische Kompromisse verhandelt beziehungsweise verzögert werden, weil die wirtschaftlichen Interessen einzelner Staaten und Konzerne offenbar schwerer wiegen als die gemeinsame Suche nach effektiven Lösungen, scheitert die kollektive Kompromissfindung. Die Klimakrise wartet schließlich nicht darauf, dass sich die politische ›Weltgemeinschaft‹ einigt.

Viele praktische Klimaschutzmaßnahmen sind möglicherweise Kompromisse, die nicht ausreichen, um die Klimakrise zu bewältigen. Anstatt den Fleischkonsum drastisch zu senken, versuchen etwa einige Forscher*innen, die Tierhaltung klimafreundlicher zu gestalten – etwa durch Futtervergabe, die weniger Klimagase produziert. Aber auch eine ›klimaoptimierte‹ Tierhaltung ist weit klimaschädlicher als der Anbau von Pflanzen. Es ist sehr unwahrscheinlich, dass wir durch derartige Veränderungen allein die Klimakrise in den Griff kriegen.

Tatsache ist, dass sowohl die aktuelle Klimapolitik der deutschen Bundesregierung als auch die gemeinsamen Anstrengungen der Weltgemeinschaft zahlreichen Studien zufolge nicht ausreichen, um das vom Weltklimarat IPCC definierte 1,5-Grad-Ziel noch zu erreichen. Ein Umbau der Tierhaltung und eine deutliche Reduktion des Fleischkonsums in den kommenden Jahren sind daher realistische Szenarien, die aber nicht allen schmecken werden.

Wenn Krisen Kompromisslösungen verhindern und daher drastische Maßnahmen erzwingen, droht gesellschaftliche Spaltung, die sich manchmal aber nicht umgehen lässt. Aber es gibt alternative Wege, die ein ganz anderes Verhältnis zwischen Menschen und Tieren aufzeigen. Schauen wir uns einige aktuelle Konzepte für einen grundsätzlichen Richtungswandel in der Mensch-Tier-Beziehung an.

Die Kuh im Wohnzimmer – Utopien für ein neues Mensch-Tier-Verhältnis

Jan Gerdes war schon immer ein Pionier. In den 1980er-Jahren führte er einen der ersten Biomilchbetriebe. Weil er seine Tiere liebte, wollte er nach neuen Wegen in der Kuhhaltung suchen. Auch Karin Mück liebte Tiere, aber ihre Suche nach neuen Wegen endete mit einer Haftstrafe. In den 80er-Jahren brach sie in Versuchslabore ein und befreite Tiere. Sie war Teil einer Untergrundgruppe, die sich nicht mit Demonstrationen und Petitionen zufriedengeben wollte. Karin und ihre Mitstreiter*innen wurden von der Bundesanwaltschaft als terroristische Vereinigung verfolgt und nach intensiver Beschattung schließlich gefasst.

Viele Jahre nach Karins Haft lernte sie Jan kennen, und weil das Schicksal manchmal auch Gegensätze zusammenbringt, verliebten sich die beiden. Dabei war Jan für Karin eigentlich ein Tierausbeuter: Auch er nutzte die Kühe aus, nahm ihnen die Kälbchen weg. Auch Jan schickte seine Tiere zum Schlachter, wenn sie zu alt und unprofitabel waren. Aber Liebe überwindet viele Gräben. Je mehr sich Jan auf Karins Sichtweise einließ, desto mehr stand für ihn fest, dass es so nicht weitergehen konnte. Seine Zuneigung zu den Tieren konnte er nicht mehr mit der ewigen Wiederholung von Aufzucht, Ausnutzung und Abtransport zur Schlachtung in Einklang bringen.

Also fasste er einen folgenschweren Entschluss: Ein allerletztes Mal sollten die Tiertransporter kommen, noch einmal sollten sie Kühe holen und dann einen leeren Hof hinterlassen. Mit der Kuhhaltung sollte ein für alle Mal Schluss sein. So lautete der Plan. Nach und nach verließen immer mehr Kühe den Hof. Doch kurz bevor die letzten Tiere abgeholt werden sollten, hielt Jan es nicht mehr aus. Ein Leben ganz ohne seine Tiere, das war für ihn undenkbar. Also entschied er sich, gemeinsam mit Karin etwas Revolutionäres zu tun.

Der Pioniergeist war wieder geweckt und die beiden gründeten, mit den letzten lebenden Kühen als erste Bewohnerinnen, den Lebenshof Butenland – ein Kuhaltersheim, in dem die Tiere eines natürlichen Todes sterben dürfen.[14]

Weltweit gibt es viele Lebenshöfe wie den Hof Butenland, aber sie sind Ausnahmen zur Regel der landwirtschaftlichen Tierhaltung. Lebenshöfe sind nicht nur Schutzräume für einige glückliche Tiere, sondern utopische Gegenentwürfe zu unserem Mensch-Tier-Verhältnis. Natürlich können die Milliarden an Schweinen,

Rindern, Hühnern und anderen Nutztieren nicht von heute auf morgen auf Lebenshöfe umziehen. Aber die Höfe sind soziale Experimente, mit denen wir eine friedliche Koexistenz der Arten ausprobieren können. Immer mehr Menschen suchen nach solchen Alternativen. In der Kunst, der Wissenschaft oder im alltäglichen Leben werden derzeit Konzepte entwickelt, in denen Tieren grundlegende Rechte auf Leben und körperliche Unversehrtheit zugestanden werden. Wenn diese Ideen auch weit von der flächendeckenden Umsetzung entfernt scheinen, so lohnt es sich dennoch, sie genauer zu betrachten.

Der Maler Hartmut Kiewert erschafft beispielsweise mit seinen Bildern fiktive Räume utopischer Mensch-Tier-Beziehungen. Ein Bild, das ich besonders mag, zeigt eine Kuh in einem Wohnzimmer. Ich lasse Ihnen jetzt ein paar Sekunden, um noch einmal einen Blick auf das Cover dieses Buchs zu werfen. Das Bild irritiert, weil es die Kuh als Stellvertreterin für die Nutztiere insgesamt aus ihrer gesellschaftlich erzwungenen Unsichtbarkeit reißt. Die Tiere in Kiewerts Bildern sind ›jemand‹ und nicht ›etwas‹. Indem der Maler Haustiere und Nutztiere als Bewohner unserer Wohnungen tauscht, durchkreuzt er unsere Erwartungen und mahnt an, dass es auch anders ginge. Natürlich ist das sinnbildlich gemeint. Dass Schweine und Kühe den Hunden ihren Rang als alltägliche Begleiter streitig machen, ist unwahrscheinlich. Aber die Darstellung einer Kuh auf dem heimischen Parkett, statt auf industriellem Spaltenboden, verdeutlicht die Möglichkeit, auch in einer Kuh ein Du zu sehen, eine individuelle Persönlichkeit. Die Gemälde von Hartmut Kiewert sind voller solcher Irritationen, die eine normative Neuordnung andeuten, in der Tieren – unabhängig von ihrer Spezies – ein geschützter Platz in der menschlichen Gesellschaft zukommt.

TRADITION WAR GESTERN: AUF ZU NEUEN UFERN

Menschen stellen Gewohntes heute viel mehr als früher infrage und probieren alternative Lebensweisen und Weltsichten aus. Das ist kein Zufall, sondern hat mit der Entwicklung unserer Gesellschaft und unseres Denkens zu tun. Lange waren die westliche Kultur und unser Alltagsdenken durch das *dualistische Prinzip* geordnet: Kultur und Natur wurden ebenso als Gegensätze verstanden wie Mann und Frau, Mensch und Tier oder Vernunft und Emotion. Die Dinge hatten eine klare Struktur und waren hierarchisch geordnet. Der Mann sollte über der Frau stehen, der Mensch über den Tieren, die Kultur über der Natur. Am Ende stand der weiße, besitzende, heterosexuelle Mann ganz oben auf der sozialen Leiter.[15]

Heute sind traditionelle Bindungen, wie sie Religion, Familie oder die bürgerliche Kultur geboten haben, weniger einflussreich und das unabhängige Individuum tritt in den Mittelpunkt. Persönliche Entfaltung, Chancengleichheit und individuelle Rechte sind heute zu Leitmotiven geworden, die zwar noch nicht überall realisiert sind, aber unsere Kultur nachhaltig verändert haben. Im Vergleich zu den 1950er-Jahren sind öffentliche Diskurse heute viel stärker durch vielfältige Stimmen und Identitäten geprägt. Damit verlieren auch dualistische Ordnungsprinzipien an Überzeugungskraft. Warum sollten Sie sich unterordnen und keine Ansprüche auf Ihre freie persönliche Entfaltung und Ihre Grundrechte stellen, nur weil Sie auf der vermeintlich unterlegenen Seite des Dualismus stehen? Dass alte Ordnungen bröckeln und durch eine kosmopolitische und weniger eindeutig strukturierte Gesellschaft ersetzt werden, löst im rechten und konservativen Lager zwar immer wieder heftige Proteste aus, aber der Trend der letzten siebzig Jahre geht klar in die Richtung der Auflösung traditioneller und starrer Ordnungsmuster.

Weil Traditionen nicht mehr ohne Weiteres als Leitmotiv für unser Denken gelten, verlieren auch einige Begründungen für unsere Behandlung von Tieren als Dinge an Plausibilität. Vielen Menschen reichen die Argumente »Wir haben schon immer Tiere gegessen« oder »Gott hat uns die Tiere als Untertanen geschenkt« nicht mehr aus, um zum Beispiel den Fleischkonsum zu rechtfertigen. Demgegenüber führen die starke Betonung der Individualität und die zunehmende gesellschaftliche Einbindung und Anerkennung ehemaliger »Randgruppen« dazu, dass auch Tiere verstärkt als einzigartige Lebewesen betrachtet werden, die zu Unrecht als Waren und Ressourcen einen Platz am Rand der Gesellschaft fristen.

Der neue Stellenwert der Individualität führt aber nicht notwendigerweise zu Vereinzelung und Egoismus. Zwar gibt es diese Tendenzen in westlichen Gesellschaften, aber wie wir im letzten Kapitel gesehen haben, zwingen uns die menschengemachten ökologischen Krisen auch, unser eigenes Handeln immer stärker im globalen und ökologischen Kontext zu sehen. Eine Betonung des Individuums führt vielmehr auch dazu, dass mehr Menschen Verantwortung für ihr individuelles Handeln im politischen und globalen Kontext übernehmen. Die ökologischen Krisen, aber auch die zunehmende Akzeptanz von Vielfalt in der Gesellschaft lehren uns, auch unseren eigenen Platz in der Welt neu zu denken.

WIR SIND NICHT DER NABEL DER WELT

An die Stelle der uneingeschränkten menschlichen Dominanz über die Natur tritt allmählich ein Verständnis ökologischer Verflechtungen und wechselseitiger Abhängigkeiten. Seit Kopernikus wissen wir, dass wir nicht der Mittelpunkt des Universums sind. Seit Darwin wissen wir, dass wir nur eine Tierart unter vielen sind. Und seit Freud wissen wir, dass ein beträchtlicher Teil unseres Handelns durch unbewusste Prozesse bestimmt ist. Hierbei handelt es sich um kollektive narzisstische Kränkungen, die die Menschheit durch ihr Erkennen der Welt durchleben musste. Die Einsicht, dass das Überleben unserer Spezies von dem Überleben eines so kleinen Tieres wie der Biene abhängt, ist eine weitere narzisstische Kränkung, mit der sich die menschliche Überheblichkeit nun in der heutigen Zeit konfrontiert sieht.

Wir müssen lernen, dass wir weder biologisch noch sozial isoliert von Tieren und der restlichen Natur sind. Wechselseitige Verflechtungen und Abhängigkeiten sind keine Ausnahmen, sondern die Regel. Natürlich haben wir Menschen dennoch eine gewisse Sonderrolle in der Natur, weil wir die einzigen Tiere sind, die derart komplexe Kulturen und Gesellschaften bilden und weil wir über enorme intellektuelle Fähigkeiten verfügen. Aber uns trennt kein kategorischer Graben von den anderen Tieren, sondern nur unser Sonderweg, den wir als Spezies genommen haben.

Der wichtigste Unterschied zwischen uns und allen anderen Lebewesen auf diesem Planeten liegt nicht in irgendwelchen Leistungen und Fähigkeiten, sondern in unserer Verantwortung. Als einzige Tiere sind wir in der Lage, die Welt, auf der wir alle leben, so maßgebend zu verändern, dass wir sie zerstören könnten. Und als einzige Tiere sind wir in der Lage, ethische Diskussionen über unser individuelles und kollektives Handeln zu führen. Ein Raubtier kann keine moralische Verantwortung für sein Tun übernehmen – wir schon. Die sozialen Ordnungen von Wildtieren sind maßgeblich biologisch vorbestimmt. Für uns Menschen gilt das nicht. Unsere Freiheit und unsere Intelligenz verpflichten uns, unser Handeln zu reflektieren und zu begründen.

Wenn wir die wechselseitige Abhängigkeit der Lebewesen ernst nehmen und uns als einen Teil des globalen Ökosystems verstehen, nehmen wir uns die (von uns selbst geschmiedete) Krone der Schöpfung vom Haupt und reihen uns ein in das Konzert der Vielfalt der Arten. Die unterschiedlichen Lebenswelten der Arten auf diesem Planeten durchkreuzen und beeinflussen sich immer wieder gegenseitig.

Erinnern Sie sich an den kostbaren Matsutakepilz aus dem zweiten Kapitel? Die Anthropologin Anna Lowenhaupt Tsing hat gezeigt, wie die Tatsache, dass sich dieser Pilz nicht züchten lässt, zu internationalen Handelsbeziehungen zwischen den USA, China, Finnland und Japan führt. Weil sich der Pilz nicht durch menschliche Technik unterwerfen und vervielfältigen lässt, strukturiert er – ohne es selbst bewusst zu wollen – das Leben unzähliger Menschen von Sammler*innen in provisorischen Walddörfern über Zwischenhändler*innen mit Dauerjetset bis zu japanischen Waldmanagern*innen auf völlig unterschiedliche Weise.[16]

Ein solches Verständnis der Welt in wechselseitigen Verflechtungen ermöglicht es auch, unser Auge für fließende Übergänge anstelle für eindeutige Unterschiede zu schulen. Es würfelt die gewohnten Ordnungsmuster durcheinander. Das hat bereits zu fundamentalem kulturellem Wandel geführt, und wir akzeptieren Uneindeutigkeit mehr als früher. So etablieren sich beispielsweise Geschlechtsidentitäten jenseits der Zweigeschlechtlichkeit, und Geschlechterrollen basieren heute viel weniger auf traditionellen Vorstellungen über vermeintlich männliche und weibliche Eigenschaften. Das Denken in Kontinuitäten und Verflechtungen anstelle von Hierarchie und Unterordnung erlaubt auch, die Rolle von Tieren als Gesellschaftsmitglieder neu zu denken.

TIERE ALS STAATSBÜRGER?

In den Sozialwissenschaften werden aktuell Konzepte von derart durcheinandergewürfelten Mensch-Tier-Beziehungen diskutiert. Diese fordern nicht nur, dass Tiere Grundrechte – etwa auf ihr Leben oder auf körperliche Unversehrtheit – haben sollten. Diese Theorien diskutieren, wie sich unsere Gesellschaft verändern würde, wenn wir den domestizierten Tieren darüber hinaus Staatsbürgerschaft geben würden. Vielleicht irritiert Sie dieser Gedanke, aber die Theorie der *Animal Citizenship* hat in der internationalen Forschung zur Mensch-Tier-Beziehung Aufsehen erregt und wird heiß diskutiert. Dass nur einigen Tieren dieser neue Status zukommen soll, hat aber nichts mit einer moralischen Höherwertigkeit von Haus- und Nutztieren zu tun. Vielmehr handelt es sich um sogenannte *relationale Tierrechte*, weil sie anders als unveräußerliche Grundrechte nur in Relation zu den sozialen Verflechtungen zwischen Menschen und Tieren entstehen.[17]

Der Grundgedanke lautet wie folgt: Haus- und Nutztiere wurden durch ihre Domestikation (meistens per Zwang) zu Mitgliedern der Gesellschaft. Sie sind keine Außenstehenden, sondern mittendrin. Und weil wir Menschen diese Tiere von uns abhängig gemacht haben, reicht es nicht aus, ihnen »nur« ein Recht auf ihr Leben zu gewähren (was natürlich in unserer heutigen Gesellschaft schon revolutionär wäre). Diese Tiere haben durch ihre Mitgliedschaft in der Gesellschaft auch das Anrecht auf staatlich garantierte Fürsorge und Versorgung erworben. Unsere Gesellschaft kennt zumindest schon Ansätze solcher sozialen Rechte für Tiere. Denken Sie an die Polizeihunde in Rente, die einen durch ihre menschlichen Halter*innen einklagbaren Anspruch auf Krankenversorgung erhalten.

Staatsbürgerschaft sieht auch vor, dass die Interessen von Tieren politische Berücksichtigung finden müssen. Natürlich können

Tiere keine Parteien gründen oder protestieren gehen. Aber bereits aus dem Natur- und Klimaschutz kennen wir Konzepte, wie derartige Interessen berücksichtigt werden können. Etwa, dass bei jeder politischen Entscheidung nicht nur die Interessen aktuell lebender Menschen, sondern auch die Interessen zukünftiger Generationen oder der Natur in Betracht gezogen werden müssen. Menschliche Vertreter*innen könnten die Interessen der Tiere in Parlamenten, Gremien und Ausschüssen einbringen.[18]

Staatsbürgerrechte erhält nur, wer Mitglied einer politischen Gemeinschaft ist. Deshalb handelt es sich auch nicht um eine unfaire Benachteiligung von nicht domestizierten Tieren wie etwa Wildtieren. Die Vertreter*innen dieser Theorie sagen, dass Wildtiere keine Gesellschaftsmitglieder im politischen Sinne sind und ohnehin kein Interesse daran hätten, eine Krankenversicherung durch Menschen zu erhalten. Wildtiere werden vielmehr als Mitglieder einer fremden, souveränen Nation betrachtet, in deren innere Angelegenheiten wir uns nicht einmischen sollten, deren nationales Terrain wir aber zu respektieren haben. Entsprechend hätten Wildtiere ein Recht auf durch Menschen möglichst ungestörte Wildnis. Wie wichtig ein solcher Schutz natürlicher Lebensräume ist, hat das Beispiel des Artensterbens schon verdeutlicht.

Spannend ist an diesem Gedanken auch, dass der fundamentale Unterschied in der Behandlung von Nutztieren und Haustieren aufgehoben werden würde. Inwiefern bestimmte Formen der landwirtschaftlichen Arbeit von Tieren dadurch noch möglich wären, ist umstritten. Dass diese Arbeit ohne Zwang und Gewalt passieren muss, setzt die Theorie aber voraus – Schlachtungen von Schweinen, Rindern und anderen Nutztieren wären demnach nicht mehr möglich. De facto käme die Staatsbürgerschaft für domestizierte Tiere einem immensen Statusanstieg der Nutztiere gleich.

TECHNOLOGIE ALS HEILSBRINGERIN?

Die bisher dargestellten Zukunftsentwürfe haben gemein, dass sie eine friedliche Koexistenz von Menschen und Tieren vorstellen. Während wir eine solche Beziehung zu Haustieren bereits erproben, müsste die Beziehung der Menschen zu Nutztieren völlig neu gedacht werden. Diese Neuordnung bedeutet in der Praxis auch den Verzicht auf die Nutzung von Tieren. Wir haben bereits gesehen, wie Forscher*innen und Unternehmen deshalb versuchen, Tierprodukte herzustellen, ohne dass dafür Tiere sterben müssen. Clean Meat und andere, im Reagenzglas hergestellte Tierprodukte sollen die Ambivalenzen im Mensch-Tier-Verhältnis technologisch auflösen: Wir lagern die Fleischproduktion aus dem Tierkörper in das Labor aus.

Technologie ist heute so etwas wie eine Heilsbringerin geworden. Vor allem wirtschaftsliberale Parteien setzen große Hoffnungen darauf, dass menschliche Kreativität und wissenschaftliche Forschung neue Techniken entwickeln, mit denen etwa die Klimakrise gelöst werden kann, ohne dass wir unseren gewohnten Lebensstil umfassend einschränken müssen. Das Problem ist, dass diese technischen Lösungen nur potenzielle Zukünfte darstellen, die die defekte Gegenwart noch nicht reparieren können. Dadurch bekommen die technischen Lösungen etwas Messianisches: Sie sind ein Versprechen, dass die Rettung eines Tages kommen wird – wie der Heiland, der in unbestimmter Zukunft die Erlösung bringt. Das bedeutet nicht, dass wir nicht in technische Entwicklungen investieren sollten, denn die Geschichte der Menschheit ist voller heilsbringender Entdeckungen, die unser Leben besser gemacht haben (so, wie sie auch voller schreckensbringender Technologien ist, mit denen wir Tod und Zerstörung über uns gebracht haben). Aber wir müssen verstehen, dass die Hoffnung in technische Lösungen für gegenwärtige Krisen mit einem hohen Risiko verbunden ist. Ob die neuen Konzepte jemals flächendeckend angewandt werden können, ist oft fraglich. Und in Fällen wie der Klimakrise hoffen wir gegen die Sanduhr an, die erbarmungslos ausläuft.

Wir können bei der Lösung der drängenden Krisen des Mensch-Tier-Verhältnisses nicht alle Energie und Hoffnungen auf eine Karte setzen. Wir haben noch keinen Fahrplan für ein zukünftiges Verhältnis zwischen Menschen und Tieren entwickelt und stecken noch mitten in dessen gesellschaftlicher Aushandlung. Es bedarf einer möglichst großen Vielfalt an Stimmen und Ideen, um gute Lösungswege zu finden – und dabei kommt es auch auf Sie persönlich an.

7

JETZT SIND SIE DRAN!

Den allermeisten Menschen ist es nicht egal, wie wir mit Tieren umgehen. Der Schutz von Tieren ist ein wichtiger Wert in unserer Gesellschaft – nur kursieren sehr unterschiedliche Vorstellungen davon, was er in der Praxis bedeutet. Vermutlich gehören auch Sie zu dieser Mehrheit der Menschen, die sich auf die eine oder andere Art um das Wohlergehen von Tieren sorgen. Wir verstehen unser Verhältnis zu Tieren heute als moralisch relevant. Wie auch immer Sie zu Tieren stehen: Irgendwo ziehen auch Sie die Grenze, welche Behandlung von Tieren Sie noch vertretbar finden. An dieser Stelle des Buches können wir die Frage der individuellen moralischen Einstellung zu Tieren nicht weiter übergehen – Sie sind gefragt! Was wünschen Sie sich für die Behandlung von Tieren?

Wenn ich Sie nun auffordere, über Ihre eigenen moralischen Werte und Ideale in Bezug auf Tiere nachzudenken, ist es hilfreich, zwischen sachlichen und wertenden Aussagen zu unterscheiden. Sachlich bedeutet dabei nicht, dass eine Aussage objektiv richtig ist, sondern dass sie auf Basis einer methodischen Prüfung bestätigt oder widerlegt werden kann. Wertende Aussagen sind hingegen subjektive Interpretationen und sagen weniger darüber aus, wie eine Sache *ist*, sondern vielmehr, welche *Bedeutung* sie für uns hat.

Dass Schweine, Hunde und Hühner Schmerzen empfinden können, ist eine sachliche Aussage. Sie können nicht »finden«, dass diese Tiere nicht leidensfähig sind, Sie können dies höchstens durch wissenschaftliche Nachweise empirisch widerlegen – was angesichts des Forschungsstands aber ziemlich unwahrscheinlich ist. Dass wir heute ohne den Verzehr von Tierprodukten leben *können*, ist eine ebenso sachliche Aussage. Das sagt noch nichts darüber aus, ob wir auch so leben *sollten*.

Auf der Ebene der wertenden Interpretation müssen Sie nun entscheiden, was das für Sie bedeutet und welche Konsequenzen Sie aus diesen sachlichen Aussagen ziehen. Ist die Tatsache, dass Rinder Schmerzen erleiden können, relevant für Ihren nächsten Einkauf? Diese Frage mag Ihnen suggestiv vorkommen, aber ich möchte Sie damit konfrontieren, dass wir an der empirischen Faktenlage kaum etwas ändern können, sondern nur daran, wie wir uns zu diesen Dingen ins Verhältnis setzen. Natürlich können Sie sich entscheiden, das Leiden der Tiere in Kauf zu nehmen, das bei der Produktion von Tierprodukten unweigerlich erzeugt wird. Die Mehrheit der Menschen tut das weiterhin. Aber mal ehrlich: Eigentlich wissen wir alle, dass Tiere leiden können und es gewöhnlich in der Landwirtschaft auch tun. Ich finde, das Mindeste, was wir alle tun sollten, ist genau hinzusehen und uns mit den Tatsachen des Mensch-Tier-Verhältnisses zu konfrontieren, um aufgeklärte und mündige Entscheidungen treffen zu können.

Vielleicht hat Sie die Lektüre dieses Buches dazu motiviert, sich auch intensiver mit der Moral im Mensch-Tier-Verhältnis zu beschäftigen. Aber selbst wenn das nicht der Fall sein sollte, glaube ich, dass für Sie trotzdem Zeit zum Handeln ist. Die Themen

Klimakrise, Artensterben und Pandemien zeigen, dass Sie auch jenseits tierethischer Fragen unmittelbar von unserem Verhältnis zu Tieren betroffen sind. Ihr Selbsterhaltungstrieb sollte beim Lesen des Kapitels darüber angesprungen sein, denn es ist nicht übertrieben, wenn wir die vielfältigen und miteinander verwobenen ökologischen Krisen als existenzielle Bedrohungen wahrnehmen.

Dabei geht es nicht nur um das Überleben der Menschen im globalen Süden, deren Länder durch Überschwemmungen, Dürren und andere Klimakatastrophen bedroht sind, wenngleich das allein eigentlich Grund genug für uns alle sein sollte, jetzt alles daranzusetzen, noch die Kurve zu kriegen. Auch Ihre ganz persönliche Lebensweise und vielleicht auch Ihr Leben sind unmittelbar von den Folgen der menschengemachten globalen Erwärmung bedroht – denken Sie etwa daran, dass diese auch die Gefahr von Infektionskrankheiten steigert. Gemessen am Stand der Forschung zum Verhältnis von Klimawandel und Ernährung wissen wir, dass wir unser Ernährungsverhalten verändern und den Konsum von Tieren drastisch reduzieren müssen, um die Klimakrise möglichst abzuschwächen. Auch das ist keine moralische Frage, sondern eine physikalische, weil es hier letztlich darum geht, welche sozialen Verhaltensweisen die größte Menge Klimagase in die Atmosphäre einbringen und was die vielversprechendsten Stellschrauben im Kampf gegen den Klimawandel sind. Sie können kraft Ihrer persönlichen Meinung diesen Zusammenhang nicht ändern, Sie können nur entscheiden, was er für Ihr persönliches Leben bedeutet.

›ACHTSAME‹ BESCHÄFTIGUNG MIT NAHRUNG

Zugegeben, die letzten Zeilen waren konfrontativ. Aber es gibt auch sanftere Wege, wie wir unser eigenes Denken und Handeln gegenüber Tieren auf den Prüfstein legen können. Ich möchte Ihnen vorschlagen, eine Zeit lang – vielleicht eine Woche oder auch länger – achtsam zu essen. Damit meine ich nicht, dass Sie ganz bewusst jeden einzelnen Bissen wahrnehmen sollen, sondern vielmehr, dass Sie sich eine Woche lang vor jedem Essen einen Moment der Reflexion erlauben. Fragen Sie sich, unter welchen Bedingungen Ihre Lebensmittel hergestellt wurden und welche Werte Sie persönlich mit diesem Essen verbinden.

In einem zweiten Schritt können Sie sich dann jedes Mal bewusst machen, ob Sie den Verzehr des jeweiligen Essens mit Ihrem persönlichen moralischen Kompass in Einklang bringen können. Aber Vorsicht, wir haben viele mentale Tricks verinnerlicht, mit denen wir unsere gewohnten und alltäglichen Handlungen unbewusst legitimieren, damit wir nicht weiter über sie nachdenken müssen. Ein Großteil unseres Lebens ist durch solche Routinen strukturiert, die wir kaum bewusst wahrnehmen. Achtsamkeit heißt auch, diese scheinbaren Selbstverständlichkeiten kritisch zu prüfen. Nur durch eine kritische Reflexion unseres Denkens und Handelns können wir uns ermächtigen, aufgeklärte und bewusste Entscheidungen über unsere Ernährung zu treffen. Sie haben wenig zu verlieren und möglicherweise eine ganze Menge neuer Erkenntnisse zu gewinnen!

Wenn Soziologie die Menschen ermutigt, die sozialen Konstruktionen im Alltag zu enttarnen, hat sie schon viel erreicht. Natürlich sind nicht alle sozialen Konstruktionen schlecht. In der Regel kommen in ihnen auch wichtige Werte und Ideale unserer Gesellschaft zum Ausdruck. Aber allzu oft verschleiern sie auch die Ungerechtigkeit in unserer Gesellschaft, indem sie sozial hergestellte

Ausgrenzung, Diskriminierung und Gewalt fälschlicherweise als legitim und unabänderlich erscheinen lassen.

Hier liegt mein zweites Angebot zur eigenen Reflexion: Prüfen Sie systematisch Ihre als selbstverständlich verinnerlichten Bilder, die Sie von Tieren haben. Üben Sie, die Welt mit einem unvoreingenommenen Blick zu betrachten. Das ist gar nicht so einfach! Wenn Sie einem Tier begegnen – sei es Ihrer Katze, einem Rotkehlchen im Park oder einem in Plastikfolie eingewickelten toten Huhn –, versuchen Sie ihm so zu begegnen, als hätten Sie ein solches Tier noch nie zuvor gesehen. Das Ziel ist es, dass Sie sich neugierig und ergebnisoffen auf diese speziesübergreifende Begegnung einlassen. Solche Gedankenexperimente können uns vor Augen führen, wie viele Vorannahmen und scheinbar selbstverständliche (Be-)Wertungen wir unserem alltäglichen Erleben der Welt zugrunde legen. Alternativ könnten Sie auch einmal ausprobieren, was passiert, wenn Sie jedem Tier wie einem Du begegnen – auch den Tieren, die in den Mastanlagen auf die Schlachtung warten.

BESCHLEUNIGEN ODER INNEHALTEN?

Die bewusste Wahrnehmung der Welt entschleunigt auch unseren Zugang zu ihr. Der Forschungszweig der Zeitsoziologie konnte zeigen, dass unsere spätmoderne Gesellschaft vom Modus der Beschleunigung bestimmt ist.[1] Die Welt wird nicht nur immer komplexer, sondern auch die Geschwindigkeit, in der die Dinge ablaufen, steigt. Weil sich alles immer schneller verändert und wächst, sind Flexibilität und Anpassungsleistungen zu regelrechten Überlebensstrategien geworden. Kein Wunder, dass sich immer mehr Menschen abgehängt und chronisch überfordert fühlen. Bereits vor achtzig Jahren hat der Philosoph Walter Benjamin eine Metapher für den sozialen Wandel geprägt, die heute aktueller denn je scheint. Er schrieb, dass für Karl Marx Revolutionen »die Lokomotiven der Weltgeschichte« seien. Geschwindigkeit und Fortschritt des rasenden Zugs sind in diesem Bild deutlich zu lesen. »Aber vielleicht«, so Benjamin, »ist dem gänzlich anders. Vielleicht sind die Revolutionen der Griff des in diesem Zug reisenden Menschengeschlechts nach der Notbremse.«[2]

Es scheint paradox, in einer Welt, in der wir ständig das Gefühl haben, keine Zeit zu haben, zu einem achtsamen Innehalten aufzufordern, aber der Griff zur Notbremse kann uns einen Moment des Verschnaufens ermöglichen, in dem wir uns neu zu den Dingen um uns herum in Beziehung setzen können. Greifen Sie also ruhig hin und wieder zur Notbremse und unterziehen Sie Ihre Weltbeziehungen einer Generalprüfung.

Sie haben Macht

Unser Mensch-Tier-Verhältnis und gegebenenfalls unser Denken und Handeln zu hinterfragen, ist nur der erste Schritt einer Serie von nötigen Veränderungen. Wenn wir dieses Verhältnis wirklich verändern wollen, können wir nicht bei uns haltmachen, sondern müssen die Gesellschaft verändern, die die Regeln und Gewohnheiten im Umgang mit Tieren definiert. Weil das Mensch-Tier-Verhältnis eben keine individuelle Privatsache, sondern eine gesellschaftliche Angelegenheit ist, sind wir alle aufgefordert, mitzureden und uns einzumischen.

Wir haben in diesem Buch ausführlich diskutiert, dass unsere kollektiven Vorstellungen über Tiere gesellschaftlich ausgehandelt werden und wandelbar sind. Es konkurrieren verschiedene Vorstellungen darüber, wie wir mit Tieren zusammenleben sollen. Aber welche davon finden wir richtig – und warum? Was sind die jeweiligen Argumente, die eine der möglichen Beziehungsformen begründen? Moralische Fragen sind das Ergebnis einer sozial konstruierten Welt, weil wir verstehen, dass wir alle auf unterschiedliche Weise den Gang der Dinge mitgestalten. Das ist eine Chance, die wir nicht einfach an uns vorbeiziehen lassen sollten. Wir alle tragen Werte und Visionen in uns, wie eine gute Gesellschaft aussieht. Treten wir für sie ein!

Leider erscheint es vielen Menschen so, als sei es nicht nur mühsam, sondern geradezu sinnlos, sich an der Debatte zu beteiligen oder sich politisch zu engagieren. Weder im Parlament noch auf der Straße oder im digitalen Raum haben sie das Gefühl, gehört zu werden und den Lauf der Welt beeinflussen zu können. Die Spielregeln der Gesellschaft erscheinen ihnen als unveränderlich, weil sie keine Macht und damit keinen Einfluss zu haben scheinen. Diese Sichtweise ist angesichts realer Machtverhältnisse und objektiver, sozialer Ungleichheit zwar einerseits verständlich, aber andererseits leider das effektivste Mittel gegen gesellschaftlichen Wandel. Ohnmacht erzeugt Unfähigkeit zu handeln. Aber die Ordnung der Gesellschaft basiert eben nicht auf unveränderlichen Naturgesetzen, sondern auf den Geschichten, die sich Menschen gegenseitig immer wieder erzählen. Das macht sie per Definition gestaltbar. Selbst wenn wir nur zu Hause auf der Couch sitzen, gestalten wir durch unsere Passivität die Gesellschaft mit, weil wir damit denjenigen den öffentlichen Raum überlassen, die vielleicht ganz andere Meinungen als wir selbst haben.

Ich möchte Sie stattdessen ermutigen, die bestehenden Handlungsspielräume zu nutzen. Zum Glück leben wir nicht in einem autoritären Regime, sondern in einer Demokratie. Nirgends auf der Welt ist die Demokratie perfekt. Vielmehr ist sie ständig bedroht – etwa durch Menschen, die sie zugunsten autoritärer Machtstrukturen oder eines entfesselten Marktes abschaffen wollen, oder weil soziale Ungleichheit und wirtschaftliche Macht dazu führen, dass einige Stimmen viel mehr berücksichtigt werden als andere. Aber sie ermöglicht uns im Gegensatz zu autoritären Regimen, den öffentlichen Raum für den Kampf um die Ideen zu nutzen und damit aktiv an der Gestaltung der Gesellschaft teilzuhaben. Was auch immer Sie stört: Das Problem lässt sich identifizieren und öffentlich problematisieren.

Vielleicht konnte Ihnen dieses Buch helfen, einige Problembereiche, die Sie ändern wollen, zu identifizieren. Ob es um die Reform der Agrarpolitik geht oder um ein Streitgespräch über Fleisch in der Kantine, ob es um die Hundehaltung Ihres Nachbarn geht oder um den Neubau einer Hühnermastanlage in Ihrer Nähe: Sie haben eine Meinung zu diesen Themen.

BRINGEN SIE IHRE MEINUNG EIN!

Das Problem der Mensch-Tier-Beziehung ist, dass zu viele Menschen zu lange geschwiegen haben, weil die Relevanz des Themas für sie noch nicht ersichtlich war – und weil die meisten Menschen vom gegenwärtigen Status quo zudem Vorteile haben und nicht auf das Privileg von Tierkonsum verzichten wollen. Hinsehen und mitreden kann gefährlich werden für diese Privilegien, denn oft verändern Menschen ihre Einstellungen zu Tieren grundlegend, wenn sie sich erst einmal ernsthaft und selbstkritisch mit diesem Thema beschäftigen – selbst wenn sie ursprünglich nur kleine Schritte gehen wollten, wie etwa den Fleischkonsum zu reduzieren oder sich gegen Tierversuche an Hunden einzusetzen. Aber solange wir wegschauen und schweigen, bestätigen wir den Status quo samt all der Dinge, die eigentlich fast alle Menschen ablehnen: Massentierhaltung, Klimawandel und Artensterben.

Es gibt wissenschaftliche Erkenntnisse, die uns Mut machen. Eine davon ist die sogenannte *Neuroplastizität*. Lange gingen Forscher*innen davon aus, dass sich unser Gehirn nach der Pubertät nicht mehr wesentlich verändert. Sie wissen schon: Was Hänschen nicht lernt, lernt Hans nimmermehr. Seit Mitte des letzten Jahrhunderts wissen wir aber, dass unser Gehirn sich unser ganzes Leben lang verändert. Das Netz der Nervenzellen in Ihrem Gehirn wird immer wieder neu geknüpft, zum Beispiel jetzt gerade in diesem Moment, in dem Sie dieses Buch lesen.

Stellen Sie sich die Kultur ähnlich wie unsere Gehirne als ein komplexes Netzwerk vor, das aus Ideen statt aus Nervenzellen besteht. In unserer Gesellschaft herrscht *Kulturplastizität* – und das ist großartig, weil wir gesellschaftlich gestalten können, welche Werte das Fundament unseres Zusammenlebens bilden sollen. Und wir können dieses Wertesystem kritisieren, wenn es uns nicht (mehr) überzeugt. Anders als unser Gehirn gehört uns das kulturelle System aber nicht allein, sondern wir alle tragen gemeinsam zu seiner Formung bei. Wenn wir mit anderen Menschen interagieren und dabei unsere Werte und Leitbilder vermitteln, »füttern« wir dieses Netzwerk immer wieder mit alten oder neuen Ideen.

Sie können sich dieses Netz der kulturellen Ideen auch wie einen Teppich vorstellen, den wir alle gemeinsam knüpfen. Wie er am Ende aussieht, kann niemand allein bestimmen, und leider ist er auch ein ewiges Work-in-Progress. Die Aushandlung kultureller Ideen ist in gewissem Sinne eine Sisyphusarbeit, weil der Teppich nie fertig wird und wir uns nie auf ihm ausruhen können. Immer wieder werden Stellen überarbeitet, manchmal sogar zentrale Stücke, die uns lange als selbstverständlicher Teil unseres gemeinsamen Teppichs galten. Auch wenn wir als Einzelne vielleicht nur kleine Teile dieses Teppichs knüpfen können, so sind wir doch an ihm beteiligt. Und wir können diesen Einfluss vergrößern, wenn wir etwa andere überzeugen, so zu knüpfen wie wir selbst. Nur wenn wir uns zurücklehnen und zuschauen, vergeben wir die Chance auf Einflussnahme.

Unsere Wahrnehmung vom Einfluss, den wir auf die Welt haben, ist paradox. Auf der einen Seite wird die Welt immer komplexer, und es scheint, als könnten wir immer weniger Einfluss nehmen. Auf der anderen Seite steht der sogenannte Butterfly-Effekt. Sie kennen diese Metapher vielleicht: Der Flügelschlag eines Schmetterlings kann einen Tornado auslösen. Heute sind wir alle Schmetterlinge. Das klingt nicht nur schön, sondern soll auch verdeutlichen, dass unsere Leben weltweit derart miteinander verwoben sind, dass individuelle und lokale Entscheidungen manchmal globale Folgen haben können.

Je komplexer unsere Gesellschaft wird, desto größer wird auch unsere Verantwortung. Früher reichte unser individueller Einfluss kaum über den Hof hinaus, den wir bewirtschafteten, oder das Dorf, in dem wir lebten. Politik und Gesellschaften wurden woanders verändert. Heute ist das anders. Was Sie konsumieren, könnte durch Kinderarbeit oder Umweltzerstörung entstanden sein. Wenn Ihnen diese Themen wichtig sind, sollten Sie also gut darüber nachdenken, was Sie kaufen. Wenn Sie sich dazu berufen fühlen, können Sie sich mithilfe des Internets auch an politischen Debatten wie zum Beispiel über den Frieden im Nahen Osten, den völkerrechtlichen Status Taiwans, die Klimapolitik der USA oder was Ihnen sonst wichtig erscheint, beteiligen. Noch nie zuvor in der Geschichte der Menschheit hatten wir die Möglichkeiten, derart viele Probleme zu unseren eigenen zu machen. Gleichzeitig wird immer deutlicher, dass das globale kollektive Handeln der Menschen weitreichende Konsequenzen für alle Bewohner*innen der Erde hat. Aber das ›Gute‹ an menschengemachten Problemen ist eben auch, dass sie häufig auch wieder von Menschenhand gelöst werden können.

DIE GESELLSCHAFT VON UNTEN GESTALTEN

Menschen, die sich gesellschaftlich engagieren, haben etwas Wichtiges über sich selbst begriffen: Sie sind politische Subjekte. Dass sich viele Menschen dennoch ohnmächtig und von der Politik entkoppelt sehen, halte ich für eines der größten Probleme der Demokratie. Denn ohne aktive Teilhabe wird Demokratie zur Fremdverwaltung des eigenen Lebens. Wir müssen stattdessen einen Zustand erreichen, in dem wir alle die Erfahrung machen, in unserem Rahmen (und nicht nur an der Wahlurne) die Gesellschaft mitgestalten zu können.

Dafür müssen wir zunächst einmal lernen zu streiten. Weder Parolen am Stammtisch noch wütende Kommentare in den sozialen Medien gehören zur aufgeklärten Streitkultur. Richtiges Streiten ist vielmehr ein Lehrstück über die Demokratie. Wir müssen miteinander sprechen – respektvoll und mit dem Versuch, die andere Seite in ihren Motiven zu verstehen, denn in einem demokratischen Streit hat jede Stimme das Recht, sich einzubringen. Das heißt nicht, dass wir die andere Sicht übernehmen müssen oder dass wir als Gesellschaft jede Meinung tolerieren müssen (etwa, wenn Aussagen menschenverachtend sind). Im Gegenteil, wir können sie leidenschaftlich ablehnen, ja, sogar bekämpfen, weil sie unseren Wertvorstellungen derart widerspricht, dass wir keine Kompromisse eingehen können. Aber nur wenn wir uns die Zeit nehmen, um zu verstehen, was die anderen motiviert, und wenn wir lernen, die Dinge aus verschiedenen Perspektiven zu betrachten, können wir Lösungen finden, die für möglichst viele Menschen akzeptabel sind. Möglicherweise lassen sich auf diese Weise auch Missverständnisse und Vorurteile auflösen.

Eine gute Streitkultur erfordert einen kritischen Geist

Kritik bedeutet nicht, alles aus Prinzip infrage zu stellen, sondern sich einem Problem von mehreren Seiten zu nähern und auch nach alternativen Erklärungen zu suchen. Sie ist das methodische Durchleuchten und Hinterfragen auf der Suche nach der plausibelsten Erklärung. Kritik sollte sich nicht nur nach außen richten, sondern auch nach innen. Streiten können heißt auch, eigene Fehleinschätzungen einzugestehen oder Gewohnheiten, wenn nötig, infrage zu stellen. Diese Kompetenz, die eigenen Meinungen und Werte verändern zu können, wenn überzeugende Argumente dies erfordern, scheint in unserer Gesellschaft sträflich wenig geübt zu werden.

Die Themen, über die wir streiten, sind oft sehr komplex. Deshalb ist das Wissen von Expert*innen – ob aus der Wissenschaft oder aus der Praxis – ausgesprochen wichtig. Ihr Wissen ist oft die Grundlage, um einen Streit überhaupt vernünftig führen zu können. Natürlich sollten wir prüfen, auf welcher Basis Expert*innen sich ihr Wissen angeeignet haben. In der Wissenschaft ist diese Kontrolle fest verankert – etwa über Peer-Review-Verfahren in Fachzeitschriften. Aber wir sollten dem Konsens von Expert*innen grundsätzlich auch ein Grundmaß an Vertrauen entgegenbringen, weil diese nicht ohne Grund dort stehen, wo sie stehen. Stellen Sie sich vor, es gäbe keine Forscher*innen, die über Infektionskrankheiten oder den Klimawandel forschen würden. Auf welcher Grundlage sollten wir entscheiden, welche Maßnahmen zu ihrer Eindämmung richtig sind? Für eine gute Problemanalyse brauchen wir Faktenwissen. Auch danach bleibt noch viel Raum für den Streit über deren Bedeutung, aber wenn wir von völlig unterschiedlichen Grundlagen ausgehen, wird Streit sinnlos.

NEUE ARENEN FÜR UNSERE SOZIALEN PROBLEME

Wir müssen uns nicht nur in einer guten Streitkultur üben, sondern brauchen auch Orte, an denen mehr Menschen an der Aushandlung sozialer Probleme teilhaben können. Eine solche Arena ist die Politik. Parteien und das parlamentarische System sind gute Möglichkeiten, um die Gesellschaft zu gestalten. Aber diese Wege sind mühsam, und auch hier gibt es Zugangshürden, die es einigen Menschen schwerer machen, Gehör und Einfluss zu erhalten. Aus diesem Grund ist auch die Zivilgesellschaft ein wichtiger Raum, in dem wir Streit und Konflikte austragen können.

Soziale Bewegungen können beispielsweise auch außerhalb der Parlamente ein Thema auf die Agenda der öffentlichen Auseinandersetzung bringen. Sie haben das Gesicht der westlichen Welt verändert. Stellen Sie sich vor, es gäbe die schwarze Bürgerrechtsbewegung, den Feminismus oder die Selbstbestimmungsbewegungen indigener Menschen nicht. Auch wenn keine dieser Bewegungen bisher den Rassismus und Sexismus in unserer Gesellschaft besiegt hat, haben diese Bewegungen es geschafft, die Lebenssituation der von ihnen vertretenen Menschen zum Politikum zu machen und oftmals auch zu verbessern. Soziale Anerkennung und Grundrechte fallen nicht vom Himmel, sondern wurden immer wieder neu erkämpft. Auch Ihre persönlichen Freiheiten sind das Ergebnis sozialer Auseinandersetzungen, in denen Menschen daran geglaubt haben, dass eine bessere Welt möglich ist.

Auch die Bewegungen für Tierschutz und Tierrechte werden immer erfolgreicher. Nehmen wir als Beispiel die Herstellung und den Verkauf von Pelzen. Über Jahrzehnte haben Organisationen dieser Bewegungen Demonstrationen vor pelzverkaufenden Modehäusern abgehalten, heimlich Videos auf Pelztierfarmen gedreht und auf ein gesetzliches Verbot von Pelztierfarmen gedrängt. Erreicht haben sie, dass die meisten Mode- und Kaufhausketten heute wegen der unermüdlichen Proteste und dem Einstellungswandel in der Bevölkerung den Pelzverkauf eingestellt haben und dass der Gesetzgeber die Auflagen für den Betrieb von Pelztierfarmen so umgestaltet hat, dass sich deren Betrieb nicht mehr lohnt. Ohne den Druck der Tierschutz- und Tierrechtsbewegungen wären diese Entwicklungen kaum denkbar.

Aber es würde der Debatte über Tiere guttun, wenn wir als Gesellschaft weitere Angebote schaffen, durch die mehr Menschen an der Gestaltung eines zukünftigen Mensch-Tier-Verhältnisses teilhaben können. Nicht alle Menschen fühlen sich wohl in Parteien oder auf Protestkundgebungen, und sie suchen nach Formaten, die auf Kooperation statt Konfrontation setzen. Gerade auf lokaler Ebene, in den Stadtteilen, Dörfern und Nachbarschaften, lassen sich niedrigschwellige Projekte realisieren, bei denen Menschen aktiv an der Gestaltung eines neuen Verhältnisses zu Tieren arbeiten können. Ein ökologischer Gemeinschaftsgarten schafft beispielsweise nicht nur Raum zum Austausch, sondern kann zu einem wichtigen Lebensraum für bedrohte Insekten- und Vogelarten werden. Und er ermöglicht auch Städter*innen, wieder Kontakt zur Nahrungsmittelproduktion zu bekommen. Wer mit Schweiß auf der Stirn an einem warmen Tag im Frühherbst Rüben und Kartoffeln eigenhändig aus der Erde buddelt, bekommt ein anderes Bild von der Landwirtschaft.

Oft existieren bereits Räume, in denen wir Einfluss auf die Ernährung und Landwirtschaft nehmen können, ohne dass wir davon wissen. Ob auf EU-Ebene oder in der Kommune – die Politik arbeitet immer häufiger mit Verfahren der Bürger*innenbeteiligung. Wussten Sie, dass die Europäische Union 2021 ihre Bürger*innen aufgerufen hat, Wünsche und Forderungen für die Überarbeitung der EU-Tierschutzvorschriften einzureichen? Nicht mal tausend der fast 450 Millionen aufgerufenen Menschen haben sich beteiligt. Dieses Ergebnis ist ernüchternd und zeigt, dass derartige Projekte besser beworben werden müssen, aber auch, dass wir unsere Rolle als aktive Bürger*innen besser wahrnehmen sollten. Beteiligungsverfahren sind keine Garantie, dass sich unsere jeweilige Sicht der Dinge am Ende durchsetzt, aber was für Wahlen gilt, gilt auch hier: Wer nicht teilnimmt, schenkt seine Stimme denen, die andere Ansichten vertreten als man selbst.

Die bisherigen Verfahren der Beteiligung sind oft schwerfällig, und viele Menschen zweifeln an ihrer Wirksamkeit. Aber es gibt neue und vielversprechende Modelle. So werden weltweit und auch in Deutschland immer mehr Ernährungsräte ins Leben gerufen. Diese sollen die Ernährungspolitik demokratisieren, indem deren Gestaltung auch außerhalb der Parlamente forciert wird. In den Räten diskutieren Menschen zum Beispiel, wie eine solidarische und ökologische Landwirtschaft aussehen kann und welche Rolle die Tierhaltung in ihr spielen soll. Aus diesen Aushandlungen erwachsen konkrete Forderungen, die die Räte meist auf lokaler Ebene an die jeweilige Stadt oder das Bundesland tragen.

Der »Bürgerrat Klima« ist ein besonderes Projekt, weil seine Zusammensetzung auf dem Zufallsprinzip basiert. 2021 haben sich in diesem Bürgerrat 160 per Los gewählte Menschen über drei Monate regelmäßig getroffen und mit Unterstützung eines wissenschaftlichen Beirats klimapolitische Forderungen entwickelt. Diese beinhalten auch einige erstaunlich weit gehende Forderungen zur Produktion und zum Konsum von Tierprodukten. So fordert der Rat eine »deutliche Verringerung der deutschlandweiten Nutztierbestände bis 2030« und einen »weitestgehenden Verzicht auf Fleisch- und Milchprodukte«. Wenn Sie glauben, dass diese Forderungen bei der Bevölkerung nicht gut ankommen, irren Sie sich! Eine Forsa-Umfrage hat in einer repräsentativen Erhebung untersucht, wie gut der Forderungskatalog des Bürgerrats bei den Menschen ankommt. Ergebnis: Rund achtzig Prozent wünschen sich, dass die Bundesregierung sich an den Vorschlägen des Klimarats orientiert.[3] Die Gesellschaft ist offener für Veränderung, als es der politische Diskurs manchmal suggeriert!

UND WIEDER DER KAMPF UM EINFLUSS ...

So ermutigend es auch ist, dass auch einzelne Menschen einen wichtigen Anteil am sozialen Wandel haben können und sie sich daher selbstbewusst in die öffentliche Auseinandersetzung über die zukünftigen Mensch-Tier-Beziehungen einbringen sollten, muss ich der politischen Wirkmacht Einzelner dennoch einen kleinen Dämpfer verpassen. Denn dass wir alle aufgefordert sind, Verantwortung für die Welt zu übernehmen, bedeutet leider nicht, dass wir sie allein retten können. So wie Macht und Einfluss sind auch die Möglichkeiten, Gutes oder Schlechtes zu tun, in der Gesellschaft unterschiedlich verteilt.

Wenn Sie sich beispielsweise entscheiden, von nun an keine Plastiktüten mehr für den Einkauf zu verwenden, können Sie den Gesamtverbrauch von Plastiktüten um – sagen wir mal – zwanzig Stück pro Jahr reduzieren. Wenn wir uns aber vergegenwärtigen, dass der industrielle Fischfang jedes Jahr rund 640.000 Tonnen Plastikmüll verursacht, der in Form alter Fischnetze, Bojen, Fallen oder anderer Geräte im Meer schwimmt, wird unser persönlicher Handlungsspielraum wieder ins Verhältnis gerückt.[4] Natürlich können Sie sich etwa entscheiden, vegan zu leben oder nur noch Fleisch aus bestimmten Haltungsformen zu kaufen. Aber wenn, wie in Kapitel 4 beschrieben, rund zehn Millionen Tiere bereits vor der Schlachtung im Müll landen, weil die Entsorgung der Tiere billiger ist als ihre Versorgung, wird schnell klar, wo die weitreichenderen Entscheidungen gefällt werden.

Nicht einzelne Menschen, sondern große Unternehmen und Staaten sind die Hauptverursacher von Umweltschäden, Tierleid und Klimawandel – und die Politik schafft die gesetzlichen Rahmenbedingungen, damit das auch legal funktioniert. Das ist der Grund, warum ich Sie ermutigt habe, zwar Ihre individuelle Verantwortung wahrzunehmen, aber noch einen Schritt weiter zu gehen und sich auch als politisches Subjekt zu verstehen. Was bringt es, wenn Hobbygärtner*innen kleine Naturgärten ohne insektenvernichtende Pestizide anlegen, während Futtermittelproduzent*innen gleichzeitig mehrere Quadratkilometer Anbaufläche mit Neonicotinoiden und anderen Insektiziden vollsprühen? Es ist großartig, wenn Sie Ökostrom beziehen, aber wenn große Energieunternehmen erst durch enormen Druck aus der Zivilgesellschaft und Teilen der Politik gezwungen werden müssen, aus der klimaschädlichen Kohleverstromung auszusteigen, wird klar, dass individuelle Lebensentscheidungen nicht ausreichen können, um die großen Probleme unserer Zeit zu lösen. Genau aus diesem Grund organisieren sich Menschen in sozialen Bewegungen, Initiativen und Parteien, um in der Gruppe stärker zu sein als allein.

Gleichzeitig haben auch innerhalb großer Unternehmen einzelne Menschen mehr zu sagen als andere. Wenn jemand die Macht hat, in den Werkskantinen eines Großkonzerns, in denen jeden Tag Zehntausende Menschen essen, einen veganen Tag zu etablieren oder Rindfleisch von der Karte zu streichen, hat das natürlich weit größere Auswirkungen, als wenn dieser Mensch sich privat entscheidet, auf Fleisch zu verzichten. An dieser Stelle dürfen Sie sich gern überlegen, ob Sie in Ihrem Leben Bereiche haben, in denen Sie positiven Einfluss auf andere nehmen können. Vielleicht gehören Sie ja zu jenen Menschen, die durch ihren Beruf oder ihre soziale Stellung ein Quäntchen mehr Macht angehäuft haben als andere.

Wenn Einfluss deutlich ungleich verteilt ist, kann das die Demokratie beschädigen – etwa, wenn Lobbyismus dazu führt, dass wichtige Reformen den wirtschaftlichen Interessen großer Unternehmen zuliebe blockiert werden. Auch in der Landwirtschaftspolitik existiert dieses Problem. Der ehemaligen Bundeslandwirtschaftsministerin Klöckner wurde beispielsweise eine zu offensichtliche Nähe zu großen Lebensmittelkonzernen vorgeworfen. Einmal kochte sie in einer BILD-TV-Sendung, die vom Einzelhandelskonzern Kaufland gesponsert wurde. Das dabei verarbeitete Hackfleisch hatte offenbar ausgerechnet die niedrigste Stufe auf der von Klöckner selbst eingeführten Tierwohlskala. Ein anderes Mal flog ihr ein gemeinsames Video mit einem Nestlé-Manager um die Ohren, das für viele nach Schleichwerbung aussah.[5] Auch dies ist ein Grund, warum wir alle ein wachsames Auge auf Politik und Wirtschaft werfen sollten.

Sosehr wir auch als Einzelne die Gesellschaft »von unten« verändern können – die Spielregeln werden von oben definiert, und der Gesetzgeber hat enorme Macht. An dieser Stelle können wir nicht erörtern, wie die Politik sich verändern müsste, damit die demokratische Schieflage, in der sie sich aktuell weltweit befindet, behoben wird. Aber die oben beschriebenen Modelle politischer Beteiligung von unten sind ein möglicher Weg unter vielen, wie wir die Demokratie verbessern können. Wir können durch unsere berechtigte Einmischung den geballten Wirtschaftsinteressen mehr Perspektiven aus der Bevölkerung entgegensetzen.

Geschichte wird gemacht!

Also: Sie sind gefragt! Wie soll das Mensch-Tier-Verhältnis der Zukunft aussehen? Es mag verlockend sein, den Pfad der kleinen Kurskorrekturen zu beschreiten: mehr Platz für weniger Tiere, seltener Fleisch essen und dafür mehr Biofleisch. Ich schlage Ihnen vor, sich vorher die Grundsatzfrage zu stellen, die in diesem Buch aufgekommen ist: Sind Tiere jemand oder etwas? Sind sie Individuen mit grundlegenden Rechten oder austauschbare Dinge, die vor der Tötung nur pfleglich behandelt werden müssen? Erst wenn wir diese Frage geklärt haben, können wir beurteilen, ob die kleinschrittige Reform der landwirtschaftlichen Nutzung von Tieren ein sinnvoller Pfad oder nur eine Minimalkorrektur eines grundlegend falschen Weges ist.

Die historische Entwicklung der letzten dreihundert Jahre zeigt, dass wir durchaus gewillt und in der Lage sind, in Tieren mehr zu sehen als vernunftlose Maschinen oder wirtschaftliche Ressourcen. Im Gegenteil, Tiere können uns tief bewegen und intensive Emotionen auslösen. Ich gestehe, dass auch ich schon mehr als einmal feuchte Augen bekommen habe, weil ich eine Herde Rentiere in der lappländischen Wildnis oder Wale vor der Küste Islands beobachten durfte. Und ich kenne viele Menschen, die lange Phasen der Trauer über ein geliebtes Tier durchlitten haben. Ich schätze, dass wir alle schon einmal die Erfahrung gemacht haben, dass Tiere in uns mehr auslösen können als die Vorfreude auf ein leckeres Abendessen.

Diese Erfahrungen von Resonanz zwischen Menschen und Tieren sind deshalb so wirkmächtig, weil wir erstmals in der Menschheitsgeschichte auf den Verzehr von Tieren verzichten *können* – zumindest in den reichen Gesellschaften mit stabilen ökonomischen Verhältnissen wie der unseren. Es ist eine interessante, aber kaum zu beantwortende Frage, ob die Menschen früher ebenfalls diese tiefen Gefühle von Zuneigung und Liebe gegenüber Tieren empfunden haben, oder ob diese Gefühle kaum vorkamen, weil das eigene Überleben davon abhing, dass man Tiere nutzte und sie auch töten konnte. Heute aber können wir ein gutes Leben führen, ohne Tierprodukte zu konsumieren. Mit etwas mehr Pathos ausgedrückt: Das erste Mal in der Millionen Jahre währenden Geschichte unserer Spezies haben wir das Privileg, dass wir Tieren weitgehend friedfertig begegnen und die schönen Seiten an der Beziehung genießen können, ohne Angst vor dem Verhungern oder vor Angriffen wilder Tiere haben zu müssen. Das eröffnet uns als Gesellschaft historisch bisher nie da gewesene Handlungsräume.

Es ist schon erstaunlich: Wir leben in einer Welt, die sich rasend schnell entwickelt und in der die Selbstverständlichkeiten von heute in einigen Jahren vielleicht schon wieder verworfen werden. Denken Sie nur daran, wie das Internet, der Feminismus, die Globalisierung oder auch das Coronavirus unsere Welt verändert haben. Und doch verweisen immer noch viele Menschen auf die Regeln der fernen Vergangenheit, wenn es darum geht, ein gutes Verhältnis zu Tieren auszuhandeln. Dass Menschen »immer schon Fleisch gegessen haben«, ist zwar rein empirisch betrachtet nicht mal korrekt, aber selbst wenn dem so wäre, müssen wir zur Kenntnis nehmen, dass wir aus den Regeln und Ideen vergangener Gesellschaften keine Orientierungshilfen für die Gegenwart, geschweige denn für die Zukunft, entwickeln können.

Die Vergangenheit lehrt uns also nur, was möglich ist, aber nicht, was nötig ist. Was nötig ist, müssen wir auf Basis der historischen Gegebenheiten und Möglichkeiten unserer Zeit selbst herausfinden. Ich habe versucht, Ihnen in diesem Buch die vielfältigen Konflikte und Probleme im Mensch-Tier-Verhältnis darzulegen. Dabei habe ich vor allem auf das Freischälen der Widersprüche abgezielt, die auch Sie persönlich angehen. Ich wollte an Ihrem Selbstverhältnis rütteln in der Hoffnung, in Ihnen die Selbstverständlichkeiten und Grundüberzeugungen Ihrer Beziehungen zu Tieren in Bewegung zu bringen. Vielleicht stehen Sie nach der Lektüre dieses Buches vor der Aufgabe, Ihr eigenes Verhältnis zu Tieren neu einzunorden. Wenn Ihnen dieses Buch dabei ein hilfreiches Werkzeug ist, habe ich mein erstes Hauptziel erreicht. Wenn ich es auch geschafft haben sollte, Sie zu überzeugen, dass Sie und Ihr Handeln wirkmächtig und ein wichtiger Teil der öffentlichen Debatte über Tiere sind, dann würde mich das ausgesprochen freuen!

Ich möchte Ihnen für das Lesen dieses Buches danken, denn damit sind Sie schon mittendrin in der Debatte über Tiere. Jede Zustimmung für meine Argumente, jeder Widerspruch gegen meine Darstellungen ist wichtig, denn es zeigt, dass Sie sich einbringen wollen. Nie zuvor hatten wir so viele Möglichkeiten, die Welt um uns herum zu gestalten, und nie zuvor war eine Einmischung von unten derart nötig wie heute. Vor uns liegen Mammutaufgaben, denn die Welt ist voller Konflikte und sozialer Verhältnisse, die dringend einen Neustart brauchen. Auch die Beziehungen zwischen Menschen und Tieren gehören hierzu. Die Frage, wie das zukünftige Mensch-Tier-Verhältnis aussehen soll, hängt auch davon ab, wie Sie sich verhalten. Nutzen Sie diese Chance und mischen Sie sich ein!

DANKSAGUNG

Dankbarkeit zu empfinden erhöht erwiesenermaßen das eigene Wohlbefinden, also legen wir los! Mein erster Dank gilt Ihnen, liebe Leser*innen, denn Sie haben sich die Zeit genommen, dieses Buch zu lesen, und – mehr noch – sich dadurch intensiv mit einem Thema beschäftigt, das mir persönlich sehr viel bedeutet.

Ohne die Hilfe vieler Menschen, denen ich dafür von Herzen danken möchte, wäre dieses Buch nicht möglich gewesen. Zu diesen Menschen gehört Sarah Heuzeroth, die mein geduldiges Testpublikum für die Rohfassungen aller Kapitel war. Sie hat die wunderbaren Illustrationen im Buch gestaltet und mich bei jedem Schritt in der Entstehung dieses Buches begleitet. Ein ebenso großer Dank gebührt Alfio Furnari von der Agentur Landwehr&Cie, der den Anstoß für dieses Buch gegeben und mich vom Exposé bis zur Fertigstellung beraten und betreut hat. Beim Kösel Verlag möchte ich insbesondere Maximilian Bachmann danken, der mit großem Engagement mein Buch lektoriert hat und mir immer wieder half, den richtigen Ton und die angemessene theoretische Flughöhe zu finden. Ebenso danke ich Julia Sterthoff für ihre Unterstützung. Es war motivierend und bereichernd, einen Verlag an meiner Seite zu wissen, der so sehr von dem nun in Ihren Händen liegenden Buch überzeugt war. Auch danke ich allen weiteren Mitarbeiter*innen des Kösel Verlags, die an der Produktion dieses Buches beteiligt waren, sowie Peter Schäfer für die redaktionelle Bearbeitung des Manuskripts.

Hartmut Kiewert danke ich für seine großartige Kunst, in der die Ambivalenzen und Widersprüchlichkeiten des Mensch-Tier-Verhältnisses einen Ausdruck finden und mit der er Visionen eines friedfertigen Umgangs mit Tieren erschafft. Dass mein Buch eines seiner Bilder als Cover tragen darf, ist mir eine große Ehre. Hilal Sezgin, Harald Welzer, Karsten Brensing, Mark Benecke, Mieke Roscher, Karin Mück, Jan Gerdes, Markus Jacqui, Tanja Niggemeier, Claudia Heuzeroth, Doreen Kropp und Thomas Behr danke ich für die großartige Unterstützung und die Mithilfe bei diesem Projekt.

Ohne die kollegiale Unterstützung vieler Menschen, mit denen ich das Buch besprechen durfte und die die einzelnen Kapitel oder sogar das ganze Manuskript kritisch gelesen haben, wäre dieses Buch ein anderes geworden. Ganz besonders danke ich Hilal Sezgin, bei der ich mit meinen kleinen und großen Fragen immer ein offenes und erfahrenes Autorinnenohr gefunden habe. Ebenso sehr danke ich Friederike Schmitz, die zur gleichen Zeit wie ich ein Buch über die Mensch-Tier-Beziehung geschrieben hat, sodass wir einen Teil unseres Weges gemeinsam gehen konnten. Weiter möchte ich dem Lehrstuhl von Prof. Birgit Pfau-Effinger danken, an dem ich lange gearbeitet habe und mit dem ich mein Exposé diskutieren durfte.

Niemand forscht allein. In dieses Buch ist neben meiner eigenen Forschung in großem Umfang die Forschungsarbeit zahlreicher Wissenschaftler*innen eingeflossen, die ich hier unmöglich alle einzeln nennen kann. Ein Blick in die Quellen dieses Buchs gibt einen ersten Eindruck dieser geballten Expertise. Allen Menschen, die durch ihre Forschung zur wissenschaftlichen Analyse des Mensch-Tier-Verhältnisses beitragen, sei daher ausdrücklich gedankt.

Abschließend danke ich meinen Eltern und meinem Bruder. Einfach für alles. Und ich danke Timmy und Ginny (so heißen die Eichhörnchen, die ich beim Schreiben oft in den Bäumen vor unserer Wohnung beobachten durfte) sowie den Kohl-, Tannen-, Schwanz-, Hauben- und Blaumeisen, Eichelhähern, Ringeltauben, Stadttauben, Krähen, Gimpeln, Wintergoldhähnchen, Elstern, Rotkehlchen, Stieglitzen, Möwen, Mauerseglern, Mehrschwalben, Sing- und Wacholderdrosseln, Grün- und Buchfinken, Mäusebussarden, Spatzen, Mönchsgrasmücken, Sperbern und Heckenbraunellen, die ich durch das Fenster beobachten darf und die ich erst durch Sarah vollumfänglich zu schätzen gelernt habe. Ganz besonders danke ich dem Zaunkönigpärchen, das auf unserem Balkon schläft, für das uns geschenkte Vertrauen, sowie den Rotdrosseln, die uns im Winter besuchen und bei denen ich mir gern vorstelle, sie kämen aus Lappland zu uns.

QUELLEN UND ANMERKUNGEN

Alle Onlinequellen zuletzt aufgerufen am 19.5.2022.

Beziehungsstatus: Es ist kompliziert

1 Wenn ich in diesem Buch von »wir« spreche, dann meine ich damit nicht, dass wir alle die gleichen Meinungen und Sichtweisen über Tiere teilen. Vielleicht betrachten Sie persönlich Schweine ja gar nicht durch die ökonomische Brille. Aber als Gesellschaft weisen wir Tieren unterschiedliche Funktionen zu und schaffen die Bedingungen, unter denen sie leben. In diesem Buch steht dieses »soziale Wir« im Mittelpunkt.

2 Siehe Sebastian, Marcel (2019): Subjekt oder Objekt? Ambivalente gesellschaftliche Mensch-Tier-Beziehungen als Resultat kultureller Aushandlungs- und Wandlungsprozesse. In: Diehl, Elke und Tuider, Jens (Hrsg.): Haben Tiere Rechte? Schriftenreihe der Bundeszentrale für Politische Bildung, Bonn: Bundeszentrale für politische Bildung, S. 69–81.

1. Wie wir über Tiere streiten

1 Winde, Moritz (2016): Endlich wieder frei! In: Westfalen-Blatt, online unter https://www.westfalen-blatt.de/OWL/Kreis-Herford/Herford/2475714-Feuerwehr-rettet-drei-Entenkueken-aus-Gullyschacht-am-Weddigenufer-Endlich-wieder-frei

2 Siehe Animal Equality Germany e.V. (2014): Die Qual der Weihnachtsente, online unter https://animalequality.de/neuigkeiten/2014/12/19/die-qual-der-weihnachtsente/

3 Siehe Statistisches Bundesamt (2021): Pressemeldung Nr. 050 vom 7. Februar 2022, online unter https://www.destatis.de/DE/Presse/Pressemitteilungen/2022/02/PD22_050_413.html

4 Siehe Götz, Alina (2020): Dicke Luft in Dahlenburg, online unter https://taz.de/Rat-bewilligt-Schweinezuchtanlage/!5733938/

5 Zur Petition siehe online unter https://ec.europa.eu/environment/chemicals/lab_animals/pdf/vivisection/de.pdf

6 Teutsch, Gotthard Martin (1975): Soziologie und Ethik der Lebewesen. Eine Materialsammlung. Frankfurt a. M./Bern: Peter Lang Verlag, S. 41.

7 Das Schweizer Tierschutzgesetz ist einsehbar online unter https://www.fedlex.admin.ch/eli/cc/2008/414/de

8 Siehe European Commission (2016): Special Eurobarometer 442. Attitudes of Europeans towards Animal Welfare. Zusammenfassung online unter http://publications.europa.eu/resource/cellar/e31d6cd2-ec16-11e5-8a81-01aa75ed71a1.0003.01/DOC_1

9 Siehe Inhoffen, Lisa (2019): Wie veggie ist Deutschland? In: YouGov, online unter https://yougov.de/news/2019/06/27/wie-veggie-ist-deutschland/

10 Siehe Bundesministerium für Ernährung und Landwirtschaft: Öko-Barometer 2020, online unter https://www.bmel.de/SharedDocs/Downloads/DE/Broschueren/oekobarometer-2020.pdf?__blob=publicationFile&v=9

11 Siehe Foodwatch (2021): Bio-Branche: Zahlen, Daten, Fakten, online unter https://www.foodwatch.org/de/informieren/bio-landwirtschaft/zahlen-daten-fakten/

12 Zum Machtbegriff siehe Weber, Max (1985): Wirtschaft und Gesellschaft – Grundriss der verstehenden Soziologie. Tübingen: Mohr Verlag, S. 28.

13 Deutscher Bundestag (2020): Plenarprotokoll 19/173, S. 21649, online unter https://dserver.bundestag.de/btp/19/19173.pdf

14 Siehe Podberscek, Anthony L. (2009): Good to Pet and Eat: The Keeping and Consuming of Dogs and Cats in South Korea. In: Journal of Social Issues, 65(3), S. 615–632.

15 Siehe Oh, Minjoo und Jackson, Jeffrey (2011): Animal Rights vs. Cultural Rights: Exploring the Dog Meat Debate in South Korea from a World Polity Perspective. In: Journal of Intercultural Studies 32(1), S. 31–56; Dugnoille, Julien (2018): To eat or not to eat companion dogs: symbolic value of dog meat and human-dog companionship in contemporary South Korea. In: Food, Culture & Society. 21(2), S. 214–232.

16 Zur Entwicklung in Südkorea siehe online unter https://www.hsi.org/news-media/new-poll-shows-majority-of-south-koreans-reject-eating-dog-meat-as-hsi-rescues-nearly-200-dogs-from-meat-farm/

17 Kurt Lüscher (2009): Ambivalenz: Eine soziologische Annäherung. In: Walter, Dietrich et al. (Hrsg.): Ambivalenzen erkennen, aushalten und gestalten.

Eine neue interdisziplinäre Perspektive für theologisches und kirchliches Arbeiten. Zürich: TVZ Verlag, S. 44.

2. Es geht um die Wurst: Dürfen wir Tiere essen?

1 Siehe Statista (2022): Pro-Kopf-Konsum von Pferdefleisch in Deutschland in den Jahren 1950 bis 2015, online unter https://de.statista.com/statistik/daten/studie/177384/umfrage/pro-kopf-verbrauch-von-pferdefleisch-in-deutschland/

2 Siehe Reckwitz, Andreas (2019): Das Ende der Illusionen. Politik, Ökonomie und Kultur in der Spätmoderne. Berlin: Suhrkamp Verlag.

3 Fiddes, Nick (2001): Fleisch: Symbol der Macht. Frankfurt a. M.: Zweitausendeins.

4 Siehe Adams, Carol J. (2015): The sexual politics of meat. A feminist-vegetarian critical theory. London: Bloomsbury Academic Publishing.

5 Aachener Nachrichten (2019): Sexismus-Vorwurf wegen Fleisch-Werbung, online unter https://www.aachener-nachrichten.de/nrw-region/sexismus-vorwurf-wegen-fleisch-werbung_aid-45254237

6 Siehe Schmieder, Jürgen (2010): Der männlichste Mann aller Männer, online unter https://www.sueddeutsche.de/leben/burger-king-mancademy-der-maennlichste-mann-aller-maenner-1.379601

7 Siehe Gutjahr, Julia (2018): »Keine halben Sachen, sondern ganze Tiere« – Hegemoniale Männlichkeitskonstruktion durch Fleischkonsum in BEEF!. In: TIERethik – Zeitschrift zur Mensch-Tier-Beziehung, 16, S. 77–110.

8 Siehe Statista (2022): Anteil von Männern und Frauen in Deutschland, die täglich Fleisch oder Wurstwaren konsumieren in den Jahren 2018 bis 2021, online unter https://de.statista.com/statistik/daten/studie/12254/umfrage/verzehrhaeufigkeit-von-fleisch-oder-wurst-in-deutschland-2008/

9 Siehe Minson, Julia A. und Monin, Benoît (2012): Do-Gooder Derogation: Disparaging Morally Motivated Minorities to Defuse Anticipated Reproach. In: Social Psychological and Personality Science, 3(2), S. 200–207.

10 Siehe Harari, Yuval Noah (2015): Eine kurze Geschichte der Menschheit. München: Pantheon Verlag, S. 101–197.

11 Siehe Niemann, Hans-Werner (2009): Europäische Wirtschaftsgeschichte. Vom Mittelalter bis heute. Darmstadt: WBD, S. 39–47; Mai, Günther (2007): Die Agrarische Transition. Agrarische Gesellschaften in Europa und die Herausforderungen der industriellen Moderne im 19. und 20. Jahrhundert. In: Geschichte und Gesellschaft, 33(4), S. 471–514.

12 Siehe Skaggs, Jimmy M. (1986): Prime Cut. Livestock Raising and Meatpacking in the United States 1607–1983. College Station: Texas A&M University Press; Fitzgerald, Amy J. (2010): A Social History of the Slaughterhouse: From Inception to Contemporary Implications. In: Human Ecology Review, 17(1), S. 58–69.

13 Siehe Sebastian, Marcel (2017): Deadly efficiency—the impact of capitalist production on the »meat« industry, slaughterhouse workers and non-

human animals. In: Nibert, David (Hrsg.): Animal Oppression and Capitalism, Vol. 2. Santa Barbara: Praeger Press, S. 167–183; Settele, Veronika (2020): Revolution im Stall. Landwirtschaftliche Tierhaltung in Deutschland 1945–1990. Göttingen: Vandenhoeck & Ruprecht; Ogle, Maureen (2013): In Meat we Trust. An unexpected history of carnivore America. Boston/New York: Houghton Mifflin Harcourt.

14 Siehe Settele, Veronika (2020): Revolution im Stall. Landwirtschaftliche Tierhaltung in Deutschland 1945–1990. Göttingen: Vandenhoeck & Ruprecht.

15 Siehe Statista (2022): Global price of a Big Mac as of January 2022, by country, online unter https://www.statista.com/statistics/274326/big-mac-index-global-prices-for-a-big-mac/

16 Eder, Klaus (1988): Die Vergesellschaftung der Natur. Studien zur sozialen Evolution der praktischen Vernunft. Frankfurt a. M.: Suhrkamp.

17 Siehe Joy, Melanie (2010): Why we love dogs, eat pigs, and wear cows. San Francisco: Conari Press; siehe auch Nibert, David (2002): Animal Rights, Human Rights. Entanglements of Oppression and Liberation. Lanham: Rowman & Littlefield.

18 1961 lag er bei 23 Kilogramm, siehe online unter https://statisticsanddata.org/data/meat-production-by-country-1961-2018/ 2018 lag er bei fast 43 Kilogramm, siehe online unter https://www.destatis.de/EN/Themes/Countries-Regions/International-Statistics/Data-Topic/AgricultureForestryFisheries/livestock_meat.html

19 Siehe online unter https://ourworldindata.org/meat-production

20 Siehe Statista (2021): Fleischverbrauch in Deutschland pro Kopf in den Jahren 1991 bis 2020. Online unter https://de.statista.com/statistik/daten/studie/36573/umfrage/pro-kopf-verbrauch-von-fleisch-in-deutschland-seit-2000/

21 Siehe online unter https://ourworldindata.org/meat-production#number-of-animals-slaughtered

22 Siehe OECD und FAO (2022): OECD-FAO Agricultural Outlook 2017-2026: MEATS, online unter https://stats.oecd.org/index.aspx?queryid=76854.

23 Siehe Statista (2022): Anzahl der veganen Restaurants in Berlin nach Stadtteilen im Jahr 2022, online unter https://de.statista.com/statistik/daten/studie/1109091/umfrage/vegane-restaurants-nach-stadtteilen-in-berlin/

24 Siehe Spencer, Colin (1996): The Heretic's Feast. A History of Vegetarianism. Lebanon: University Press of New England.

25 Siehe Regula Benedicti 36,9 und 39,11; Steel, Kari (2018): Animals and violence. Medieval humanism, ›medieval brutality‹, and the carnivorous vegetarianism of Margery Kempe. In: Kean, Hilda und Howell, Philip (Hrsg.): The Routledge Companion to Animal-Human History. London: Routledge, S. 499–517.

26 Siehe Cole, Matthew (2014): The greatest cause on earth: the historical formation of veganism as an ethical practice. In: Taylor, Nik und Twine, Richard (Hrsg.): The Rise of Critical Animal Studies, London: Routledge, S. 203–224.

27 Siehe Bundesministerium für Ernährung und Landwirtschaft (2021): Nationale Verzehrsstudie II: Wie sich Verbraucher in Deutschland ernähren, online unter https://www.bmel.de/DE/themen/ernaehrung/gesunde-ernaehrung/nationale-verzehrsstudie-zusammenfassung.html

28 Siehe Institut für Demoskopie Allensbach (2020): Umfrage in Deutschland zur Anzahl der Veganer bis 2021, online unter https://de.statista.com/statistik/daten/studie/445155/umfrage/umfrage-in-deutschland-zur-anzahl-der-veganer/ Das Marktforschungsunternehmen Skopos bezifferte ihre Zahl sogar schon 2016 auf 1,3 Millionen, siehe online unter https://www.skopos-group.de/news/13-millionen-deutsche-leben-vegan.html

29 Siehe Leitzmann, Claus und Keller, Markus (2020): Vegetarische und vegane Ernährung. Stuttgart: UTB, S. 20.

30 Siehe online unter https://www.skopos-group.de/news/13-millionen-deutsche-leben-vegan.html

31 Siehe Bundesministerium für Ernährung und Landwirtschaft (2021): Deutschland, wie es isst. Der BMEL-Ernährungsreport 2021, online unter https://www.bmel.de/SharedDocs/Downloads/DE/Broschueren/ernaehrungsreport-2021.pdf?__blob=publicationFile&v=6

32 Siehe Petrus, Klaus (2018): Tierrechtsbewegung: Geschichte, Theorie, Aktivismus. Münster: Unrast Verlag; siehe auch Francione, Gary L. und Garner, Robert (2010): The Animal Rights Debate: Abolition or Regulation? New York: Columbia University Press.

33 Siehe Rohdenburg, Dierk (2021): Rechterfeld: Mutterkonzern von Wiesenhof verbarrikadiert sich, online unter https://www.kreiszeitung.de/lokales/oldenburg/wildeshausen-ort49926/goldenstedt-gefluegelschlachtbetrieb-verbarrikadiert-sich-90858703.html

34 Siehe zdf heute (2021): Umweltbundesamt: Fleischkonsum halbieren, online unter https://www.zdf.de/nachrichten/wirtschaft/fleisch-fleischkonsum-umweltbundesamt-gesundheit-100.html

35 Siehe Schiermeier, Quirin (2019): Eat less meat: UN climate-change report calls for change to human diet. In: Nature, online unter https://www.nature.com/articles/d41586-019-02409-7

36 Siehe WHO (2015): Cancer: Carcinogenicity of the consumption of red meat and processed meat, online unter https://www.who.int/news-room/questions-and-answers/item/cancer-carcinogenicity-of-the-consumption-of-red-meat-and-processed-meat

37 Hinskes, Markus und Robben, Franziska (2022): AFC-Issue-Monitor Report 2022. Kritische Themen und Trends in der Agrar- und Ernährungsbranche, online unter https://www.topagrar.com/dl/3/9/7/0/0/3/7/AFC_AFC-Issue-Monitor_Report_2022.pdf

38 Handelsblatt (2014): »Wurst wird die Zigarette der Zukunft«, online unter https://www.handelsblatt.com/unternehmen/mittelstand/ruegenwalder-wurst-wird-die-zigarette-der-zukunft/10696962.html?ticket=ST-1730007-iZHkdO3ZL6f1ACaxMIKI-ap4

39 Siehe Bundesministerium für Ernährung und Landwirtschaft (2020): Deutschland, wie es isst. Der BMEL-Ernährungsreport 2020, online unter https://www.bmel.de/SharedDocs/Downloads/DE/Broschueren/ernaehrungsreport-2020.pdf?__blob=publicationFile&v=26

40 Siehe PHW (2021): PHW stellt neue Veggie-Studie vor, online unter https://www.phw-gruppe.de/newsbereich/de/phw-stellt-neue-veggie-studie-vor/

41 Siehe Statista Dossier (2020): Fleischersatzprodukte.

42 Siehe online unter https://www.kearney.com/ca/consumer-retail/article/-/insights/when-consumers-go-vegan-how-much-meat-will-be-left-on-the-table-for-agribusiness

43 Siehe Manager Magazin (2021): Die Gutfirma aus Schweden und die Börsenmilliarden, online unter https://www.manager-magazin.de/finanzen/boerse/oatly-plant-boersengang-haferdrink-firma-buhlt-um-boersenmilliarden-a-b5cb66f2-5e1e-4d39-8bc9-88b2c07da8b9

44 Siehe Blechner, Notker (2021): Steak ohne Schlachten. In: Tagesschau, online unter https://www.tagesschau.de/wirtschaft/technologie/der-grosse-appetit-auf-fleisch-aus-dem-labor-101.html

45 Arluke, Arnold und Sanders, Clifton R. (1996): The Sociozoologic scale. In: Arluke, Arnold und Sanders, Clifton R. (Hrsg.): Regarding Animals. Philadelphia: Temple University Press.

3. Haustiere: die besten Freunde des Menschen?

1 Siehe Industrieverband Heimtierbedarf e.V. (2022): Die Liebe zum Heimtier hält unvermindert an, online unter https://www.ivh-online.de/der-verband/daten-fakten/anzahl-der-heimtiere-in-deutschland.html

2 Siehe Industrieverband Heimtierbedarf e.V. (2020): Deutscher Heimtiermarkt 2020, online unter https://www.ivh-online.de/der-verband/daten-fakten/deutscher-heimtiermarkt-2020.html

3 Siehe Allen, K. und Shykoff, B. E. et al. (2001): Pet ownership, but not ACE inhibitor therapy, blunts home blood pressure responses to mental stress. In: Hypertension, 38, S. 815–820.

4 Siehe Wells, Deborah L. (2019): The State of Research on Human-Animal Relations: Implications for Human Health. In: Anthrozoös, 32(2), S. 169–181.

5 Siehe El-Alayli, A. und Lystad, A. L. et al. (2006): Reigning cats and dogs: A pet-enhancement bias and its link to pet attachment, pet-self similarity, self-enhancement, and well-being. In: Basic and Applied Social Psychology, 28, S. 131–143.

6 Siehe Eyerund, Theresa und Orth, Anja Katrin (2019): Einsamkeit in Deutschland: Aktuelle Entwicklung und soziodemographische Zusammenhänge. In: IW-Report No. 22/2019, S. 1–25.

7 Siehe Meitzler, Matthias (2017): Hunde wollt ihr ewig leben? Der tote Vierbeiner – ein Krisentier, in: Burzan, Nicole und Hitzler, Ronald (Hrsg.): Auf den

Hund gekommen. Interdisziplinäre Annäherungen an ein Verhältnis. Wiesbaden: Springer VS, S. 175–200.

8 Siehe etwa Reisbig, Allison M. J. und Hafen Jr., McArthur et al. (2017): Companion Animal Death: A Qualitative Analysis of Relationship Quality, Loss, and Coping. In: OMEGA – Journal of Death and Dying, 75(2), S. 124–150.

9 Siehe Roberst, Alice (2019): Spiel des Lebens. Wie der Mensch die Natur und sich selbst zähmte. Darmstadt: WBG Theiss.

10 Siehe Benecke, Norbert (2001): Der Mensch und seine Haustiere. Die Geschichte einer jahrtausendealten Beziehung. Stuttgart: Theiss Verlag.

11 Siehe Meier, Frank (2008): Mensch und Tier im Mittelalter. Ostfildern: Thorbecke.

12 Siehe Niemann, Hans-Werner (2009): Europäische Wirtschaftsgeschichte. Vom Mittelalter bis heute. Darmstadt: WBK Verlag.

13 Siehe Statista (2022): Anteil der Wirtschaftsbereiche an der Gesamtbeschäftigung in der Bundesrepublik Deutschland von 1950 bis 2021, online unter https://de.statista.com/statistik/daten/studie/275637/umfrage/anteil-der-wirtschaftsbereiche-an-der-gesamtbeschaeftigung-in-deutschland/

14 Siehe Franklin, Adrian (1999): Animals and Modern Cultures. A Sociology of Human-Animal Relations in Modernity. London: Sage Publications, S. 88.

15 Steinbrecher, Alina (2019): Hunde als Gefährtentiere und Wohnungsgenossen des Bürgertums im 18. Jahrhundert. In: Förschler, Slike und Keim, Christiane et al. (Hrsg.): Heim/Tier. Mensch-Tier-Beziehungen im Wohnen. Bielefeld: Transcript, S. 184.

16 Siehe Franklin, Adrian (1999): Animals and Modern Cultures. A Sociology of Human-Animal Relations in Modernity. London: Sage Publications, S. 88; siehe auch Zelinger, Amir (2018): Menschen und Haustiere im Deutschen Kaiserreich. Eine Beziehungsgeschichte. Bielefeld: Transcript, S. 269–346.

17 Siehe Harvey, Jackie Collis (2019): The Animal's Companion. People and their Pets, a 26.000-Year-Old Love Story. London: Allen&Unwin, S. 113–137; siehe auch Wiedenmann, Rainer E. (2015): Tiernamen und gesellschaftliche Differenzierung. In: Beiträge zur Namensforschung, 50(3/4), S. 255–308.

18 Geiger, Theodor (1931): Das Tier als geselliges Subjekt. In: Forschungen zur Völkerpsychologie und Soziologie, 10, 283–307.

19 Smuts, Barbara (2001): Encounters with Animal Minds. In: Journal of Consciousness Studies, 8(5–7), S. 293–309, hier S. 308.

20 Der Soziologe Gotthard M. Teutsch spricht hier von der Du-Evidenz-Bereitschaft des Menschen und der Du-Evidenz-Fähigkeit des Tieres: Siehe Teutsch, Gotthard Martin (1975): Soziologie und Ethik der Lebewesen. Eine Materialsammlung. Frankfurt a. M./Bern: Lang.

21 Siehe Sebastian, Marcel (2021): The influence of social movements on policy change: Delayed success in banning dog slaughter in Germany. In: Social Movement Studies, online unter https://www.tandfonline.com/doi/abs/10.1080/14742837.2021.1967126 siehe auch Pfau-Effinger, Birgit und Sebastian, Marcel (2022): Institutional persistence despite cultural change: A histori-

cal case study of the re-categorization of dogs in Germany. In: Agriculture & Human Values, 39(1), S. 473–485.

22 Siehe Khuong, Thang M. et al. (2019): Nerve injury drives a heightened state of vigilance and neuropathic sensitization in Drosophila. In: Science Advances, 5(7), online unter https://www.science.org/doi/10.1126/sciadv.aaw4099

23 Einen Überblick bieten zum Beispiel: Safina, Carl (2017): Die Intelligenz der Tiere. München: C.H. Beck; Brensing, Karsten (2017): Das Mysterium der Tiere. Was sie denken, was sie fühlen. Berlin: Aufbau Verlag.

24 Siehe Wiedenmann, Rainer E. (2002): Die Tiere der Gesellschaft. Konstanz: UVK; siehe auch Sebastian, Marcel (2019): Subjekt oder Objekt? Ambivalente gesellschaftliche Mensch-Tier-Beziehungen als Resultat kultureller Aushandlungs- und Wandlungsprozesse. In: Diehl, Elke/Tuider, Jens (Hrsg.): Haben Tiere Rechte? Schriftenreihe der Bundeszentrale für Politische Bildung, Bonn: Bundeszentrale für politische Bildung, S. 69–81.

25 So betreibt das BMEL eigens eine Website über Haustierhaltung, siehe online unter https://www.haustier-berater.de/

26 Siehe Gruber, Achim (2019): Das Kuscheltierdrama. München: Droemer.

27 Qualzuchten sind in Deutschland verboten, aber die Umsetzung des Gesetzes verläuft schleppend. Erste Verbote wurden beispielsweise für die Zucht von Nackthaarkatzen ausgesprochen. Für die Versuchstierzucht gilt der Qualzuchtparagraf im Tierschutzgesetz übrigens nicht, solange die Anzüchtung von leidenserzeugenden Defekten als für die Versuchszwecke »notwendig« interpretiert wird.

28 Gruber, S. 208

29 Medienberichte beleuchten die gut versteckten Praktiken der Hundekampfszene, siehe online unter https://www.vice.com/de/article/4xjwgm/wie-illegale-hundekaempfe-bis-heute-in-unserer-nachbarschaft-stattfinden-123, oder online unter https://www.tag24.de/nachrichten/polen/razzia-bei-veranstalter-von-hundekaempfen-verletzte-tiere-gerettet-mann-festgenommen-2131479

30 Siehe Arluke, Arnold (2006): Just a Dog. Understanding Animal Cruelty and Ourselves. Philadelphia: Temple University Press.

31 Siehe Flynn, Clifton P. (2012): Understanding Animal Abuse. A sociological Analysis. Brooklyn: Lantern Books.

32 Siehe Buschka, Sonja; Gutjahr, Julia und Sebastian, Marcel (2013): Gewalt an Tieren. In: Gudehus, Christian und Christ, Michaela (Hrsg.): Gewalt. Ein interdisziplinäres Handbuch, Stuttgart/Weimar: Verlag J.B. Metzler, S. 75–83.

4. Von Turbokühen und Wegwerfhühnern

1 Alle der von mir interviewten Schlachter waren Männer, weshalb im Folgenden nur die männliche Form genutzt wird, wenn ich über meine Interviews spreche.

2 Siehe Hörning, Bernhard (2019): »Massentierhaltung in Deutschland?« Eine Annäherung. In: Rückert-John, Jana und Kröger, Melanie (Hrsg.): Fleisch. Vom Wohlstandssymbol zur Gefahr für die Zukunft. Baden-Baden: Nomos, S. 15–40.

3 Siehe Statistisches Bundesamt (2021): Niedrigster Schweinebestand in Deutschland seit 25 Jahren, online unter https://www.destatis.de/DE/Presse/Pressemitteilungen/2021/12/PD21_596_413.html

4 Siehe Hungerkamp, Martina (2021): Schweinehaltung: Ausstiegsprämie auch in Deutschland? In: agrarheute, online unter https://www.agrarheute.com/tier/schwein/schweinehaltung-ausstiegspraemie-deutschland-576832

5 Sebastian, Marcel und Seeliger, Martin (2022): Die Re-Regulierung der Schlachthofarbeit in der Corona-Krise. In: Arbeit. Zeitschrift für Arbeitsforschung, Arbeitsgestaltung und Arbeitspolitik, 31(1-2), S. 235-254; siehe auch Birke, Peter (2021): Die Fleischindustrie in der Coronakrise. In: Sozialgeschichte, 29, S. 1–47

6 Siehe dlz agrarmagazin (2020): Stoppt den Terror!, online unter https://berufsverband-der-tierlehrer.de/wp-content/uploads/2015/05/Artikel-Tierrechtler-DLZ-1.pdf.

7 Siehe Lambrecht, Oda und Baars, Christian (2016): Massive Tierschutz-Probleme bei Bauern-Chefs, online unter https://daserste.ndr.de/panorama/archiv/2016/Massive-Tierschutzv-Problem-bei-Bauern-Chefs,tierschutz248.html

8 Schmitz, Friederike (2020): Tiere essen – dürfen wir das? Stuttgart: J.B. Metzler Verlag, S. 15.

9 Eusemann, Beryl Katharina (2020): The Influence of Egg Production, Genetic Background, Age, and Housing System on Keel Bone Damage in Laying Hens. Dissertation (Freie Universität Berlin), online unter https://refubium.fu-berlin.de/bitstream/handle/fub188/28838/Eusemann_online.pdf?sequence=3&isAllowed=y

10 Siehe Fitzgerald, Amy J. (2010): A Social History of the Slaughterhouse: From Inception to Contemporary Implications. In: Research in Human Ecology, 17(1), S. 60f.; siehe auch Ford, Henry und Crowther, Samuel (1922): My Life and Work. Garden City, NY: Garden City Publishing.

11 Siehe Pachirat, Timothy (2011): Every Twelve Seconds. Industrialized Slaughter and the Politics of Sight. New Haven/London: Yale University Press.

12 Siehe Ogle, Maureen (2013): In Meat we Trust. The unexpected history of carnivore America. Boston: Houghton Mifflin Harcourt.

13 Zitiert nach Roberts, Alice (2019): Spiel des Lebens. Wie der Mensch die Natur und sich selbst zähmte. Darmstadt: WBG Theiss.

14 Siehe Aviagen (2016): Ross 308 Elterntiere: Leistungsziele, online unter https://en.aviagen.com/assets/Tech_Center/BB_Foreign_Language_Docs/German-TechDocs/308SF-PS-EU-PO-GR-16.pdf

15 Statista (2022): Number of chickens worldwide from 1990 to 2020, online unter https://www.statista.com/statistics/263962/number-of-chickens-worldwide-since-1990/

16 Siehe Sebastian, Marcel (2017): Deadly efficiency — the impact of capitalist production on the »meat« industry, slaughterhouse workers and nonhuman animals. In: Nibert, David (Hrsg.): Animal Oppression and Capitalism, Vol. 2. Santa Barbara: Praeger Press, S. 167–183.

17 Siehe Luckmann, Jonas (2021): Verschwendung in Deutschland. Viel zu wenig wird vermieden. In: Heinrich-Böll-Stiftung (Hrsg.): Fleischatlas 2021. Lahr: Druckhaus Kaufmann, S. 40–41.

18 Statista (2021): Milchleistung je Kuh in Deutschland in den Jahren 1900 bis 2020, online unter https://de.statista.com/statistik/daten/studie/153061/umfrage/durchschnittlicher-milchertrag-je-kuh-in-deutschland-seit-2000/

19 Siehe von Gall, Philipp (2016): Tierschutz als Agrarpolitik. Wie das deutsche Tierschutzgesetz der industriellen Tierhaltung den Weg bereitete. Bielefeld: Transcript Verlag.

20 Siehe Elias, Norbert (1997): Über den Prozess der Zivilisation. Erster Band. Frankfurt a. M.: Suhrkamp, S. 163.

21 Die Zitate der Schlachter stammen aus: Sebastian, Marcel (2020): Emotional Labor in the Slaughterhouse. In ders.: Cultural and Institutional Frames of Human-Animal Relations. Dissertation, Universität Hamburg, sowie aus Sebastian, Marcel (2021): »Die denken immer, man ist ein Killer« – Reaktionsweisen von Schlachthofarbeitern auf moralische Stigmatisierung. In: Österreichische Zeitschrift für Soziologie, 46, S. 207–227.

22 Siehe auch Kurth, Markus (2015): Ausbruch aus dem Schlachthof. Momente der Irritation in der industriellen Tierproduktion durch tierliche Agency. In: Wirth, Sven und Laue, Anett et al. (Hrsg.): Das Handeln der Tiere. Tierliche Agency im Fokus der Human-Animal Studies, Bielefeld: Transcript, S. 179–202.

23 Siehe Käufer, Lydia et al. (2020): Belastungserleben und Ressourcen von Tierrechtsaktivist*innen. In: Psychosozial, 43(159), S. 111–128.

24 Siehe Gutjahr, Julia (2021): »Ich hab so meinen eigenen Ethik-Kodex« – Zur Bedeutung des Ethik-Kodex für das professionelle Handeln von Tierärzten aus der Rinderpraxis. In: Berliner Münchener Tierärztliche Wochenschrift, online unter https://www.vetline.de/system/files/frei/BMTW-10.23760005-9366-19061-Gutjahr.pdf

25 Zu den USA siehe Tomasi, Suzanne. E.; Fechter-Leggett und Ethan D. et al. (2019): Suicide among veterinarians in the United States from 1979 through 2015. In: Journal of the American Veterinary Medical Association, 254(1), S. 104–112. Zu Deutschland siehe Schwerdtfeger, Kathrin; Glaesmer, Heide und Bahramsoltani, Mahtab (2020): Tierärztinnen und Tierärzte sind häufiger suizidgefährdet als andere Berufsgruppen. In: Deutsches Tierärzteblatt, 68(7), S. 848–849.

26 Siehe Flower, Francis W. und Weary, Daniel M. (2001): Effects of early separation on the dairy cow and calf: 2. Separation at 1 day and 2 weeks after birth. In: Applied Animal Behaviour Science, 70(4), S. 275–284; siehe auch Kälber, Tasja und Barth, Kerstin (2014): Practical implications of suckling systems for dairy calves in organic production systems – a review. In: Journal of applied research in agriculture and forestry, 64, S. 45–58.

27 Siehe zum Beispiel Bekoff, Marc (2009): Animal emotions, wild justice and why they matter: Grieving magpies, a pissy baboon, and empathic elephants. In: Emotion, Space and Society, 2(2), S. 82–85; siehe auch King, Barbara (2014): How Animals Grieve. Chicago: University of Chicago Press.

28 Siehe Gerencsér, Linda und Pérez Fraga, Paula et al. (2019): Comparing interspecific socio-communicative skills of socialized juvenile dogs and miniature pigs. In: Animal Cognition, 22, S. 917–929.

29 Siehe Marino, Lori und Colvin, Christina M. (2015): Thinking Pigs: A Comparative Review of Cognition, Emotion, and Personality in Sus domesticus. In: International Journal of Comparative Psychology, 28, Article 23859.

5. Klimakrise, Artensterben, Pandemien: unsere neue Abhängigkeit von Tieren

1 Siehe WEF (2022): The Global Risks Report 2022. 17th Edition, online unter https://www3.weforum.org/docs/WEF_The_Global_Risks_Report_2022.pdf

2 Siehe World Meteorological Organization (2021): State of the Global Climate 2020, online unter https://library.wmo.int/index.php?lvl=notice_display&id=21880#.YpCrPuhBw2w

3 Siehe The Lancet Microbe (2021): Climate change: fires, floods, and infectious diseases. In: The Lancet Microbe, Editorial 2(9), online unter https://www.thelancet.com/journals/lanmic/article/PIIS2666-5247(21)00220-2/fulltext siehe auch Semenza, Jan C., und Menne, Bettina (2009): Climate change and infectious diseases in Europe. In: The Lancet Infectious Diseases, 9, S. 365–375.

4 Siehe FAO (2021): Food systems account for more than one third of global greenhouse gas emissions, online unter: https://www.fao.org/news/story/en/item/1379373/icode/

5 Siehe Sharma, Shefali (2021): How Europe's Big Meat and Dairy are heating up the planet. Institute for Agriculture and Trade Policy Emissions impossible series, online unter https://www.iatp.org/sites/default/files/2021-12/IATP_Emissions-Impossible-Europe-f.pdf

6 Siehe online: https://www.fao.org/news/story/en/item/197623/icode/

7 Siehe FAO (2006): Livestock's long shadow, online unter https://www.fao.org/3/a0701e/a0701e00.htm

8 Siehe European Commission: Methane emissions, online unter https://energy.ec.europa.eu/topics/oil-gas-and-coal/methane-emissions_en

9 Daten gemäß dem Global Livestock Environmental Assessment Model 2.0 der FAO, online unter https://www.fao.org/gleam/results/en/ siehe auch Grossi, Giampiero et al. (2019): Livestock and climate change: impact of livestock on climate and mitigation strategies. In: Animal Frontiers, 9(1), S. 69–76.

10 Siehe Joeres, Annika et al. (2021): Die Milchlobby. Wie unsere Milch Klima und Umwelt schadet, online unter https://correctiv.org/top-stories/2021/09/21/die-milchlobby-wie-unsere-milch-klima-und-umwelt-schadet/

11 Siehe Pendrilla, Florence et al. (2019): Agricultural and forestry trade drives large share of tropical deforestation emissions. In: Global Environmental Change, 56, S. 1–10.

12 Siehe TRASE (2019): Mapping the deforestation risk of Brazilian beef exports. Infobrief 08, online unter https://cdn.sanity.io/files/n2jhvipv/production/14c769ee79869291e324f33ab3ce0f722047ef08.pdf

13 Siehe Boadle, Anthony (2017): Brazil's JBS accused of violating Amazon rainforest protection laws, online unter https://www.reuters.com/article/us-brazil-environment-cattle/brazils-jbs-accused-of-violating-amazon-rainforest-protection-laws-idUSKBN1722O1

14 Siehe Muscat, Abigail et al. (2020): The battle for biomass: A systematic review of food-feed-fuel competition. In: Global Food Security, 25, S. 1–11.

15 Siehe WWF (2021): Stepping Up? The continuing impact of the EU consumption on nature worldwide, online unter https://www.wwf.de/fileadmin/fm-wwf/Publikationen-PDF/WWF-Report-Stepping-up-The-continuing-impact-of-EU-consumption-on-nature-worldwide-FullReport.pdf

16 Siehe Poore, Joseph und Nemecek, Thomas (2018): Reducing food's environmental impacts through producers and consumers. In: Science, 360, S. 987–992.

17 Siehe Eisen, Michael B. und Brown, Patrick O. (2022): Rapid global phaseout of animal agriculture has the potential to stabilize greenhouse gas levels for 30 years and offset 68 percent of CO2 emissions this century. In: PLOS Climate, 1(2), online https://doi.org/10.1371/journal.pclm.0000010

18 Humpenöder, Florian et al. (2022): Projected environmental benefits of replacing beef with microbial protein. In: Nature, 605, S. 90–96.

19 Siehe Ritchie, Hannah (2021): If the world adopted a plant-based diet we would reduce global agricultural land use from 4 to 1 billion hectares, online unter https://ourworldindata.org/land-use-diets

20 Siehe Schmitz, Friederike (2022, i. E.): Anders satt: Wie der Ausstieg aus der Tierindustrie gelingt. Mainz: Ventil Verlag.

21 Siehe Scarborough, Peter et al. (2014): Dietary greenhouse gas emissions of meat-eaters, fish-eaters, vegetarians and vegans in the UK. In: Climatic Change, 125, S. 179–192; siehe auch: Sun, Zhongxiao et al. (2022): Dietary change in high-income nations alone can lead to substantial double climate dividend. In: Nature Food, 3, S. 29–37.

22 Siehe Pieper, Maximilian et al. (2020): Calculation of external climate costs for food highlights inadequate pricing of animal products. In: Nature Communications, 11(1), S. 1–13.

23 Siehe Tollefson, Jess (2019): Humans are driving one million species to extinction. In: Nature, 569, S. 171.

24 Siehe IPBES (2019): Global assessment report on biodiversity and ecosystem services of the Intergovernmental Science-Policy Platform on Biodiversity and Ecosystem Services. Bonn: IPBES Sekretariat.

25 Siehe Hallmann, Casper A. et al. (2017): More than 75 percent decline over 27 years in total flying insect biomass in protected areas. In: PLOS One, 12(10), online unter: https://doi.org/10.1371/journal.pone.0185809

26 Siehe Böge, Friederike (2021): »Wir verlieren unseren Krieg gegen die Natur«. FAZ, online unter https://www.faz.net/aktuell/politik/ausland/un-konferenz-zum-artenschutz-der-krieg-gegen-die-natur-17581535.html

27 Siehe Ripple, William J. et al. (2016): Bushmeat hunting and extinction risk to the world's mammals. In: Royal Society Open Science, online unter https://royalsocietypublishing.org/doi/10.1098/rsos.160498

28 Siehe Machovina, Brian et al. (2015): Biodiversity conservation: The key is reducing meat consumption. In: Science of The Total Environment, 536, S. 419–431.

29 Etwas mehr als 50 Prozent der Bodenflächen in Deutschland werden durch die Landwirtschaft genutzt, Futtermittel machen etwa 60 Prozent dieser Fläche aus, siehe Statistisches Bundesamt (2021): Bodenfläche insgesamt nach Nutzungsarten in Deutschland, online unter https://www.destatis.de/DE/Themen/Branchen-Unternehmen/Landwirtschaft-Forstwirtschaft-Fischerei/Flaechennutzung/Tabellen/bodenflaeche-insgesamt.html

30 Siehe Alkemade, Rob et al. (2013): Assessing the impacts of livestock production on biodiversity in rangeland ecosystems. In: PNAS, 110(52), S. 20900–20905.

31 IPBES (2019): Global assessment report on biodiversity and ecosystem services of the Intergovernmental Science-Policy Platform on Biodiversity and Ecosystem Services. Bonn: IPBES Sekretariat.

32 Siehe 3Sat (2017): Menschliche Bienen, online unter https://www.3sat.de/wissen/nano/menschliche-bienen-100.html

33 Siehe World Economic Forum (2020): Nature Risk Rising: Why the Crisis Engulfing Nature Matters for Business and the Economy, online unter https://www3.weforum.org/docs/WEF_New_Nature_Economy_Report_2020.pdf

34 Siehe EU-Kommission (2020): EU-Biodiversitätsstrategie für 2030. Mehr Raum für die Natur in unserem Leben, online unter https://eur-lex.europa.eu/resource.html?uri=cellar:a3c806a6-9ab3-11ea-9d2d-01aa75ed71a1.0002.02/DOC_1&format=PDF

35 IPBES (2019): Global assessment report on biodiversity and ecosystem services of the Intergovernmental Science-Policy Platform on Biodiversity and Ecosystem Services. Bonn: IPBES Sekretariat, S. 789.

36 Siehe WWF (2020): Australia's 2019–2020 Bushfires: The Wildlife Toll, online unter https://www.wwf.org.au/ArticleDocuments/353/Animals%20Impacted%20Interim%20Report%2024072020%20final.pdf.aspx?OverrideExpiry=Y

37 Siehe van Oldenborgh, Geert J. et al. (2021): Attribution of the Australian bushfire risk to anthropogenic climate change. In: Natural Hazards and Earth System Sciences, 21, S. 941–960.

38 Maxmen, Amy (2022): Wuhan Market was epicentre of pandemic's start, studies suggest, in: Nature, online: https://www.nature.com/articles/d41586-022-00584-8

39 Siehe WHO (2021): WHO-convened Global Study of Origins of SARS-CoV-2: China Part, online unter https://www.who.int/publications/i/item/who-convened-global-study-of-origins-of-sars-cov-2-china-part

40 Christian Drosten im Interview (2021): »Ich hoffe, dass man nicht wieder Schulen schließt«. In: Zeit, online unter https://www.zeit.de/2021/46/christian-drosten-coronavirus-virologie-pandemie-wissenschaft-impfung

41 Siehe Ebner, Rupert und Rosenkranz, Eva (2021): Pillen vor die Säue. Warum Antibiotika in der Massentierhaltung unser Gesundheitssystem gefährden. München: Oekom Verlag.

42 Siehe Greenpeace (2022): Antibiotikaresistente Keime in Schlachthof-Abwässern, online unter https://www.greenpeace.de/publikationen/Antibiotikaresistente%20Keime%20in%20Schlachthof-Abw%C3%A4ssern.pdf

43 Murray, Christopher J. L. et al. (2022): Global burden of bacterial antimicrobial resistance in 2019: a systematic analysis. In: The Lancet, 399, S. 629–655.

44 Siehe Greenpeace (2018): Antibiotika und (multi-)resistente Keime in der Tierhaltung. Fehlentwicklungen und Gefahren für die Humanmedizin, online unter https://www.greenpeace.de/publikationen/antibiotika_und_multi-resistente_keime_in_der_tierhaltung.pdf

45 Siehe Bundesamt für Verbraucherschutz und Lebensmittelsicherheit (kein Erscheinungsjahr): Antibiotikaresistenzen bei Lebensmittel liefernden Tieren, online unter: https://www.bvl.bund.de/DE/Arbeitsbereiche/05_Tierarzneimittel/02_Verbraucher/03_Antibiotikaresistenzen/03_Lebensmittel_liefernde_Tiere/Lebensmittel_liefernde_Tiere_node.html

46 Siehe WHO (2015): Cancer: Carcinogenicity of the consumption of red meat and processed meat, online unter https://www.who.int/news-room/q-a-detail/cancer-carcinogenicity-of-the-consumption-of-red-meat-and-processed-meat

47 Siehe Lim, Stephen S. et al. (2012): A comparative risk assessment of burden of disease and injury attributable to 67 risk factors and risk factor clusters in 21 regions, 1990–2010: A systematic analysis for the Global Burden of Disease Study 2010. In: The Lancet, 380(9859), S. 2224–2260; siehe auch Popkin, Barry M. (2006): Global nutrition dynamics: The world is shifting rapidly toward a diet linked with noncommunicable diseases. In: American Journal of Clinical Nutrition, 84(2), S. 289–298; siehe auch Godfrey et al. (2018): Meat consumption, health, and the environment. In: Science, 361(6399), online unter https://www.science.org/doi/10.1126/science.aam5324

48 Statistisches Bundesamt (2022): Todesursachen, online unter https://www.destatis.de/DE/Themen/Gesellschaft-Umwelt/Gesundheit/Todesursachen/_inhalt.html

49 Siehe Papier, Keren et al. (2021): Meat consumption and risk of ischemic heart disease: A systematic review and meta-analysis. In: Critical Reviews in Food Science and Nutrition, online unter https://www.tandfonline.com/doi/full/10.1080/10408398.2021.1949575

50 Siehe Springmann, Marco et al. (2016): Analysis and valuation of the health and climate change cobenefits of dietary change. In: PNAS, 113(15), S. 4146–4151.

51 Siehe FAO (2020): The State of World Fisheries and Aquaculture, online unter https://www.fao.org/3/ca9229en/ca9229en.pdf.

6. Kurswechsel: die Suche nach einem neuen Mensch-Tier-Verhältnis

1 Siehe online unter https://www.youtube.com/watch?v=9OlEK5cKe5g
2 Siehe Mallwitz, Gudrun (2017): Polizeihunde bekommen jetzt eine lebenslange Rente. In: Berliner Morgenpost, online unter https://www.morgenpost.de/berlin/article212259933/Lebenslange-Rente-fuer-Diensthunde.html
3 Siehe European Commission (2016): Special Eurobarometer 442. Attitudes of Europeans towards Animal Welfare. Zusammenfassung online unter http://publications.europa.eu/resource/cellar/e31d6cd2-ec16-11e5-8a81-01aa75ed71a1.0003.01/DOC_1
4 Tierschutz-Nutztierhaltungsverordnung, § 26, (1), 1.
5 Wohlleben, Peter (2016): Das Seelenleben der Tiere: Liebe, Trauer, Mitgefühl – erstaunliche Einblicke in eine verborgene Welt. München: Ludwig Buchverlag.
6 Sezgin, Hilal (2014): Artgerecht ist nur die Freiheit. München: C.H. Beck.
7 Deblitz, Claus et al. (2021): Politikfolgenabschätzung zu den Empfehlungen des Kompetenznetzwerks Nutztierhaltung. Thünen Working Paper, 173, S. 124.
8 Siehe Kwasniewski, Nicolai (2022): So sieht es in Schweineställen von Bauernlobbyisten aus. In: Der Spiegel, online unter https://www.spiegel.de/wirtschaft/tierhaltung-so-sieht-es-in-schweinestaellen-von-bauern-lobbyisten-aus-a-a16f70b3-3939-4420-9431-6a5bf76e3594
9 Koalitionsvertrag zwischen SPD, Bündnis 90/Die Grünen und FDP (2021): Mehr Fortschritt wagen. Bündnis für Freiheit, Gerechtigkeit und Nachhaltigkeit, online unter https://www.tagesschau.de/koalitionsvertrag-147.pdf, hier: S. 43.
10 Siehe Kwasniewski, Nicolai (2021): Staat unterstützt Tierwirtschaft mit 13 Milliarden Euro – Jahr für Jahr. In: Der Spiegel, online unter https://www.spiegel.de/wirtschaft/tierwirtschaft-erhaelt-13-milliarden-euro-vom-staat-jahr-fuer-jahr-a-1dbac670-2cf4-4d09-b426-75a11c8e0569
11 Droop, Torsten (2008): Der Kaninchenmörder von Witten. In: Westfälische Nachrichten, online unter https://www.wr.de/wr-info/der-kaninchenmoerder-von-witten-id1609038.html
12 Siehe Marcel Sebastian im Interview (2021): Delfinetöten auf den Färöer-Inseln: »Leicht, sich darüber zu empören«. In: WDR, online unter https://www1.wdr.de/nachrichten/faeroeer-delfine-massentoeten-100.html
13 Siehe Bundesministerium für Ernährung und Landwirtschaft (2021): Verwendung von Versuchstieren im Jahr 2019, online unter https://www.bmel.de/DE/themen/tiere/tierschutz/versuchstierzahlen2019.html
14 Zur Geschichte von Hof Butenland empfehle ich den Film »Butenland« von Marc Pierschel, erschienen 2020 bei Black Rabbit Images.

15 Siehe Mütherich, Birgit (2015): Die soziale Konstruktion des Anderen – Zur soziologischen Frage nach dem Tier. In: Brucker, Renate et al. (Hrsg.): Das Mensch-Tier-Verhältnis. Eine sozialwissenschaftliche Einführung. Wiesbaden: Springer VS, S. 49–77.

16 Siehe Lowenhaupt Tsing, Anna (2018): Der Pilz am Ende der Welt. Über das Leben in den Ruinen des Kapitalismus. Berlin: Matthes & Seitz.

17 Am prominentesten: Donaldson, Sue und Kymlicka, Will (2011): Zoopolis. A Political Theory of Animal Rights. Oxford: Oxford University Press.

18 Siehe Ahlhaus, Svenja (2014): Tiere im Parlament? Für ein neues Verständnis politischer Repräsentation. Mittelweg 36, 23(5), S. 59–73.

7. Jetzt sind Sie dran!

1 Siehe Rosa, Hartmut (2016): Beschleunigung und Entfremdung. Entwurf einer Kritischen Theorie spätmoderner Zeitlichkeit. Berlin: Suhrkamp.

2 Benjamin, Walter (2010): Über den Begriff der Geschichte. Werke und Nachlass. Kritische Gesamtausgabe; Band 19. Berlin: Suhrkamp, S. 153.

3 Forsa-Umfrage (2021): Bekanntheit von Bürgerräten und Meinungen zum Bürgerrat Klima, online unter https://buergerrat-klima.de/content/pdfs/Ergebnisbericht_B%C3%BCrgerrat%20Klima.pdf

4 Siehe Greenpeace (2019): Ghost Gear: The abandoned fishing nets haunting our oceans, online unter https://www.greenpeace.de/sites/default/files/publications/20190611-greenpeace-report-ghost-fishing-ghost-gear-deutsch.pdf

5 Siehe Ismar, Georg: Klöckners Vorliebe für Treffen mit Nestlé und Co. In: Der Tagesspiegel, online unter https://www.tagesspiegel.de/politik/die-ministerin-und-ihre-lobbykontakte-kloeckners-vorliebe-fuer-treffen-mit-nestle-und-co/24861696.html